행복에 관한
10가지 철학적 성찰

행복에 관한 10가지 철학적 성찰

1판 1쇄 발행 1999년 7월 25일
2판 1쇄 발행 2015년 7월 30일
2판 2쇄 발행 2021년 3월 20일

지은이 필립 반 덴 보슈
옮긴이 김동윤
펴낸이 신영임
펴낸곳 도서출판 자작나무

주소 경기도 파주시 탄현면 오금로 50번길 74,201호
전화 031-947-5160   **팩스** 031-947-5198
등록번호 제307-2007-48호
등록일자 2004년 5월 7일
이메일 chajaknamu@hanmail.net

ISBN 978-89-7676-822-3 03100

* 잘못 만들어진 책은 구입하신 곳에서 교환해드립니다.
* 책값은 뒤표지에 표시되어 있습니다.

행복에 관한
10가지 철학적 성찰

필립 반 덴 보슈 지음・김동윤 옮김

LA PHILOSOPHIE ET LE BONHEUR

인간의 모든 삶은 행복이라는 단 하나의 목적을 향해 있다.
그러므로 '행복해지기 위해서 나는 무엇을 해야 하나?'
'어떻게 하면 행복해질 수 있을 것인가?' 이러한 질문은 누구든 피해갈 수 없다.

이 책은 자신의 삶과 실존에 대해 스스로 질문하는 일반인을 위한
철학 입문서로서 자유, 타자, 실존, 죽음, 이성, 언어 등 철학의 핵심 논제들을
행복이라는 주제와 관련하여 폭넓게 다루고 있다.

자작나무

"우리 안에서 행복을 발견하기란 매우 어렵다.
그리고 다른 곳에서 발견하기란 불가능한 일이므로,
행복이란 결코 쉬운 일이 아니다."

— 샹포르 —

모든 인간의 욕망은 성적(性的)이다 / 프로이트

이상이 없는 사람은 불행하다 / 사르트르

서 문

1

행복해지기 위해 나는 무엇을 해야 하나? 이것은 우리 각자가 스스로에게 던지는 질문이다. 고대 학문(철학)은 전통적으로 이러한 질문에 대답하는 임무를 맡아 왔다.

많은 사람들에게 철학이란 학문은 매우 낯설고 모호한 분야이다. 그렇지만 철학의 첫번째 관심과 임무는 인간의 행복에 있으므로 그 대상은 매우 단순하면서도 수많은 사람들에게 해당하는 것이다. 우리가 잘 알고 있듯이 철학이란 그리스어로 '예지를 사랑함'을 뜻한다. '소피아 sophia', 즉 예지의 원래 의미는 행복을 찾는 방법이며[1], 방법을 뜻하는 '메토도스 methodos'는 길을 의미한다. 엄밀하게 말해서 예지는 행복의 기술이다.

예지란 우리가 행복해지기 위한 여러 가지 방법들을 가르쳐 준다. 그러므로 철학자란 무엇보다도, 행복에 이르는 참다운 방법을 깨달

---

[1] '소피아 sophia'는 지식을 가리키며, '소포스 sohpos'는 지식을 가진 자를 뜻한다. 그러나 고대 그리스인들에 따르면, 참다운 지식이란 행복을 찾는 데 쓰여져야 하며 그렇지 않을 경우 본래의 의미를 상실할 수 있다.

게 하는 앎인 예지를 발견하고 그것을 공들여 다듬는 사람이다. 그러나 우리가 더이상 자발적이고 자연스럽게 예지와 행복의 추구 문제를 연결시켜 생각하지 않기 때문에 '예지'의 원래 의미가 약간 퇴색한 것처럼 보인다. 우리가 사용하는 사전들마저 예지의 본래 의미를 담지 않고 있다. 이제 예지는 우리가 아이들에게 충고하는, 온건하고 조용하고 심각한 삶의 태도, 심지어는 삼가하고, 거부하는 태도를 의미할 뿐이다. 우리는 궁극적인 목적을 알 수 없는 겉모습만 머릿속에 그릴 뿐이다. 그러므로 모던한, 특히 포스트모던한[2] 우리들은 의미의 (이상야릇한) 상실에 대해 의문을 던져야 한다. 아마도 우리는 어떻게 행복을 얻을 것인가를 생각하면서, 행복에 이르기 위해 더이상 예지가 필요 없다고 생각할지도 모른다. 그럼으로써 우리는 예지라는 단어를 헌신짝처럼 버리기에 앞서 그 생각조차 죽게 만드는 것이다.

그러므로 행복이 무엇인가 밝힐 필요가 있다고 느낀다면, 우리는 행복에 대해 무언가를 가르쳐 줄 수 있다는 철학적 주장을 정당하게 받아들여야 할 것이다. 그러면 당분간 케케묵은 학문과 나이 먹고 지겨운 철학자들을 옆으로 밀어놓고, 두려움 없이 '어떻게 하면 행

---

2) 프랑스 철학자 장 프랑수아 료타르 Jean-François Lyotard는 그의 저서 『포스트 모던의 조건』(한글 번역, 민음사)에서 '모던'과 '포스트모던' 개념에 대한 차별적 정의를 내리고 있다. '모던'은 '동시대적'과 동의어가 아니고, '전통적'이란 말과 상반된다. '모던한' 사람이란 진리, 선, 예지가 전통(우리 선조들의 사상과 관습) 안에 있지 않고, 우리의 정신이 발견할 수 있는 것 안에 있다고 생각하는 사람이다. 그러므로 '모던한' 사람은 이성과 혁신과 진보의 이름으로 전통을 거부하는 사람이다. 르네상스 이후 서구 문명은 단연코 모던한 것이다. 그러나 이제 진보와 참된 것과 좋은 것을 발견하는 능력마저 회의하는 오늘날 시대는 포스트모던한 시대이다. 장 프랑수아 료타르가 말하듯이, 오늘날은 참된 것과 좋은 것을 주장하는 '정당성의 거대 담론'에 의문을 던진다.

복해질 수 있을 것인가'라는 질문을 던져보자. 쉽게 행복을 얻는 방법을 알아보기 위해 행복이 무엇인가 살펴보도록 하자.

행복에 대한 정의의 어려움

행복을 정의하는 데 어려운 점은, 우리 모두가 행복이 무엇인지 알고 있으며, 행복이란 너무 자명한 것이므로 이에 대한 정의조차 필요치 않다는 것이다. 물론 우리 모두 '예지'란 단어를 알고 있지만, 그 참된 의미는 감추어져 있다. 그 단어를 정의하고자 하는 노력은 결코 쓸모없는 짓이 아니며, 이에 대해 적은 노력이나마 들인다면 잘된 일이다.

그럼에도 불구하고 제기되는 반대 의견은, 행복이란 개인적인 것이고, 각 개인은 타인과 다른 고유의 행복을 향유한다는 점이다. 그러므로 행복에 관해 보편적인 정의를 내릴 수 없다. 이러한 논리는 유명론적 nominaliste이다.[3] 즉 유명론은 '행복'이란 일반적인 '이름'의 단어가 존재함을 인정하나, 단순히 행복이 단 하나의 현실이나 인간 정신 안에서 일반적인 생각과 상통한다는 점은 부정한다. 그러나 이러한 논리는 매력적이긴 하나 결함을 지니고 있다. 어떤 의미에서 각자의 행복이 서로 다르다는 것은 분명하다. 가령, 아르파공[4]의 행복은 부유하기 때문이고, 돈 후안[5]의 행복은 여자들을 정복하는 데

---

3) 중세 시대에 명명된 철학적 입장으로서 수많은 논쟁을 야기하였다. 오늘날 몇몇의 논리학자들이 여전히 따르고 있는 철학적 논리이다.

4) (역주) 프랑스 고전주의 시대의 대표적인 희극작가 몰리에르의 걸작 『수전노』의 주인공.

5) (역주) 17세기 스페인 작가 티르소 데 몰리나가 민간 설화에서 처음으로 채록하였고 (1630?), 이후 파우스트 신화와 함께 수많은 작가들에 의해 애용되었던 문학적 신화의 테마가 되었다. 가령 17세기 프랑스 극작가 몰리에르는 『동 주앙』이라는 걸작을 남겼으며,

서 오는 것이다. 그렇지만, 여러 형태의 행복이 있을지라도 그 안에는 공통된 어떤 것이 있으며, 우리는 그것을 행복이란 동일한 용어로 정당하게 지칭할 수 있을 것이다. 개인이 추구하는 모든 행복의 상태에 공통된 성격의 총체가 존재하고, 그 총체는 철학자들이 행복의 '본질'이라고 부르는 것을 구성한다. 좋은 정의란 하나의 존재가 지니는 참된 본질을 말하는 것이므로 지체없이 바로 행복의 본질을 찾아 떠나도록 하자.

행복, 인간의 궁극적인 목적

먼저 행복이란 모든 사람들이 원하는 것이다. 인간 존재는 세계 속에서 행복을 추구하며, 아무도 그것을 부정하지 않는다. 그러나 어떤 사람들은 경우에 따라 행복해지는 것을 거부할 수도 있다. 가령 삶에 실망을 느끼거나, 삶에서 더이상 기대할 것이 없거나, 행복에 이르는 방법이 더이상 없을 경우이다. 예를 더 든다면, 불치의 병에 걸렸거나, 노쇠해 회생 가망이 없거나, 이들을 행복하게 만들어 줄 사랑하는 사람이 더이상 이 세상에 존재하지 않을 경우이다. 그렇지만 행복에 대한 욕망이 완전히 그들의 마음에서 떠난 것은 아니다. 단지 그들은 행복이 실현 불가능하다고 믿을 뿐이다. 왜냐하면 어떤 마술적인 힘이 그들의 욕망을 채워 주거나, 사랑하는 사람, 젊음, 건강, 부유함과 사랑을 주었을 때, 그들은 이런 선물을 거부하지 않을 것이기 때문이다.

그러므로 우리는 모든 사람들이 행복을 맛보려 할 뿐만 아니라,

다 퐁테 Da Ponte의 대본을 바탕으로 모차르트는 불후의 명작 오페라 『돈 조바니』를 작곡하였다.

심지어 모든 인간은 마음 깊은 곳에 행복만을 원하고 있다. 그 까닭은 기원전 3세기 전에 그리스 철학자 에피쿠로스가 말했듯이, '우리가 행복을 누린다면, 그것은 반드시 필요한 모든 것을 갖고 있는 것과 같으며, 행복하지 않다면 우리는 행복해지기 위해 모든 노력을 기울일 것'이기 때문이다.

사실상 행복하다면, 원하는 바가 완벽하게 충족되어 아무것도 필요하지 않고 부족한 것이 더이상 없는 상태이다. 게다가 내가 하는 모든 행위는 행복을 얻기 위해서이다. 내가 바라거나 이루는 것은 단지 행복해지기 위한 수단에 불과한 것이다. 심지어 내가 추구하는 것들이 행복을 가져다 줄 것이라는 생각 때문에 그것을 얻기 원하는 것이지 그렇지 않다면, 그것에 관심조차 두지 않을 것이다.

가령 누군가 어떤 학생에게 왜 아침 일찍 일어나 버스를 타느냐고 묻는다면, 그는 공부하러 가기 위해서라고 답할 것이다.

'그렇다면 당신은 왜 공부합니까?'

'졸업장 (또는 자격증)을 따기 위해서입니다.'

'당신은 왜 자격증이나 졸업장을 원합니까? 그 자체가 목적입니까?'

'아닙니다. 졸업장이 있어야 일자리를 얻을 수 있기 때문입니다.'

'그러면 왜 일하고자 합니까? 일한다는 것은 즐거운 것입니까?'

'물론 아니죠. 그러나 일을 해야 돈을 벌 수 있지 않습니까?'

'그렇다면, 왜 돈을 원하죠? 지폐를 수집하기 위해서입니까?'

'그것도 물론 아니죠! 돈이 있어야 필요한 모든 물건들을 살 수 있고, 자기가 원하는 활동에 몰입할 수 있으니까요.'

'그러면 왜 사람들은 이 모든 것을 가지려고 하죠?'

'그거야, 행복해지려고 하기 때문이겠죠.'

그러므로 행복은 분명히 인생의 목적이고, 이를 위한 모든 인간 활동은 단지 긴 사슬처럼 엮인 수단에 불과하다. 결국 인간의 모든 삶이란 그렇게 만들어졌으며, 전적으로 행복이라는 단 하나의 목적을 향해 있는 것이다.

그러나 우리가 의문의 나래를 더 펴서 '왜 인간이 행복해지기 원하는가'라고 묻는다면, 그에 대해 분명한 답을 찾지 못할 것이다. 그리하여 우리는 스스로 어리석다고 자책할 것이다. 그러나 그것은 어리석음에서 오는 것이 아니다. 행복, 우리들의 행복이란 다른 곳에 쓰임새가 있는 것이 아니기 때문에, 그런 질문에 대해 어떤 답도 있을 수 없기 때문이다. 우리는 행복을 누리기 위해 필요한 모든 것을 얻고자 하지만, 다른 것을 얻기 위해 행복을 추구하지 않는다.

따라서 행복에 관한 논의를 다음과 같이 요약할 수 있다. 즉 행복은 인간 삶의 궁극 목적이므로 다른 모든 것들은 단지 수단이나 부차적, 잠정적 목적에 불과하다고. 그러므로 삶의 절대적 목표인 행복은 어떤 다른 것의 수단이 될 수 없다.

그렇지만 지금까지 우리의 논의는 상대적으로 행복이 지니는 외적 모습에 대한 성격 규정(즉 행복이란 인간의 궁극적이고 보편적인 목표라는 것)에 머물러 있다. 그러나 이것만으로 행복을 정확하게 정의하기에 충분치 않다. 그렇다면 행복 그 자체는 무엇인가? 가령 지구에 방금 도착한 외계인에게 '행복이 무엇인가'라고 묻는 경우, 외계인은 행복이 무엇과 흡사한지조차 알 수 없을 것이다. 따라서 우리의 논의가 아직도 행복의 정수(精髓)를 파악하지 못했다고 말할 수 있다.

행복은 욕망이 채워진 상태

행복이란 인간이 만족하고 기뻐하는 상태이다. 그러나 기쁨이나 환희가 행복을 구성하는 데 충분한 요소인가? 아리스토텔레스의 말처럼, 제비가 봄을 불러오지 않듯이 기쁨이 반드시 행복을 불러오는 것은 아니다. 우리는 '어떤 기쁨une joie'을 표현하기 위해 '하나의 행복UN bonheur'이란 말을 사용한다. 그러나 일반적인 '명사로서 행복LE bonheur'이란 매우 다른 성격을 지니며, 특히 순간적인 기쁨 이상의 것이다. 그러므로 행복이란 지속적 만족, 안정되고 계속되는 상태를 뜻하며, 깊이 생각해 보면 영원한 것일 수도 있다. 사실 만족과 기쁨의 상태가 멈출 경우, 그 대신 불만족과 고통이 올 것이다.

그러므로 만족과 기쁨은 그와 상반되는 상태를 수반하기 때문에 참다운 행복이라고 보기 어렵다. 엄밀하게 말하여 '행복의 순간'이란 적합한 표현이 아닐 뿐만 아니라 거의 모순된 표현이라고 말할 수 있다. 그 까닭은 행복과 단순한 기쁨을 혼동하고 있기 때문이다. 행복이란 지속적이고 안정적인 성격을 갖고 있으나 (그렇지 않으면 존재하지 않는다), 단순한 기쁨은 본질적으로 잠정적인 성격을 지닌다. 우리 모두 열망하는 행복이란 필연적으로 마땅히 영원한 성격을 지니거나, 아니면 (인간 영혼은 영원히 살아남을 수 없기 때문에) 적어도 살아가는 동안 내내 지속적이어야 한다.

이쯤 논의가 진행되면 이제 '그러한 행복에 어떻게 다다를 수 있을까?'라는 질문을 던질 수 있다. 이에 대해 '나는 모든 욕망을 채움으로써 완벽하게 만족스런 상태에 이를 수 있다'고 간단하면서도 설득력 있고 논리적인 대답을 할 수 있다. 사실 욕망이 채워질 때마다, 그러한 상태는 때때로 육체적이지만 항상 정신적인 쾌락, 즉 기쁨을 가져다 준다. 그리고 쌓여진 기쁨은 지속적이고 안정된 만족의 상태를 만들어 낸다.

그리고 모든 욕망은 반드시 채워져야 한다. 욕망에 대한 만족은 쾌락과 기쁨을 주기 때문에, 채우지 못한 욕망은 나를 고통스럽게 만들 뿐이다. 자령, 목이 마르다는 것은 물 마시고자 하는 욕망을 뜻한다. 그러므로 물 한잔을 마신다는 것은 내게 생생하고 시원한 쾌락을 주지만, 반대로 물을 마시지 못한다는 것은 처음에는 가벼우나 점점 더 큰 고통을 주게 된다. 가령 연정을 느끼는 여성에게 불타는 사랑을 고백하지만 단호히 거절당하는 한 남자의 슬픔과 고통을 생각해 보자.

행복해진다는 것은 모든 욕망의 충족을 뜻한다. 단 하나라도 채워지지 않는 욕망이 있다면, 나의 영혼은 만족하지 않고, 채워지지 않는 욕망 때문에 불행해질 것이다. 바로 이 때문에 독일의 철학자 칸트는 행복을 '가능한 만족의 총체', 달리 말해 현실적으로 충족시킬 수 있거나 상상할 수 있거나 맛보기 원하는 모든 만족을 얻는 사실 그 자체라고 정의했다.

행복은 모순된 것인가

그렇다면 행복하다는 것은 더이상 욕망할 것이 없는 상태를 의미한다. 사실상, 에피쿠로스의 말대로 '행복만 있으면, 우리는 필요한 모든 것을 다 가진 것'이라고 볼 수 있다. 모든 욕망들이 다 충족된다면, 우리는 어떤 욕망도 가질 수 없을 것이다. 그 까닭은 마치 물을 마시는 순간 갈증이 풀리듯이, 욕망이란 그것이 채워지자마자 없어지기 때문이다. 따라서 욕망이란 쾌락이 충일하는 순간에 사라지고 만다.

그렇다면 행복이란 모순된 것이 아닌가? 실제로 한동안 완벽한 열락(悅樂, félicité)의 상태에 몰입하여 모든 욕망을 채워 더이상 어떤 욕망도 생기지 않는다면, 우리는 권태의 늪으로 빠질 위험이 있지 않은가? 그렇다면 그것은 더이상 행복이 아닐 것이다.

권태란 적어도 인간이 새로운 욕망, 곧 권태에서 벗어나고자 하는 욕망을 내포하고 있음을 뜻한다. 그것은 기분 좋은 상태가 아니며, 인간은 삶의 지루함을 깨는 어떤 사건과 새로움을 바라는 욕망을 지니기 때문이다. 욕망 없는 삶의 지속적인 상태란 모순되어 보인다. 욕망도 없고 영혼도 살아남지 않는 상태는 삶이 아니다. 그와 같은 상태는 욕망을 잉태하는 권태를 만들어 내거나, 아니면 감각도 생각도 없는, 완벽한 죽음을 뜻하기 때문이다.

이러한 모순에서 벗어나기 위하여 우리는 행복에 대해 더욱더 깊이 성찰하려는 지적인 노력이 필요하다. 왜냐하면 위의 생각은 모든 인간이 추구하는 것, 즉 이 세상에서 무엇보다 중요한 행복을 가치 없는 것으로 치부해 버릴 위험이 있기 때문이다. 모든 욕망의 순간적인 만족은 뒤이어 인간을 끔찍한 권태로 몰아넣는 공허하고 '텅 빈' 시간의 포로로 만든다. 그러므로 행복은 욕망의 순간적인 충족에 있지 않다. 욕망의 만족은 인생을 살아가는 동안 내내 조화롭게 분배되어야만 한다. 욕망의 만족에서 오는 쾌락은 처음에는 격한 것이나 이내 작아지기 쉬운 것이므로, 그것은 인간이 완벽한 열락의 상태에 항상 머물기 위해서는 끊임없이 새로운 만족으로 대체되어야 한다(인생 전체에 걸쳐 이런 방식으로 욕망의 만족을 적절히 배분해야 한다).

인간이 행복해지기 위해 새로운 욕망을 가져야 하는 것(이것은 필자가 앞서 생각했던 것과 배치되지만)은 자명하나, 인간은 새로운 욕망이 나타나면 지체없이 바로 그것을 만족시켜야 한다. 그렇지 않고 욕망 충족이 지연되면 될수록 인간 행복을 결정적으로 저해하는 요소들 — 고통스런 조바심, 욕망 충족 실패와 곧바로 쾌락을 얻을 수 없음에 대한 두려움, 거슬림, 신경 쓰임, 고통 등 — 만 불러일으키기 때문이다.

행복이란 불가능한 것인가

그렇지만 우리가 행복이란 무엇인가에 대해 이해하려 하고, 행복에 대한 정의를 내리고자 할 때, 회의의 감정이 이는 것은 바로 위에서 살펴본 그러한 행복이 과연 가능한 것인가라는 점 때문이다. 달리 말해 나는 현실적으로 모든 욕망을 채울 수 있을까? 그리고 욕망이 생기자마자 모든 고통과 갈등을 제거하고 항상 새로운 쾌락을 얻으며 살아갈 수 있을 것인가? 이 모든 것이 나의 능력을 훨씬 넘어서는 것처럼 보이므로 이런 생각에 다다르면 절망감에 사로잡힌다. 그렇지만 우리는 여기에서 패러독스 — 나와 별로 관계 없다면 매우 기분좋은 패러독스! — 를 만나게 되는데, 그것은 모든 사람들이 살아가는 동안 내내 가장 소중한 행복을 얻기 위해 수많은 일들을 벌이고 많은 것들에 대해 노심초사하고 고민하나, 정작 행복이 무엇인가 그리고 과연 행복에 이를 수 있을까에 대해서는 조금의 시간도 할애하지 않는다. 방금 필자의 생각과 같은 기본적인 성찰이 암시하듯이, 모든 인간은 잡을 수 없는 헛된 환상을 추구한다. 그것이 비극적인 부조리가 아니라면, 그리고 우리 인간이 그것의 일부가 아니라면, 그것은 코믹한 것이다.

바로 이 대목에서 철학의 필요성이 떠오른다. 거의 모든 사람들처럼 아무 생각 없이 행복을 좇기보다도, 행복이란 무엇인가, 어떻게 행복에 이를 것인가에 대해 알아보려고 노력하고, 인간이 행복에 이를 수 있다는 확신을 갖는 노력이 요구된다. 행복에 대해 진지하게 생각하는 사람이면 누구나, 고대 그리스 초기 현자들에게서 행복에 관한 논의의 출발점을 발견하기 때문에 철학자가 될 수 있다.

실존적 위기 의식

행복의 문제에 접근하는 여러 가지 방법만큼이나 실존적 위기 의식이 존재한다. 영국의 작가 오스카 와일드(1854~1900)는 요컨대 삶에는 두 가지 비극 ─ 이를테면, 모든 욕망을 만족시킬 수 있는가 없는가라는 비극 ─ 이 존재한다고 말했다.

간단히 말해 낙관주의자인 오스카 와일드에게도 실존은 항상 비극적인 것이다. 첫번째 경우는 슬프게도 평범하고 보잘것 없는 것이다. 즉 인간은 인생의 어떤 단계에 이르러 행복하기 위해 필요한 모든 것을 얻을 수 없음을 깨닫는다. 이러한 깨달음과 의식화 단계에 이어서 좌절과 절망감이 나타나고, 인간은 행복에 이르는 또다른 길의 모색을 위해 철학적 성찰을 하게 된다.

두 번째 경우는 보다 드문 경우인데, 그것은 원하는 것을 모두 얻고, 흔히 말해서 '행복해지는 데 모든 조건을 갖추었고' 인생을 완벽하게 성공적으로 이끌었으나 행복하지 못한 사람의 경우이다. 그의 불안은 더 큰 것이다. 그는 이미 사람들이 원하는 것을 모두 소유하고 있기 때문에 그의 불안감은 '그에게 행복을 가져다 줄 수 있는 것이 무엇인가'에 있다. 그에게 세상은 공허하고 권태로워 보인다. 그러므로 행복에 이르기 위해 철학적 사유는 마지막 구원의 수단으로 다가온다.

원래 철학이란 그렇게 생각하던 사람들이 발명한 것일지도 모른다. 그러나 삶의 실존적 위기 의식을 깨닫기 위해 성숙한 나이에 이를 때까지 기다릴 필요는 없지 않은가. 사춘기의 청소년도 그가 속한 사회가 강요하는 '표준적이고 규범적인' 삶의 방식에 대해 반항할 수 있다. 그는 사회가 부여하는 삶의 방식이 만족을 가져다 주지 못할 것이라고 미리 감지한다. 그러나 그는 무엇이 그에게 행복을 가져다 줄 것인가에 대해 알지 못한다. 그러므로 그는 행복을 가져다 주는 것을 알기 위해 생각해야만 하고, 그러한 사색을 통해 어느 정도 철학자가 되어야 하는 것이다.

이제 우리는 행복을 발견하기 위해 철학적 사색을 피할 수 없고, 위대한 사상가들이 던져 주는 계몽의 빛을 간과할 수 없을 것이다.

2

이 책은 전문가를 위해서 쓰여진 것이 아니라, 20세기를 살아가면서 실존적인 물음을 제기하며 올바른 생각을 하는 사람들(그가 비록 철학의 초심자라고 할지라도)을 위한 글이다. 우리는 '행복하기 위해서 어떻게 살아야 하는가?'라는 질문에 대답하고자 한다. 우리는 이에 대한 해답을 발견하기 위해 논리적으로 사유하려고 노력하는 과정에서, 과거 위대한 철학자들의 생각과 글을 만나게 될 것이다. 그러므로 이 책을 철학의 근본적인 테마 가운데 하나인 행복을 통해 살펴보는 '철학 입문'으로 취급할 수도 있을 것이다.

이 책을 읽는 데 어떤 사전 지식을 요구하지 않지만, 이 책은 지적인 여정 가운데 기본적인 지식들을 (독자들에게) 가져다 줄 것이다. 사실, 이 책은 하나의 내기를 걸고 있는 셈이다. 그 내기란, 철학의 '기술자'가 되지 않고, 그리고 반드시 오 년, 십 년씩 전문 교육을 받지 않고도, 일반 사람들이 인류의 커다란 문제의 중심부로 파고 들어가 서로 상충하는 각기 다른 입장들과 핵심 사안들을 이해하고, 그리고 스스로 판단하는 것, 즉 철학을 할 수 있게 하는 것이다.

행복에 관한 철학적 사상과 주장들을 설명한다는 것은, 대중들의 정신적 건강성을 드러내는 행위처럼 여겨진다. 실제로 경쟁이 날로 심해지고 물질적인 부를 신성시하는 오늘날 사회에 대해, 많은 사람들이 혐오감과 절망감을 느끼고 있다. 이러한 사람들은 깊은 혼란에 빠져 불안에 떨고 있으며 삶과 존재에 대해 보다 정신적인 의미를 찾으려 한다.

그런데 오늘날 세상은 이들에게 어떤 별다른 이상을 제시하지 못하고 있을 뿐만 아니라, 되레 광적인 이기주의 숭배 현상에 순응하지 못하는 사람들을 배제하려 한다. 오늘날 세상에 순응하지 못하는 사람들은, 겉으로 안락을 제공하는 체하며 인간을 이용하고 조작하고 속이고 소외시키는 것을 일삼는 자들의 희생자들이다. 그러므로 이들의 갈구와 열망에 대한 대답을 존중할 가치가 있는 철학 전통에서 구할 수 있다는 사실을 널리 알리는 일은 온당하다.

그렇지만 나는 모든 철학적 주장을 ─ 대부분의 현학적인 작업에서 이루어지는 것처럼 ─ 마치 과거의 한 대상을 바라보듯이 멀리서 생소한 것으로 파악하려는 '역사적인' 접근 방식을 피하고자 한다. 역사적인 접근 방식은 철학을 케케묵은 고리타분한 것(우리와 전혀 관계없는 역사성)으로 고착시켜, 매우 재미없게 만들어 버릴 위험이 있기 때문이다. 나는 이와 반대로 오늘날 우리에게 제기되는 여러 질문들에 대답하기 위해, 필요에 따라 이러저러한 주장을 어떻게 지지해야 하는가를 설명하면서, 각 사유의 체계를 '안으로부터' 재구성하고자 한다.

내게 이러한 '문제적' 접근은 살아 있는 철학의 접근 방식처럼 여겨진다. 사유의 연습이란, 바로 어떤 문제의 해답인 '진실과 진리를 추구하는 일'이며, 일단 모든 주장을 가능하고 가치 있는 해결책으로 고려하는 행위이며, 이를 위해 논증하는 일이다. 게다가 사유의 연습이란, 각 주장의 불충분한 점들을 파악하고, 이를 논박하는 반대 입장들을 발견하는 일이며, 처음 제기된 문제에 또다른 해결책을 다시 찾아가는 일이기도 하다.

어떤 의미에서 철학이 제시하는 모든 것(그리고 내가 이 책에서 주장하는 바를 포함하여)은 항상 논증 과정을 거쳐야 하므로 잠정적인 성격을 지닌다. 철학자만큼 독단[6]과 거리가 먼 사람도 없을 것이다. 누군가 그의 생각이 그릇되다는 것을 '이성적으로' 설명하면, 그는 바로 자신의 주장을 버리고 다른 사람의 옳은 주장을 수용할 것이다. 비

---

6) 여기서 독단이란 말은 흔히 사용하는 경멸적인 의미를 지닌다. 절대적이고 신성한 진리, 즉 도그마를 주장하고 어떤 회의와 논의도 허락하지 않는 사람의 태도를 지칭한다. 그런데 철학적 의미에서 '독단적'이란 표현은, 단지 '진리란 인간 정신으로 깨달을 수 있는 것이다'는 점을 믿는 것을 뜻하며, '회의적'이란 말에 반대된다. E. 후설이 말했듯이, 그런 의미에서 모든 대철학자들은 '독단적'이라고 할 수 있으며, 즉 진리 발견의 가능성에 관해 그들은 낙관적 입장을 취한다고 볼 수 있다.

록 적극적인 논의와 주장을 펼치며 가치 있는 해결책을 제시하는 것이 나의 임무라고 하더라도, 독자 여러분은 나의 비판적 견해들을 자유롭게 반박할 수 있으며, 자신에게 알맞는 예지[7]를 수용할 수 있다.

나는 이러한 문제제기적 접근 방식 때문에, 철학자들이 자신의 이론과 사상을 소개하는 일반적인 방식을 따르지 않았다. 그러나 내가 글쓰기 형태를 약간 현대화한다고 하여, 철학의 체계적인 정신마저 저버리는 것은 아니다.

이 책이 특별히 고교생을 위해서 욕망, 열정, 행복이라는 논제를 다루고 있을지라도, 다른 한편 고교 3학년 과정에서 다루는 여러 가지 논제들 — 자유, 의식과 무의식, 타자, 실존, 죽음, 자연과 문화, 이성, 언어, 사상, 인간학의 구성, 예술, 과학 기술, 종교, 사회, 권력, 폭력, 법, 정의, 의무, 개인과 형이상학 등 — 에 대한 성찰도 아끼지 않고 있다.

게다가 이 책은 문제제기적 논술 문체로 쓰여진 하나의 방대한 예를 제시하고 있다. 그러나 내가 이 글에서 단 하나 지키지 않은 것이 있다면, 그것은 학교 논술에서 관례적으로 '나는/내가...'라고 하지 않고 '우리는/우리가...'라고 해야 한다는 요구 사항이다. 이러한 관례가 굳어진 까닭은, 사람들이 일반적으로 합리적 보편성, 즉 우리의 주장에 찬성할 가능성이 있는 모든 합리적인 사람들을 포함하는 보편성의 이름으로 말하기 때문이다. 나는 문체를 명쾌하고 가볍게 하

---

7) (역주) 여기서 말하는 '예지'란 프랑스어 <la sagesse>의 번역어로서 동양적인 의미에서 단순한 삶의 지혜를 뜻하는 것이 아니다. 편의상 번역된 '예지'는 문맥에 따라서 뉘앙스가 약간씩 다르긴 하지만 대체로 진정한 삶, 행복한 삶을 영위하는 데 필요한 모든 지식과 가치관, 그리고 바람직한 모델을 지칭하는 보다 포괄적인 지적, 윤리적 개념이다.

기 위해서, 어떤 부분들은 사르트르나 데카르트처럼 일인칭으로 분석 소개했다. 물론 나의 이러한 논술 방식은, '우리는/우리가……'라는 과장되고 장중한 표현을 써야만 하는 학생들에게 허락되지 않고 있으나, 여기서 '우리는/우리가……'라는 표현이 독자의 '나'를 포함한 보편적 주체인 '나'라는 것은 두말할 나위도 없다.

그러므로 이 책은 우선 자신의 삶과 실존에 대해 스스로 질문하는 사람과 고교생이나 대학생에게도 유익한 길잡이가 되길 바라는 마음에서 쓰여졌다.

행복은 가능한 것인가

참다운 지식이란 행복을 찾는 데 쓰여져야 하며
그렇지 않을 경우 본래의 의미를 상실할 수 있다.

욕망의 충족 – 소비사회의 이데올로기

대다수의 인간들은 철학적 사유와 성찰을 회피한다. 그들에게
행복의 길은 – 적어도 그 방향성에 있어서 – 단순하다. 행
복에 이르기 위해 사람들은 물질적 욕망과 만족, 즉 인간이 원하는
모든 것을 어느 정도 축적하기만 하면 되는 것이다.

그런데 우리는, 행복해지기 위해 필요한 모든 물질을 생산하고,
경제 행위의 주체에 물질(물건과 서비스의 형태로)을 제공하는 것을 임
무로 삼는 선진화된 산업 사회에 살고 있다. 진정한 문제는 이러한
물질을 획득하는 방법에 있다. 이 정도 삶의 상태나 수준도 커다란
행운이라고 말할 수 있다. 오늘날 우리가 살고 있는 자유주의 사회
는 전반적인 부의 증식을 목적으로 삼고 그 반대급부로 개인적 생활

수준의 향상을 도모한다.

그리하여 행복해지기 위해 욕망을 가져야 하고 특히 그것을 마음껏 충족시킬 힘을 지녀야 한다. 사실상 욕망의 실현은 만족(이러한 만족의 축적은 바로 행복을 뜻한다)을 가져다 주는 반면, 충족되지 않은 욕망은 인간을 고통스럽게 만든다. 내가 더 많은 욕망을 지닐수록, 그리고 욕망을 채울 능력이 크면 클수록, 나는 더 행복해질 수 있기 때문에 욕망이란 좋은 것으로 여겨진다. 바로 그것이 소비사회의 이상 또는 이데올로기이다.

소비 사회는 물질적 안락을 가져다 주는 구실 아래 끊임없이 새로운 상품과 새로운 욕망을 창출하고, 새로운 욕망을 유발하기 위해 광고라는 특별한 테크닉을 구사하고 있다. 그런데 인간이 많은 욕망을 추구하는 것(그만큼 많이 향유할 수 있기 때문에)을 좋다고 생각하지 않는다면, 자꾸 새로운 욕망의 대상을 만들어 낸다는 것은 어리석은 짓이다. 왜냐하면 인간이 새로운 욕망의 대상에 다다를 수 없다면, 그것은 또다른 좌절감을 낳게 할 것이기 때문이다.

'욕망한다는 것은 좋은 것이다.' 이것은 바로 현대 사회의 믿음이자 슬로건이다. 인간은 근본적으로 욕망의 동물이고, 각 개인은 그들이 지니는 욕망으로 차별화되고 정의되기 때문이다. 인간은 욕망을 통해서 자신의 개성을 확인하므로, 교육이 어린이의 욕망을 계발해야 하는 이유 ― 욕망의 계발이 그의 존재를 마음껏 꽃피우게 하기 위해[1] ― 가 여기에 있다.

---

1) 욕망에 대한 찬양론은 몇몇 철학적 흐름에서 발견된다. 그 중 1996년에 타계한 현대 철학자 질 들뢰즈 Gilles Deleuze가 정신분석학자 펠릭스 가타리 Félix Guattari와의 공저 『앙티 오이디프스 L'Anti-OEdipe』 (Editions de Minuit, 1972)에서 주장한 것이 주목을 끈다. 질

쾌락에 대한 고대 시대의 윤리적, 종교적 정죄

매우 독특한 행복의 모습을 살펴보기 위해 잠시 다음과 같은 생각에 머물러 보도록 하자. 현대를 살아가는 인간은 쾌락과 행복을 향유하기 위하여 존재한다. 오늘날 인간은 쾌락에 대한 권리를 주장한다.

가령 성적인 무능력은 병으로 간주되고, 프랑스의 경우 사회보장제도가 그러한 성적 무능력을 치료하는 데 비용을 부담하고 있다. 그러나 과거 다른 시대에는 결코 그렇지 않았으며, 인간의 삶에 다른 목적들이 부과되었다. 과거의 관념에 따르면, 인간은 근본적으로 완수할 임무를 가지고 있다. 인간은 신의 뜻을 만족시킴으로써 자신의 구원을 얻기 위해 도덕적으로 바르게 행동해야만 했다. 인간은 신에게 영광을 돌리기 위해 위대한 일들을 이룩해야 했으며, 결과적으로 지상에서 힘을 가지고 신의 의지를 구현하는 임금을 섬겨야 했다.

그후 매우 모호한 논리적 우회로 인해, 의무의 개념이 상업 자유주의 문명 속에 접합되는 과정에서, 노동자는 사업주를 위해 일하고 그에게 복종해야 한다[2]는 관념으로 바뀌었다. 사실상, 노동은 선이고

들뢰즈에게 욕망이란 인간에게 환희를 주는 창조적 역동성이자 생명력을 지닌 힘이다. 욕망이란, 그것을 정죄하는 모든 도덕과 종교적 전통과 배치되고, 심지어 욕망을 결핍으로 간주하여 그것을 부정적으로 그리고 불행하게 여기는 지배적인 철학전통 ─ 플라톤에서 프로이트에 이르는 ─ 과도 상반된다. 들뢰즈는 동시대의 사람들로부터 배척받았던 독특한 사상가들(스피노자나 니체)의 생각을 따른다. 사실 스피노자와 니체는 형이상학적 사유의 바탕 위에 욕망의 찬양론을 세웠다(그러나 이에 대해 설명하자면 또다른 연구서가 필요할 것이다).

2) 사회학자 막스 베버 Max Weber는 그의 저명한 논문에서, 프로테스탄티즘의 예정설의 교리가 위에서 말한 논리적 중개자의 역할을 떠맡았을 것이라고 주장한다(이 책의 제5장에서 다루어질 아리스토텔레스의 행복에 대한 견해와 막스 베버의 『청교도 윤리와 자본주의 정신』을 참고할 것). 프로테스탄티즘 교리에 따르면, 인간이 이룩한 행위와 작업은 인간에게 파라다이스를 가져다 주지 않는다. 인간은 자신의 행동으로 인하여 스스로 구원될 수 없으며, 단

미덕이나, 휴식은 모든 즐김과 게으름처럼 일종의 악이며 인간에 값하지 못하는 것들이다. 이렇게 하여 서구 문명의 이데올로기의 중심부에는, '쾌락은 악이고 도덕적으로 정죄받아 마땅하다'는 생각 – 기독교가 고대 중동의 여러 종교로부터 가지고 왔고, 플라톤에게 영향을 준 오르페우스 신화[3]에서 발견되는 생각 – 이 깊숙이 자리잡고 있다.

이미 이것은 서구 문명의 요람인 고대 그리스인들이 가지고 있었던 생각이며, 기독교가 지배한 모든 시대는 물론이고 20세기 심지어는 1950년대까지 풍미했던 생각이다. 이러한 생각과의 완전한 결별은 1968년경에야 이루어지는데, 우리는 그러한 이데올로기가 왜 갑작스럽게 무너졌으며 어떤 결과를 가지고 왔는가(이에 대해 사람들은 충분히 생각하는 것 같지 않다)에 대해 질문해 볼 수 있다.

물론 이 모든 것은 지배 담론 – 즉 사람들이 즉각적으로 비판받고, 도덕적으로 정죄되고, 심지어 극단적인 경우 지하 감방에 보내지

지 신의 은총만이 인간을 구원할 수 있다. 그리고 신의 은총은 무대가성(無代價性)을 지닌다. 신은 인간에게 기꺼이(대가없이) 은총을 선물한다. 간단히 정리하면, 어떤 사람들은 이미 천국에 갈 수 있도록 예정되어 있으나 나머지는 그렇지 않다는 것이다. 그 이유는 인간이 알 수도 없고 또 어느 것 하나 바꿀 수도 없는 것이다. 그러나 지상에서의 번영은 (신에 의해) 선택되었음을 뜻하는 한 징표이다. 그러므로 많은 돈을 벌려고 힘써야 한다. 우리가 돈을 많이 번다면 그것은 신이 우리를 돕고 있다는 증거이다. 그러나 그렇게 번 돈을 쓰거나 쾌락을 추구해서는 안 된다. 왜냐하면 그것은 죄를 저지르는 것이기 때문이다. 이렇게 하여 '인간은 일하고 부를 축적하는 데 힘써야 하나 그것을 즐겨선 안 된다'는 이데올로기, 즉 원래의 자본주의가 지니는 이상야릇한 이데올로기가 만들어졌다.

3) 기원전 6세기 전부터, 오르페우스에 대한 숭배는 성적인 광란과 과잉된 욕망의 분출을 대표하는 디오니소스 신의 숭배와 배치되어 나타난다. 부인 에우리디케를 구하기 위해서 지옥에 내려간 신화적 시인 오르페우스는 시를 통해, 나쁘고 악한 기원을 지닌 인간은 검박하고 절제 있는 삶을 영위함으로써 참회해야 한다고 노래했다.

거나 화형당하는 것을 각오해야만 이의를 제기할 수 있는 지배 담론 – 과 연관지어 생각할 때만 진실이다. 그러나 어떤 시대이든지 이 단자와 반항아들은 존재했다. 공식적 지배 담론이 힘겨운 노력을 통해서만 쾌락을 정죄할 수 있다는 사실은 인간이 쾌락을 추구하는 자연스런 경향을 가지고 있다는 것을 의미한다.

그리고 정도의 차이는 있겠지만, 지체가 낮은 평민, 사회의 주변인들(자신의 본능을 사회적 규범에 맞출 수 없는 자들)이나 엘리트 지배 계층(이들은 사회의 질서와 안녕을 위하여 도덕적 정죄를 강요하면서 동시에 이득을 취하는 자들로서 사회적 지위가 그들로 하여금 쾌락적 삶에 동조하지 못하도록 가로막고 있다)을 막론하고 쾌락주의자, 향락 추구자, 방탕한 자들은 어디에나 있게 마련이다. 르네상스는 인간의 삶에 대해 여러 다른 목적을 고려하는 전기를 마련해 주었으며, 18세기경 많은 자유주의자들이 나타나 공식적인 지배 담론에 상반되는 담론을 만들어 내었다. 그러나 자유의 이름으로 행해진 일련의 혁명들이 시민들로 하여금 공화국적인 규범에 순종할 필요성을 부각시켰고, 자본주의적 생산 체계 안에서의 노동 착취로 이어졌다.

1968년 5월 혁명과 전통적 가치의 전도.

1968년경에 이르러서야 (위에서 언급한) 지배적인 이데올로기가 붕괴되었다. 그 까닭은 무엇인가? 이에 대해 마르크스주의자들의 설명과 가설이 설득력 있게 들리므로 그것을 살펴보도록 하자.

처음부터 치명적인 모순을 안고 있었던 자본주의는 가장 적은 비용으로 항상 더 많이 생산하여 최대한의 돈을 벌 것을 명령한다. 그러나 동시에 자본주의는 대다수의 사람들에게 이미 생산된 것들을 이용할 수단과 방법을 주지 않고, 결과적으로 소비자들의 숫자를 지극히 제한함으로써, 자신의 발전을 억제한다. 그러므로 자본주의는 모든 사람들을 소비자로 탈바꿈시키기 위해 이미 획득한 부를 적절하게 분배해야만 했다.

그런데 두번째 모순이 나타나게 되었는데, 그것은 마르크스주의자들이 생산력 발전이라고 부르는 것과 자본주의 이데올로기 ― 노동과 생산은 부추기나 소비의 기쁨과 쾌락은 정죄하는 이데올로기 ― 사이의 모순이다. 그러므로 경제 시스템이 발달함에 따라, (위에서 말하는) 자본주의의 낡아빠진 모럴을 인간의 정신에서 추방하고 그 대신 소비 행태를 찬양하는 목소리를 높여야만 했다. 바로 그것이 1968년 5월에 반항의 기치를 든 사람들이 한 일이다.

그들은 자유와 쾌락에 대한 권리를 명분으로 삼아 그 답답하고 경직된 고리타분한 사회를 거부했다. 그러나 이러한 운동의 주인공들은 스스로 자본주의 체제 그 자체를 문제삼았다고 믿었으나, 불행히 그들이 자본주의 발전 과정중에 맞은 위기 상황에서 장난감처럼 놀아난 꼴이 되었다는 점은 역사의 아이러니이다. 게다가 더욱 놀라운 사실은 그렇게 큰 규모의 문화혁명(우리 시대와 매우 가까운)이 더이상 사람들의 주목을 받지 못하고 고찰의 대상이 되지 않았다는 점이다.

우리는 1968년 5월 혁명이 낳은 사유와 정신의 대변화의 상속자이며 그 운동의 주역이며 문제를 일으키거나 체념한 관람객이다. 우리는 그러한 변화가 프랑스 사회에 던진 엄청난 충격과 상처 ― 생각보다 덜 즉각적이고 덜 가시적이더라도 ― 를 예감할 수 있다. 그러나 이러한 사회학적 분석을 위해서 또다른 작업이 요구된다. 그러므로 (이 글에서는) 오늘날 시대의 사상을 파악하고 그것이 어떻게 두

드러진 모습을 띠고 있으며, 또 이전 시대의 이데올로기와 어떻게 대립적 관계에 있는가에 대한 분석에 머물도록 하자.

욕망이란 자연적으로 좋은 것인가 – 정신분석학의 견해

모든 소비 사회의 이데올로기가 표방하는 대로, 행복이란 인간의 모든 욕망이 충족됨으로써 얻을 수 있다는 생각은 위험하기도 하거니와 반박의 여지도 크다. 실제로 그 생각은 (우리가 궁극적인 결과를 조금만 염두에 둔다면) 소피스트들의 부도덕성을 암묵적으로 인정함으로써 폭력과 범죄를 찬양하는 것처럼 보일 수 있다. 바로 그것이 우리 사회에서 판치고 있는 모든 범죄자들과 부패한 자들이 행하는 것이다. 그러므로 이러한 생각을 정죄하고, 행복에 이르는 또다른 방법 – 정의와 인간을 더 존중하는 방법 – 을 추구하는 것이 온당하다.

어쨌든 다른 가능성은 존재한다. 문제는 모든 욕망을 채우려는 시도는 필연적으로 인간을 폭력에 이르게 할 수밖에 없는가이다. 소피스트들이 주장하는 것처럼, 나의 욕망을 만족시키는 것은 필연적으로 공격적이고 타인에게 피해를 주어야 하는 것인가? 나의 욕망은 남에 대한 존중과 정의에 대한 사랑을 포함하는 것은 아닌가? 욕망은 근본적으로 평화적인 것이 아닌가?

이것은 정신분석학자 빌헬름 라이히 (Wilhelm Reich 1897~1957)의 생각이다. 인간의 폭력과 사악함은 어디서부터 오는 것인가? 정확히 말해서 욕망의 좌절, 특히 자연스런 성적 욕망의 좌절에서 오는 것이다. 욕망의 좌절은 인간을 공격적으로 만들고, 정신병을 일으키며, 사디즘이나 타인을 고통스럽게 만드는 욕망과 같은 성적 타락을 야기시킨다.

프로이트는 (일부의 사람들이 고통당하는) 정신병과 신경계통의 질병의 원인을 발견했다. 그 당시 의학은 이러한 병들을 치유는 물론 설명조차 할 수 없었다. 환자들은 아무것도 아닌 일에 히스테리 발작 증세를 일으키고, 화내고, 불안해 하는 사람들 ― 말하자면 희생자들 ― 이며, 이상한 편집광(偏執狂) 증세를 보였다. 환자들은 스스로 괴로워할 뿐 아니라 주위의 사람들에게도 고통을 주고, 게다가 자신의 감정 생활을 다스리지 못하고 직장 생활을 잘하지 못하였다. 프로이트는 이러한 병적 증세가 어린 시절과 사춘기 시절, 공부로 인해 성적 욕망이 지나치게 억압받았기 때문이라고 설명한다.

자세한 설명을 피하고 간략하게 말하면,[4] 억압받은 욕망들은 어린 아이의 의식에서 추방된다. 그러나 억압된 욕망들은, 상처와 고통을 감수하며 정신의 무의식의 영역에 살아남아서 성인이 된 후 그의 의식을 폭압한다. 의식으로 되돌아온 억압된 욕망들은, 가장되고 위장된 겉모습으로, 그리고 괴상한 욕망의 형태 (흔히 타락한 형태로), 또는 혐오감과 이상한 편집광phobies의 형태로 검열받게 된다. 여기에다 대리만족을 통하여 금지된 것을 어기는 데서 기인하는 죄의식과 불안의 감정이 덧붙여진다. 프로이트는 환자들의 심리 상태를, 특히 최면 상태에서 심문하고 면밀히 살펴봄으로써, 이 모든 것을 밝히고자 하였으며, 인간 행동을 새롭게 설명하는 새로운 심리학 방법인 정신분석학의 기초를 세웠다.

---

4) 프로이트의 사상에 대해 알고 싶으면, 우선 『정신분석학에 관한 다섯 강좌』를 읽고 다음에 『정신분석학입문』을 참고하길 바란다.

인간 공격성의 기원

빌헬름 라이히는 프로이트의 직계 제자의 한 사람으로서 스승의 학문적 결과를 일반화시켰다. 그는 '정상적인' 사람들의 일반적인 폭력성의 이유가 병적 상태에 있다고 인정되는 사람들이 겪는 정신병의 원인과 동일하다고 했다. 욕망의 좌절은 지나친 억압으로 인해 생겨나기 때문이다.

라이히는 매우 간단한 논리를 펴고 있다. 그에 따르면, 배고플 때 먹을 것이 있고 인간답게 살아가는 인간은 남의 것을 훔치지도 않고 남을 해치지도 않는다. 그럴 까닭이 없기 때문이다. 마찬가지로 자연스럽게 성적 욕망을 채우는 인간은 성폭력을 일삼지도 않고, 새디스트처럼 성적으로 타락하지 않는다. 간단히 말해서, 마음껏 자신을 펼쳐 보이는 행복한 사람은 폭력적이지 않다는 것이다.

따라서 인간에 내재한 악의 근원은 우선 권위적인 교육, 그리고 4천 년에서 6천 년 전에 이미 정착된 가부장적 사회, 그리고 부르주아 사회 속에서 강요된 교육에 있다. 이러한 권위적인 교육은 어린이와 사춘기의 청소년들 그리고 성인들의 욕망(특히 성적 욕망)을 억압함으로써, 인간을 순종적으로 만들고 노동을 강요하는 것이다. 권위적인 교육은 좌절한 사람, 성적으로 타락한 사람, 폭력적인 사람들을 양산한다.

빌헬름 라이히의 주장에 따르면, 오늘날 현대 문명을 살아가는 인간들은 진정한 오르가슴과 진정한 성적 쾌감을 맛볼 수 없으므로, 진정으로 사랑할 수 없으며 스스로 독립적이지도 못하다. 현대인은 금지된 것을 내면화시키면서 죄의식에 사로잡혀, 불안에 떨면서 권위적인 모럴에 순종하며 살아간다. 이와 아울러 인간에게 내재한 악은 부의 엄청난 불균등을 야기시키는 자본주의 사회 조직 – 수많은 사람들의 가난과 비참함을 묵인하거나 심지어 그것을 유발시키는 잔인한 궁핍의 사회조직 – 에 원인이 있다.

라이히는 정신분석학이론을 마르크스의 비판이론과 접합함으로써, 에리히 프롬과 허버트 마르쿠제로 연결되는 프로이트–마르크스주의의 초기 형태를 만들어낸다.

욕망의 순수성

바람직한 사회를 이루려면, 도덕적 억압이나 검열의 최소화, 물질적 풍요로움, 그리고 적어도 부의 균등한 분배가 실현되어야 한다. 이로 인해 개인들이 자유로이 자신의 욕망을 채움으로써 좌절과 폭력이 사라질 수 있다. 그렇게 된다면 나쁜 행동을 금지하기 위해 더 이상 도덕률이나 실정법이 필요치 않고 사람들도 범죄를 저지르려는 유혹을 느끼지 않을 것이다. 간단히 말하면, 아주 기분 좋고 조화로운 무정부 상태가 지속될 것이다.

실제로 빌헬름 라이히는 충동과 욕망이 외부적인 권위에 의해 제한되지 않고 자발적으로 조절될 수 있다고 생각했다. 만족스런 성생활을 즐기는 사람은 쓸데없이 파트너를 자주 바꾸지 않고 온갖 나쁜 성적 타락에 물들지 않는다. 그의 성생활은 진정한 사랑의 감정에 뿌리를 내리고 있다.

모두가 인정하고 자연적인 진정한 모럴, 즉 훔치지 않고 남을 공격하지 않고 남을 죽이지 않아야 한다는 윤리의식은 충동의 자기 제어를 통해 싹트게 된다. 그러므로 젊은이들에게 성적 금욕과 부부간의 폐쇄적인 정절, 지나친 자본주의적 노동, 그리고 오랫동안 남성의 경제적 법적 노예인 여성들의 순종 등을 강요하는 권위적이고 탄압적인 모럴(거짓된 모럴)은 사라져야 한다.

라이히에 따르면, 위선적인 모럴은 욕망이 좌절되고 죄의식을 가지며 진정한 성적 쾌락을 맛보지 못하는 사람들을 양산한다. 이러한 사람들은, 개인적 삶의 균형을 이루고 꽃피우기 위해, 깊고 밀도있는 환희의 원천을 빼앗겨버린 셈이다. 부르주아의 모럴을 부순다는 것은 질곡에서 벗어나 기쁨에 이르는 새로운 길의 모색을 뜻한다.

이러한 주장을 논문으로 발표한 후 라이히는 비난의 대상이 되었고 매도당했다. 1933년과 1939년 사이에 라이히는 독일, 덴마크, 스웨덴, 노르웨이에서 차례로 추방당했다. 미국에 망명한 후, 라이히는 많은 사람들의 매도와 비난으로 시달렸으며, 1947년부터 미국 식품의약품국(FDA, Food and Drug Administration)[5]의 조사를 받았다. 결국 1956년에는 2년의 징역형을 받기에 이르렀고 그의 저서들은 판금당했고 연구소의 서류들은 파기되었다. 그는 1957년 감옥에서 쓸쓸히 죽어갔다.

그런데 역사의 아이러니가 생겨났다. 그가 죽은 지 10년이 지난 1968년경, 그의 사상은 세계의 여러 곳에서 맹위를 떨치기 시작했고 학생운동과 사회운동에 사상적 배경이 되었다. 오늘날 라이히의 사상은 많은 사람들이 인정하는 공통된 사상이 되었고, 비억압적 교육방법에 적잖은 영향을 주었다. 이제 '안 된다'는 말이 아이들에게 상처를 준다고 생각하는 부모들은 라이히의 정신적 제자(그들 자신이 이 사실을 모를지라도)라고 말할 수 있다. 마찬가지로 범죄자들도 사회의

---

5) 특히 연구 목적(상업용이라는 비난을 받고 있는)으로 자신의 환자들을 실험대상으로 한 생명 에너지 축적 기기의 사용에 관한 부분이 문제가 되었다.

희생자라는 인식은 그와 비슷한 맥락에서 파악될 수 있다.

라이히는, 그의 교육 철학을 그대로 적용시킨 유진 오닐(Eugene O'Neil: 섬머힐 Summerhill 학교의 창시자)과 같은 열렬한 추종자를 두었다.[6] 이 학교에서 아이들은 절대로 수업을 강요받지 않고, 자유롭게 하고 싶은 것을 하였으며, 마음껏 뛰어 놀고 배웠다.

유진 오닐에 따르면, 본래 배우기를 원하여 자발적으로 수업(그 수업이 아무리 재미있더라도)에 참여하는 아이들은 없다는 것이다. 심지어 전통적인 학교 교육에 저항하는 아이들마저도 아무도 자발적으로 수업을 원하지 않았다. 물론 여기서 아이들이 배우고자 하지 않으면, 18세가 되어도 수학이나 역사 공부를 전혀 하지 않을 수 있다. 그런데 유진 오닐은 라이히가 주장한 조기 성개방 이론은 실천에 옮길 수가 없었음을 밝히고 있다. 만일 그렇게 한다면 정부 차원에서 즉각적인 폐교 명령이 내려질 것이기 때문이다.

라이히의 프로이트 비판 – 죽음에의 충동

라이히의 주장은 대단한 관심을 불러일으켰으며, 사랑과 자유가 가득한 새로운 사회에 대한 희망의 싹을 틔울 만한 것이었다. 게다가 라이히의 이론은 인간에 관한 깊은 과학적 연구에 근거를 두고 있는 듯했다.

그러나 프로이트는 이와는 완전히 상반된 주장을 하고 있다. 초기 프로이트의 이론에 따르면, 공격성이란 특정한 본능에서 생겨나는 것이 아니라, 각 본능이 발달 과정에서 억압을 받게 되면[7] 공격적이

---

6) (참고) 『섬머힐의 자유로운 아이들 Libres enfants de Summerhill』
7) 『정신분석학에 관한 다섯 강좌 Cinq psychanalyses』, (프랑스어 판), 192~193 쪽 참조

된다는 것이다. 라이히는 바로 이러한 프로이트의 관점에 의해 얻어진 자신의 생각을 체계화시켰다. 그렇지만 프로이트는 자신의 연구가 진척됨에 따라, 삶의 충동(에로스)과 죽음과 파괴의 충동[8]이라는 근본적인 충동의 두 가지 형태가 존재함을 인정하기에 이르렀다. 에로스 또는 삶의 충동은 근본적으로 성적 욕망인 리비도에서 펼쳐지며, 죽음의 충동은 삶의 존속과 뗄 수 없는 관계에 있다는 것이다.

왜냐하면, 한 존재는 자신 주위의 삶을 파괴하거나, 적들로부터 자신을 방어함으로써만 살아남을 수 있기 때문이다. 인간 역시 자신 안에 기본적으로 공격 본능을 갖고 있다.

프로이트는 다음과 같이 적고 있다.

"인간은 사랑을 갈구하는 마음을 지닌 선한 존재가 아니다. 사람들은 일반적으로 (남에게) 공격을 받을 때만 스스로를 방어한다고 한다. 그러나 그와 반대로 공격성의 상당 부분은 본능적 소여(所與)에 있다고 말할 수 있다. 결과적으로 인간에게 타인은 삶의 보조자나 성적 파트너의 가능성을 지닐 뿐만 아니라 유혹의 대상이기도 하다. 사실 인간은 (이웃으로서의) 타인의 희생을 감수하면서도 자신의 공격 욕구를 만족시키고, 보상 없이 타인의 노동을 착취하고, 동의 없이 타인을 성적으로 남용하고, 재산을 빼앗고, 모욕하고, 탄압하고, 죽이기도 한다. 각 인간은 만인에 대해 늑대, 즉 호모 루푸스(homo lupus 늑대인간)이다. 삶과 역사의 엄연한 교훈 앞에서, 누가 감히 이에 반박할 용기를 갖겠는가? 일반적으로 인간의 잔인한 공격성은 호전적 도발을 할 수도 있고, 보다 부드러운 수단과 방법으로 이룰 수 있는 목적을 지닌 어떤 음모나 기도(企圖)를 위해 사용될 수 있다. 그 반대로 가령 공격적 욕망을 억누르며

---

8) 『정신분석학 시론』, 「자아와 이드」, 제 4부. 프랑스어판 253쪽 전후.

금지하고 있는 윤리의 힘이 약화될 경우와 같은 유리한 조건과 상황 속에서 인간의 공격성은 더 자발적으로 나타나고, 인간이라는 종(種)에 대한 모든 존중이 상실된 (인간의 탈을 쓴) 야만적 짐승의 모습이 바로 드러난다."[9]

프로이트는 훈족, 징기스칸의 몽고족이 저지른 야만성이나, 예루살렘이 이교도의 손에 함락됐을 때 신앙심이 깊은 십자군이 저지른 끔찍한 일들을 상기시킨다. 그러나 더 가까운 역사적 예로서 나치 독일의 유태인 학살, 르완다인들이 도끼로 저지른 골육상잔, 옛 유고의 군인들이 승리에 취해 유희삼아 어미가 보는 앞에서 아기들의 목을 자르는 것과 같은 끔찍한 행위는, 수많은 인간 속에 거대한 괴물이 잠자고 있음을 여실히 보여주고 있다.[10]

억압적 교육의 필요성

우리는 프로이트가 동물을 모욕했다고 질책할 수 있다. 야생 동물은 인간보다 덜 잔인하고 파괴적이며, 특히 같은 종의 동물에 대해 덜 공격적이기 때문이다. 야생 동물들은 먹을 것을 구하거나 스스로 보호할 필요성을 느낄 때만 살생한다. 그들은 재미삼아 또는 영광을 얻기 위해 죽이지 않는다. 야생 동물의 공격성은 엄격히 말해 본능에 의해 통제된다. 이러한 조절 기능이 인간에게는 결여되어 공격 충동을 통제할 수 없는 것처럼 보인다. (야생 동물이 보여주는) 본능이 결여된 인간은 어처구니 없는 충동을 지닌 동물이다.[11]

---

9) 『문명 속의 불안 Malaise dans la civilisation』, 프랑스어판, 64~65쪽.

10) 참고. 뤽 페리 Luc Ferry, 『신-인간, 혹은 삶의 의미 L'Homme-Dieu ou le Sens de la Vie』, Grasset, 프랑스어 판 91 쪽.

11) 이 대목에서, 나는 많은 프로이트 번역가들이 놓치고 있는 본능 instinct과 충동 pulsion의

그러므로 도덕적 사유에 의해 방향성이 정해지는 의식이 그러한 조절 기능을 담당해야 한다. 따라서 인간은 인간이 되기 위해 교육을 받아야 한다. 공격충동을 억압하는 훈련이 교육의 첫 단계이며, 공격성은 다른 목적을 위해 그 방향이 재설정되어야 하며 제한적으로 쓰여야 한다. 인간에게 타인을 존중하는 법을 가르쳐야 한다. 그 까닭은 타인에 대한 존중이 결코 자발적으로 생기는 것이 아니기 때문이다. 그리고 도덕 교육이 모든 인간들로 하여금 남을 존중하도록 만드는 데 불충분하기 때문에, 각 인간의 타인에 대한 존중을 강제하기 위해 사회적, 법적 통제와 경찰력이 반드시 필요하게 된다. 그러므로 교육과 문명은 필연적으로 억압적일 수밖에 없다. 억압의 힘이 약해질 경우, 정글의 법칙이 나타나며, 폭력과 공포가 난무하게 된다. 우리는 그러한 예를 부모가 자식을 제대로 교육하지 않고 거리로 방목하고, 경찰력이 더 이상 법질서를 지켜내지 못하는 대도시의 슬럼가에서 얼마든지 찾을 수 있다.

우리는 공권력(현대 사회의 이데올로기에 상반되는)이 인간에게 짐승스런 면을 제거하고 인간을 인간답게 만듦으로써 타인에 대한 존경심과 평화를 정착시킨다고 생각한다. 그런데 선이나 관용을 지향하는 교육의 제약적 측면과 파괴적인 폭력, 노예적인 착취를 구분해야 한다.

게다가 프로이트에 의하면 문명이란 필연적으로 억압적이므로, 인간 사회에서 진정한 행복이란 있을 수 없다. 사회는 각 개인에게 엄청난 노력을 요구하고, 수많은 욕망의 만족을 희생하도록 강요한

차이를 구별한다. 번역가들이 독일어 'Triebe'를 구별 없이 본능과 충동으로 옮기고 있기 때문이다.

다. 이것이 바로 『문명 속의 불안』이란 책에서 프로이트가 분석하고 있는 부분이다. 진정한 행복의 가능성을 전적으로 배제하는 정신분석학자들에게 아주 불행한 사람들이 그토록 매달리는 현상은 자못 흥미롭다. 정신분석학자들의 작업은 환자를 좀더 '정상적'으로 만들거나, (희망하건대) 덜 불행하게 만드는 데 그쳐야 할 것이다.

그러나 소피스트들은, 인간은 항상 사회를 이루며 살아야 하기 때문에 불행하다는 프로이트적인 생각에서 자신들의 주장에 대한 타당성을 발견할 수 있다. 즉 타인에 대한 순종에서 해방된 사람, 절대권력을 지닌 사람만이 부하나 신하들을 희생시키더라도 자신의 모든 욕망(공격성을 포함하여)을 채우고 행복을 맛볼 수 있다는 것이다.

그렇다면 프로이트의 주장이 옳았을까? 인간은 단지 충동적 존재로서 공격적인 성격을 지니며, 사회 속에서 필연적으로 좌절을 느끼며 살아가야 하는가? 단언하기는 어려우나 이에 대해 밀도 있는 연구가 필요하다. 인문과학의 이론들은 진리나 진실을 추구하는 사람들에게 심각한 문제를 제기한다.

사실, 철학적 진리는 이성에 의해 확립되었으며, 각 개인은 이성을 지니고 있기 때문에 스스로 진리의 근거를 검증해야 한다. 그러므로 각 개인은 논리 전개의 정당성을 검증해야 하며, 전개된 논리가 명석한 느낌을 주면서 만족할 만한 수준에서 검증되어야만 하나의 주장으로 받아들일 수 있다. 이와 반대로 과학, 특히 인문과학은 경험에 바탕을 두고 있다.

그런데 라이히나 프로이트처럼 풍부한 임상 실험의 경험을 거친 사람들은 거의 없다. 그렇다고 프로이트나 라이히가 경험에 기초하여 입증했다는 그들의 주장들을 무턱대고 받아들일 것인가? 과학적 진리는 과학자들의 정직성에 대한 신뢰와 믿음에 근거한다. 간단히 말해, 진리란 권위의 바탕 위에 전수되며, 그리고 권위의 근간은 여러 과학자들이 서로 상대방의 주장에 행사하는 상호 통제력에 의해 지탱된다. 과학자들의 의견 일치로 인해 진리를 전적으로 인정하는 입장은 정당화된다.

그러나 분명히 알아야 할 것은, 심리학자들도 서로 일치를 보지 못하고, 심지어 경쟁적인 학파를 만들어 과격한 의견의 상충과 대립을 빚고 있다. 정신병 치료 의사와 정신분석학자들의 대립, 프로이트 추종자와 라이히 추종자와의 대립, 라캉 추종자와 융 추종자들의 대립 양상이 벌어진다. 이러한 현상은 — 그들이 주장하는 것과는 반대로 — 그들의 이론이 경험에 의해 입증되는 것이 아니라는 것을 의미한다. 이들의 이론이란 철학적 사유로부터 생겨난 보다 일반적인 생각과 신념에서 기인한 것이다. 그리고 예비적인 생각은 검증을 얻어내기 위한 것이므로 경험의 방향을 결정한다. 이러한 생각은 여러 심리학자들과 사회학자들을 서로 대립하게 만들며, 그리고 철학적 형태의 합리적 탐구의 정당성과 필연성을 제고하기에 충분하다.

인간의 본성은 선하다-장 자크 루소

어떤 사람들은 장 자크 루소[12]가 인간의 본성은 선하다고 주장했다면서 우리의 견해에 반박할 것이다. 그의 주장은 널리 알려져 있으나, 그것이 의미하는 바가 무엇인지 정확히 파악할 필요가 있다. 우선 루소는 자연 상태에서의 인간 — 사회 밖의 인간, 사회에 의해

---

12) Jean-Jacques Rousseau 1712~1778, 스위스 태생 프랑스어권 사상가

만들어지기 이전의 인간 - 에 관해 말하고 있다.

루소에 따르면, 인간의 본성은 고독한 것이고, 인간은 다른 사람들과 드문 접촉만을 가질 뿐이다. 이 모든 것은 매우 특별한 전제들의 총체를 구성하고, 특별히 자연적 인간이 고독하다는 주장을 가능케 한다. 그 까닭은 수많은 동물의 종들이 사회를 이루며 살아가는데, 인간만이 과연 사회를 이루지 않고 달리 살아갈 수 있는가 하는 의구심이 들기 때문이다. 아마도 자연적 본성을 지닌 인간이 비사회적 존재는 아닐 것이다. 인간을 그렇게 정의한 이상, 그는 자연적 인간이란 아무런 생각이 없는 수많은 여러 동물 가운데 하나일 뿐이라는 점을 인정한 셈이다. 왜냐하면 인간의 사유란 공동체적 삶의 요구에서 생겨난 언어를 통해서만 발달할 수 있기 때문이다. 인간은 스스로 완벽해질 수 있는 능력인 '자기 완성성'을 지니며 - 그러한 요구를 느끼거나, 정확히 말해서 삶의 가혹한 조건이 인간에게 자연 상태를 벗어나 사회적 삶을 이루도록 강요할 경우 - 새로운 생각을 만들어 내고, 새로운 행동을 할 수 있다.

루소의 생각에 따르면 인간은 다른 동물보다 더 사유하는 동물이 아니다. 그러므로 인간은 처음부터 선과 악을 구별하는 윤리적 의식을 갖는 것이 아니다. 루소는 '자연 상태의 인간은 어떤 윤리적 관계나 의무도 지니지 않으므로, 선하지도 악하지도 않다'[13]고 했다. 그러므로 루소에 따르면, 두 사람이 식량과 영토를 놓고 다투거나 심지어 서로 죽일 경우, 그러한 행위 자체는 어떠한 악도 아니다. 그 까닭은 선과 악이란 알려진 사회 규범과의 관계에서만 존재하기 때

---

13) 『인간 불평등 기원론』, 프랑스어판 Garnier-Flammarion, p. 194.

문이다. 그리고 인간이 도덕적 규범을 사유하기 위해서는, 사회 속에서 발달된 지적 능력이 전제되어야 한다. 그러므로 인간은 본성적으로 선한 존재라기보다는 자연상태의 동물처럼 아무것도 모르는 존재일 뿐이다.

루소가 인간의 자연적 선함을 주장하는 또다른 근거는 연민의 감정이다. 루소는 인간은 '천성적으로 다른 사람의 고통을 견디지 못한다'고 생각한다. 그러나 이러한 자연적인 연민의 감정은 사회적 삶으로 인해 인간의 마음속에서 빨리 사라지는 것이다. 사실상 사회적 삶은 인간으로 하여금 남보다 많은 칭찬을 받고, 남보다 우월해지고, 남보다 부자가 되고 싶어하는 욕망과 열정을 부추긴다. 바로 이런 생각이, 왜 인간들은 사회적 삶을 살아가면서부터 서로 시기하고 남을 헐뜯고 악해지는가, 그리고 왜 인간들은 모든 방법을 동원하여 남을 짓밟고 모욕함으로써 쾌감을 느끼는가를 잘 설명해 주고 있다. 연민의 감정은 자연 상태에만 국한된 효과를 지니고 있다.

루소는 '연민의 감정은 힘센 야만인으로 하여금 약한 어린 아이나 몸을 못 쓰는 늙은 노약자에게서 (그들이 힘들게 겨우 얻은) 식량을 빼앗지 못하게 하고, 다른 곳에서 식량을 구하게 한다고 말하였다.'[14]

자연적 인간의 유일한 선함이 뜻하는 바는 생존을 위해 어쩔 수 없는 경우에만 악을 저지르는 것이지, 많은 문명화된 인간들처럼 장난 삼아 쾌락거리로 하거나, 남의 주목을 받기 위해서 아니면 자신을 내세우기 위해서 악을 저지르는 것은 아니라는 점이다. 루소가 생각하는 야만인은 아마도 사회적 인간보다 덜 잔인할 것이다. 야만

---

14) 위의 책. 198.

인은 훔치고, 살해할 수 있으나, 그것은 단지 생존하기 위해서이지 결코 악의를 지니고 있는 것은 아니다. 그러나 그렇기만 하다면 얼마나 좋으랴! 그것만이 인간관계의 이상적 모습은 아니다. 인류가 사회와 유리되어 존재할 수 없다면, 우리는 루소의 생각에 힘입어 사회가 인간의 공격적인 감정을 자극한다고 말할 수 있다. 따라서 인간이란 자연적으로 사회적 속성을 지니므로 인간은 결국 악한 존재라고 결론지을 수 있다.

욕망이란 결핍으로부터 온다 - 플라톤의 『향연』

고대 그리스인들은 이미 ─오늘날 현대인들처럼─ 욕망하는 것은 아름답고 좋은 것이라고 생각했다. 그들은 화려한 언어로 욕망과 사랑의 화신인 에로스가 가장 아름다운 신이라고 말했다. 플라톤의 사상에 힘입은 단순한 생각 ─ 즉 인간은 가지고 있지 않은 것을 원할 뿐, 가지고 있는 것은 원하지 않는다는 생각으로 위의 주장을 반박할 수 있다.

가령 행복을 원하는 사람은 행복하지 않으며, 행복한 사람은 행복을 원하지 않을 것이다. 부를 원하는 사람은 스스로 너무 가난하다고 느낄 것이며, 사랑받기 원하는 사람은 현재 사랑을 받지 않고 있으며, 배고픈 사람은 칼로리가 부족한 상태에 있다는 것이다. 따라서 인간에게 무엇인가 부족한 것, 결핍된 것이 있어야만 욕망이 생기는 것이다. 살아남기 위해서 또는 만족감을 느끼기 위해서는 무엇인가 결핍되어야 한다. 욕망, 사랑, 에로스는 그 자체로서 만족감이나, 행복과 아름다운 것의 소유, 삶의 충만감을 뜻하는 것이 아니라, 오히려 그 반대의 것을 의미한다.

50

그러므로 욕망의 의미에서 사랑한다는 것은, 결핍을 뜻하기 때문에 그 자체로서 당장 좋은 것이 아니다. 우리가 욕망에서 어떤 유용성을 찾거나, 사랑에서 도덕적 가치를 발견하더라도, 행복에 관한 우리의 관점에서 바라볼 때 욕망과 사랑이 당장 좋은 것이라고 말할 수 없다. 인간은 욕망의 상태와 욕망의 만족을 통해 기대할 수 있는 것을 혼동함으로써 그릇된 환상을 가질 수 있다.

에로스의 본질 – 디오티마(Diotima)의 견해

플라톤은 매우 재미있는 대화로 이루어진 『향연』에서 욕망에 관해 첫번째 분석을 하고 있다. 이러한 분석의 논리를 다시 되짚는 것은 의미있는 일이다.

소크라테스는 작은 향연에서 초대받은 사람들이 잘 먹고 마신 다음 완전히 통음난무에 빠질 것인가 아니면 철학적 토론에 몰두할 것인가를 놓고 생각했다. 그들은 결국 토론의 즐거움을 선택했고, 더이상 필요 없게 된 무희들과 악사들을 물리게 했다. 여기서 우리는 그리스인들이 현대인보다 훨씬 다양한 즐거움 – 철학적 토론도 즐거움 중에 하나였으므로 – 을 누리고 있었음을 주목할 필요가 있다.

향연에 참석한 사람들은 사랑에 관해 토론하기로 했다. 의사, 시인, 정치가 등 여러 연사들이 차례로 말했다. 각자 자기 나름대로 전문성을 살려서 에로스가 가장 아름다운 신이라고 찬양했다. 맨 마지막에 나선 소크라테스는 앞서 말한 사람들의 견해가 거짓이므로 이에 동의할 수 없다는 유감의 뜻을 전했다.

소크라테스(플라톤이 문학적 인물로서 묘사한 소크라테스)는 대체로 『향연』의 저자의 사상을 대변하는 사람이다. 소크라테스는 사랑에 관한 것을 제외하고는 아무것도 아는 것이 없다고 겸손을 떨면서 욕망에 관한 모든 지식은 현명한 산파인 디오티마에서 온다고 설명한다. 그러나 소크라테스는 디오티마가 그것을 철학적 사유의 훈련이 충분치 않은 사람들도 이해할 수 있도록 신화적 담론의 형태로 설명하고 있다고 말한다. 플라톤은 추상적 사고에 거부감을 느끼는 독자들을 지적으로 주눅들지 않게 하면서, 욕망의 본질에 대해 알레고리를 통해 설명하고자 한다.[15]

에로스는 신이 아니라, 반신(半神)이자 악마이면서 신과 인간의 중계자이다. 그 기원은 다음과 같다.

아름다움의 여신 아프로디테의 탄생을 축하하기 위해서 모든 신들이 화려한 저녁식사에 초대받았다. 지적 재간과 '영악함'과 능력을 지닌 포로스 Poros는 신주(神酒)를 마시고 취하여 정원으로 나와 졸고 있었다. 마르고 뼈만 남은 가난한 페니아 Penia가 동냥을 하러 와서 그 아름다운 청년 포로스를 보고 그 기회를 놓치지 않으려고 했다. 그녀는 포로스 옆에 누웠다… 그리고 아홉 달 뒤에 욕망의 악마인 아기 에로스가 태어났다. 에로스는 부모의 성격을 그대로 이어받았다. 에로스는 가난하나 — 철학자처럼 — 창의적이었다. 그는 존재의 결핍과 행동을 뜻한다.[16]

태초의 양성적 인간 신화

인간이 본질적으로 결핍 속에 살아가거나 욕망의 존재라는 것은

---

15) 플라톤, 『향연』, 203 a.
16) 『향연』, 189 d. 디오티마의 연설에 나오는 사랑에 관해 더 자세히 알려면, 이 책 제4부 「사랑과 절대의 욕망」 부분을 참고할 것.

『향연』에 나오는 아리스토파네스의 주장이 보여주는 바이다.[17] 그 주장이 신화적 형태를 취하는 허구적인 주장일지라도, 게다가 술에 취한 시인이 말하는 것일지라도, 그것은 진실의 일부를 보여주고 있다. 그 신화는 매우 잘 알려졌으며, 우리는 전세계에 걸쳐 수많은 신화 속에서 그것의 여러 변용들을 발견할 수 있다.[18]

아리스토파네스는 사랑의 기원과 중요성을 설명하면서 예전에 인간은 머리가 둘이고 팔 다리가 넷인 이중 인간이었다고 주장한다. 우리는 이를 공통적으로 원초적인 양성적 인간이라고 부른다. 비록 어떤 사람들은 한쪽에는 남자 성기를, 다른 한편에는 여자 성기를 갖고 있거나, 다른 사람들은 거푸 남성이거나 또는 거푸 여성일지라도 우리는 이를 양성적 인간이라고 일컫는다. 이런 인간들은 매우 힘이 세고, 올림포스의 신들을 정복하기 위해 거대한 탑을 건설했다 (이것은 바벨탑 신화의 또다른 변용이다). 신들은 자신의 권력을 보존하고 오만하기 짝이 없는 인간들을 벌하기 위하여, 이들을 둘로 잘라 각각 남자와 여자로 만들었다. 그후 그들은 불행을 걸머진 채 잃어버린 반쪽을 찾기 위하여 세상을 헤매고 다니게 되었다. 그들은 수없이 시도하나, 딱히 맞는 나머지 반쪽을 발견하지 못한다. 그러나 그들이 반쪽을 찾을 경우, 기막힌 황홀감을 맛본다. 서로 잃어버린 반

---

17) 아리스토파네스는 플라톤이 그의 대화편 속에서 문학적 인물로 바꾸어 버렸으나, 역사적인 실제의 인물이다. 희극적인 시인 아리스토파네스는 『구름』이라는 풍자극의 저자인데, 그는 작품 속에서 조롱하기 위해 소크라테스를 뜬구름 잡는 철학자로 설정하고 있다. 아리스토파네스는 소크라테스의 사형 선고에 일조한 자들 가운데 하나였을 것이다. 그러나 플라톤은 아리스토파네스가 이 '귀여운' 신화의 저자라고 하기에는 그에 대한 원한이 크지 않았다.

18) 신화에 대한 플라톤의 비판적 성찰에도 불구하고, 어떤 저자들은 순진하게 아리스토파네스의 주장을 플라톤의 것으로 간주하고 자주 인용하였다.

쪽을 찾은 그들은 사랑의 유희적 쾌락에 탐닉하고, 단 하나의 존재로 되기 위해 서로 혼융되기를 바란다.

인간의 기원에 관한 믿기지 않는 이러한 이론의 진실된 부분은, 인간이란 결코 자족할 수 없는 본질적으로 불완전한 존재임을 보여준다. 인간은 결정적으로 결핍된 존재이고, 그에게 맞는 다른 '반쪽'의 존재와의 사랑을 통해 끊임없이 그러한 결핍을 채우려 한다. 이것보다 더 정확한 것이 무엇이 있을까?

욕망으로 인한 고통

기본적인 첫번째의 분석을 마치기 위하여, 지금까지 용인된 주장에서 논리적으로 도출된 결론 — 이미 우리가 잠깐 언급한 결론 — 을 환기하는 것만이 남았다. 욕망한다는 것이 결핍을 뜻한다면, 그것은 결핍으로 인해 고통받는 것이기도 하다. 채워지지 않는 욕망은 고통이다. 욕망의 상태는 결코 기분좋은 상태가 아니다. 욕망의 상태는 신경이 날카로워지고 조급한 상태를 의미한다. 게다가 욕망의 상태란 미래에 얻어질 쾌락의 상상적인 기대감으로서만 잠재워질 수 있는 여러 가지 고통이다.

그러나 쾌락을 맛보기 위하여 회의나 불안감을 가져서는 안 되고 확신에 차 있어야 한다. 욕망하는 것을 얻는 순간 욕망이 사라지기 때문에, 고통스런 욕망(욕망이 강할수록 고통도 더욱 커진다)과 욕망의 만족(쾌락의 순간, 고통의 소멸의 순간)을 혼동하지 말아야 한다.

어쨌든 욕망이란 고통이다. 그러나 욕망의 만족에서 오는 쾌락은 인간을 행복으로 인도할 것인가? 바로 그것이 다음에 논의할 문제이다.

쾌락의 본질

쾌락이 행복을 가져다 줄 수 있는가? 쾌락이란 무엇인가? 이 질문에 대답하기 위해서 우리는 플라톤이 암시한 대목에서 출발해 보자.

플라톤은 저서 『파이돈 phaedon』에서 소크라테스 생애의 마지막 순간들을 이야기하고 있다. 소크라테스는 도시 국가의 신들에 대해 불경죄를 저질렀고, 젊은이들을 부패시켰기 때문에 이미 사형당하도록 되어 있었다. 그는 죽음 이후의 삶의 문제, 특히 영혼 불멸의 문제에 관하여 마지막날 아침 제자들과 함께 조용히 토론했다. 제자들이 감옥에 이르렀을 때 간수가 밤새 소크라테스의 발목을 옥죄고 있었던 쇠사슬을 풀어 주었다. 플라톤은 소크라테스가 매우 기뻐하며 발목을 문질렀다고 전한다. 왜 플라톤은 우리에게 그 사실을 정확하게 묘사하려고 하였을까?

외견상 자연스런 모습을 하고 있는 플라톤의 대화편은 매우 정교하게 다듬어진 문학 작품이며, 각 디테일은 의미를 지니고 있다. 플라톤은 소크라테스가 족쇄에서 벗어남으로써 커다란 쾌락을 경험했다는 생각을 암시하고 있다. 여기서 쾌락의 이유는 해방과 안도와 고통의 중단 상태에서 찾을 수 있다. 이러한 생각을 일반화시킬 수 있을까? 그리고 모든 쾌락의 원인이 이와 비슷하다고 말할 수 있을까? 사실상 모든 쾌락은 욕망과 고통에서 생겨나는 것이다. 욕망이 앞서지 않는다면, 쾌락도 없는 것이다.

가령 인간은 시장할 때 맛있게 먹었던 음식도, 배가 부를 때 먹거나 게걸스럽게 삼킬 때 역겨움을 느낀다. 쾌락이란 기계처럼 의지대로 생기는 것이 아니다. 그 까닭은 쾌락이란 대상에 따라 생겨나는 것이 아니라, 우선 인간의 주관적인 기분이나 욕망에 따라 좌우되기 때문이다. 그런데 모든 욕망의 상태는 또한 결핍의 상태이고, 따라서 고통의 상태이다. 그런 결핍을 채워주는 대상으로 인해 쾌락이 생기는 것은 그 대상이 고통을 없애주기 때문이다.

소크라테스 발목의 예는 고통이 잦아들면 쾌락이 생긴다는 것을 잘 보여준다. 따라서 모든 쾌락은 단지 고통의 진정 국면에서 생기는 것이리라. 이것은 이 분석 이전에 우리가 의심하지 않았던 부분이다. 쾌락이 바로 이전 고통의 소멸에서만 연유한다면, 결과적으로 쾌락이란 어떤 이행적 상태나 고통과의 상관 관계, 즉 어떤 고통의 상태에서 매우 적은 고통의 상태나 고통이 전혀 없는 상태로의 이행일 뿐이라고 말할 수 있다. 때문에 쾌락에 대한 우리의 느낌과는 달리, 쾌락이란 자기 충족적이거나 긍정적인 것이 아니다. 사실 우리는 쾌락을 기계적으로 쌓아 놓을 수 없다. 전이(轉移)적 성격을 지닌 쾌락이란, 일회적으로 지나가는 것이고, 사라지는 것이다. 애석하게도 쾌락이란 지속되는 것이 아니다.

플라톤 이후 2,400년이 지난 다음, 프로이트는 그와 유사한 이론을 세웠다. 프로이트는 욕망이란 이른바 리비도라고 불리는 총체적인 욕망의 에너지, 다양한 대상에 고정될 수 있는 욕망의 에너지와 유사하다고 생각했다. 그는 욕망의 에너지를 일종의 심리적이고 생리적인 긴장으로 여겼다. 말하자면, 뇌세포의 신경화학적 긴장감(전압과 유사한)이란 정신적으로 느껴지는 욕망과 상통하는 것이다. 그러므로 쾌락이란 이러한 긴장의 이완, 잠재적인 전기량의 감소와 상통하는 것이다. 결국 쾌락이란 긴장과의 상관 관계의 산물이며, 그렇기 때문에 쾌락이란 근본적으로 일시적인 것이다.

쾌락은 순간적이다

우리는 앞서 행한 분석을 통해 행복에 이를 수 있는 기회와 가능성에 대해 첫번째 결론을 끄집어낼 수 있다. 인간은 오랜 욕망과 불만족과 고통의 시간을 보낸 후 얻는 쾌락, 그래서 순간적일 수밖에 없는 쾌락, 순수하게 말하여 그것은 행복이라고 말할 수 있는 만족의 상태를 지속적으로 일구어낼 수는 없다. 왜냐하면 쾌락이란 욕망의 과정 다음에 나타나기 마련이고, 쾌락이란 인간이 의지대로 축적하거나 재생산할 수 있는 독립적인 현실이 아니기 때문이다.

가령 식도락의 즐거움을 예로 들어보자. 인간은 좋아하는 것을 먹을 때, 우선 먹는 즐거움이나 쾌락을 얻을 수 있다고 믿는다. 배불리 먹은 다음에 사람들은 남아 있는 음식에 대해 무관심해지고 싫증을 느끼며 먹는 즐거움도 사라진다. 더 먹으려고 한다면 더이상의 즐거움을 얻기는커녕 역겨움을 느낄 것이다. 매우 오랫동안 간절히 바랐던 것을 얻었을 때, 환희의 순간은 매우 짧고 만족감이 더이상 지속되지 않는다는 것은 모든 사람들이 일반적으로 경험하는 바이다. 인간은 시험이나 스포츠 경기의 승리를 통해, 단 하루, 단 한 시간, 아니 단 오 분의 쾌락과 환희를 맛보기 위해서 일 년의 세월을 노력하며 희생하기도 한다.

채워지지 않는 욕망

위의 분석에 한 가지 첨가해야 할 것은, 간단하고 보잘것 없는 만족, 근본적으로 실망스러운 만족만 주는 욕망은 끊임없이 다시 태어나고, 똑같은 욕망은 매번 어느 정도 새로운 대상을 향하여 이끌려간다는 점이다. 그리하여 욕망이란 언제나 완전히 만족스러운 것이 결코 아니다. 욕망이란 항상 채워지지 않는 법이다.

가령 수전노는 자신의 재산에 결코 만족하는 법이 없으며 항상 더 많은 금과 돈을 원한다. 돈 후안은 그가 소유한 모든 여인들, 그로 인해 고통받는 모든 연인들에 만족하지 못한다. 돈 후안은 끊임없이 새로운 유혹과 정복에 나선다.[19] 독재자는 자신의 권력이나 영토에 만족하지 않고 더 많은 권력과 신민을 원한다. 결코 만족할 수 없는 이들은 항상 더 많은 것을 원하므로 불만족스런 인간들이다.

그런데 대부분의 사람들은 부와 권력과 사랑과 영광을 동시에 바라나, 이들(수전노, 독재자, 돈 후안)이 단 하나의 욕망에 따라 움직이는 편집광이란 점이 유달리 돋보인다. 많은 사람들은 다양한 욕망을 지니고 있으나, 그들이 지닌 재능이 보잘것 없기 때문에 원하는 모든 것을 다 얻지 못한다.

그러므로 인간은 채울 수 있는 정도보다 항상 더 많은 욕망을 지니게 마련이다. 이것이 동물적 욕구, 즉 쉽게 채울 수 있고 매우 제한된 자연적 욕구와 인간의 욕망을 구별짓는 것이다. 포식한 사자는 식곤증을 느끼고 잠을 자나, 생리적 욕구를 채운 인간은 모험을 추구하고 새로운 만족을 찾는다. 그러므로 인간은 정녕코 행복을 알 수 없고, 영원히 만족하지 못하는 존재이다.

소피스트들이 말하기를, 인간은 모든 욕망을 채울 수 있을 정도의 힘과 권력(그것을 위해 가장 막강한 권력과 힘이 필요하더라도)을 지닐 때 비로소 행복을 맛볼 수 있다. 신만이 전능의 힘을 지닐 수 있다고 하더라도, 항상 인간은 이에 대한 환상을 갖게 마련이다. 왜냐하면

---

19) (역주) 돈 후안이란 신화적 인물에 관해서는 17세기 프랑스 희극작가 몰리에르의 『동 주앙』을 참고할 수 있다.

내가 더 많은 힘을 지닐수록 욕망도 그만큼 커지게 마련이기 때문이다. 그런데 나의 힘이 커질수록, 나는 덜 불행하게 될까? 그렇지 않다. 나의 힘이 커짐에 따라, 그만큼 욕망도 커지기 때문이다. 이 경우 욕망은 매우 지나치게 커지게 된다. 능력과 힘을 더 가질수록 나의 욕망은 그것을 항상 초과하고, 나의 힘과 욕망 사이의 간격은 더 넓어진다. 그런데 이 간격은 채워지지 않은 나의 욕망이고, 커지는 나의 불행과 고통이다. 그러므로 소피스트들의 주장과 달리 절대 권력을 쥐고 있는 폭군이 가장 행복한 사람은 아니며, 오히려 그들의 주장을 반박하는 플라톤의 생각처럼 그는 가장 불행한 사람이다.

루소는 플라톤의 단순한 주장을 매우 견고하게 정당화시켜 생각을 제안하고 여기서 상상력의 효율성을 엿본다. 루소는 문명화된 인간이 원시 야만인보다 훨씬 더 불행하다고 했다. 그 까닭은 인간에게 언어를 강요하는 사회적 삶이 인간의 여러 지적 능력을 발달시켰고 그 중 하나가 상상력이기 때문이다. 상상력이 커질수록, 그것은 새로운 쾌락의 가능성 ― 이에 쉽게 도달할 수 없을지라도 ― 을 제시한다. 루소가 덧붙이기를, 인간은 얻을 수 있었던 안락과 풍요로움에 일찍이 익숙해져 있다. 물질적 풍요와 안락이 인간을 더이상 기쁘게 하지 않으나, 그것의 결핍은 인간을 고통스럽게 만든다. 물질적 넉넉함이 커질수록, 인간은 스스로 새로운 종속 상태와 불행의 기회를 더 만들어 간다.

게다가 권력 또한 상상력을 배가시킨다. 간단한 예를 들어보자. 내가 주머니에 돈이 한푼 없는 상태 ― 가까운 시일 내에도 돈을 가질 가능성이 없는 상태 ― 에서 상점의 진열대 앞을 지나갈 경우, 나는 거기에 진열된 상품을 구경하는 데 시간을 보내지 않는다. 그

상품들은 나와 무관하므로 나는 고통을 느끼지 않는다. 반대로, 돈을 어느 정도 가지고 있을 경우, 살 수 있는 물건들을 유심히 바라본다. 그러나 나는 상점의 모든 물건을 다 살 정도의 여유가 없으므로, 하나 정도의 물건밖에 구입할 수 없다. 그러나 상점의 모든 물건들을 구입할 가능성을 배제할 수 없다. 나는 모든 물건들을 매번 하나씩이라도 구입할 수 있기 때문이다. 그러므로 나는 모든 물건을 욕망할 수 있다. 그런데 하나만 구입할 경우, 구입하지 못한 나머지 물건들로 인해 불행감을 느끼고, 나의 선택을 후회할 것이다. 바로 이것이 우리에게 욕망의 무한한 가능성을 펼쳐 보이면서도 그 가능성들이 '동시에' 얻어질 수 없다는 힘과 권력의 사악한 논리인 것이다. 모든 참여 행위(하나를 선택하는 행위)는 동시에 거부 행위이며 모든 행위는 선택의 자유의 상실을 뜻한다.

인간의 영혼 안에 예지 같은 것이 내재한다는 것을 주목해야 한다. 인간이 쾌락을 야기하는 것을 얻을 수 없다고 할 때, 그것은 막연한 소망의 대상이나 욕망의 에너지를 크게 투여하지 않는 몽상의 대상일 뿐이다. 우리는 쓸데없이 탐욕을 부리지 말아야 한다. 그와 반대로 원하는 것이 더 가능성을 지닐 때, 인간의 욕망은 심한 고통을 느낄 정도로 강렬해진다. 마찬가지로 아무것도 갖지 않은 가난한 사람들도, 적지만 단순한 욕망 – 추위를 막아 줄 지붕과 배고플 때 먹을 것 등 – 을 가지고 있다는 것은 일상적 경험으로 알 수 있다. 반대로 행복해지기 위해 충분할 정도로 가진 부유한 사람들도 특이한 욕망을 가지고 있다.

가령 그들은 조금이라도 자질구레한 물건들이 부족하면 대재앙이 닥친 양 교육을 잘못 받은 어린애들처럼 천방지축 화를 내곤 한다.

인간이 더 부유하고 힘이 강해질수록, 인간의 욕망은 더 정교하게 세련되어 만족시키기 어렵게 되며, 절대적인 한계에 부닥친다. 그 절대적인 한계란, 시간성과 살아 있는 생물체라는 점과 욕망의 만끽 상태의 한계이다. 이미 모든 것을 소유한 사람은 영원한 젊음과 지속적인 즐거움을 얻기 위하여 시간과 인간 조건과 싸운다. 그렇지만 그의 노력은 헛수고이다. 그래서 폭군은 가장 불행한 사람이며, 다른 사람을 지배하고자 하는 사람은 자신의 욕망의 노예이다. 그는 자신을 불행하게 하는 것에 저항할 수 없기 때문에 자신의 주인이기를 포기한다.

소피스트
절대 권력은 행복의 조건이다

단 한 사람만이 최고의 권력을
소유하고 행복을 향유한다.

겉으로 보아서 지상에서의 행복에 대한 권리 주장은 최근에 확산된 현대적인 생각이라고 여기기 쉽다. 그러나 서구 문명의 역사를 보면, 기원전 4세기경 고대 그리스에서 개인의 행복을 인간 삶의 목적으로 삼았던 문화가 있었다. 아마도 개인의 행복은 인류가 원시부족사회에서 벗어나면서 나타난 개인 의식의 출현과 일맥상통하는 것이리라.

원시부족사회에서는 집단의 생존과 힘만이 중요시되었고, 개인은 그 자체로 중요성을 지니지 못하였으며, 개인은 종족의 이익과 자신의 이익을 분리하여 생각하지 않았다. 그 뒤 고대 그리스의 지식인들 사이에서 참다운 선이란 단지 집단의 공동선이 아니라 오히려 개인의 행복이라고 생각하기 시작했다. 그렇지만 이 모든 것은 집단의 공동선과 개인의 행복을 어떻게 조화시킬 것인가, 그리고 행복을 법의 준수와 어떻게 조율할 것인가라는 문제들을 놓고 많은 논란을 불러일으켰다. 이러한 지적 모험을 주도했던 사람들 가운데, 특별히 몇몇 사람들의 사상은 독창성과 논리적인 힘을 갖고 있어 오늘날 우리들의 관심을 끌기에 충분하다. 이들은 다름 아닌 소피스트들이다.

소피스트들은 '예지의 스승들'로 일컬어지며 그들의 이름도 이로부터 연원한다. 소피스트들은 물질적 대가를 받고 강의를 통해 유복한 젊은이들에게 행복해지기 위해 필요한 모든 것을 가르치고자 했다. 이들의 가르침이 지니는 유용성은 이론의 여지가 없으므로 독자 여러분은 벌써부터 소피스트들의 주장을 알아보려고 애쓸 것이다. 매우 다행스럽게도 독자 여러분은 방금 얻은 지적 작업으로 인해 소피스트들의 비밀스럽고 값비싼 지식을 수업료 없이 제공받을 것이다.

한 가지 밝혀둘 부분은 고르기아스(기원전 487~380)나 프로타고라스(기원전 485~411) 같은 소피스트들의 사상은, 지금까지 부분적으로 전해 내려오는 희귀한 글의 편린보다는 플라톤의 저작(이들을 자신의 대화 상대 인물로 등장시킨)을 통해 더 잘 알려졌다는 점이다. 플라톤과 그의 제자 아리스토텔레스는 소피스트들을 철학의 적수로 여기고, 그들의 생각과 사상을 논박하고, 심지어는 우스꽝스럽게 만들어 버림으로써 소피스트라는 이름이 경멸적인 뜻을 갖게 되었다.

누구보다도 먼저 아리스토텔레스는, 소피스트들의 사유 방식이 대화에서 상대방을 혼동으로 몰아넣는다면서 그 결함을 지적하고,

이를 입증하기 위해 논리학의 기초를 세움으로써 오늘날 소피즘(소피스트 사상)을 부정확한 사유로 인식하게 했다.

어쨌든 위대한 사상가들의 적수로 지목된다는 자체가 명예로운 일일 수도 있다. 무엇보다도 소피스트들을 논박하기 위해 동원된 지적 작업들이 공격적이고 방대하였음을 고려할 때, 소피스트들의 사상 역시 비판하기 쉽지 않은 철학 사상이었음을 알 수 있다. 그렇다면 그들의 생각이 지니는 가치를 살펴보도록 하자.

인간 삶의 목적은 행복의 추구에 있다

소피스트들은 인간 삶의 목적이 행복의 추구에 있다고 주장함으로써 현대 사상과 같은 맥락에서 출발한다. 행복에 이르기 위해서 모든 욕망을 만족시켜야만 한다. 그러나 모든 욕망을 어떻게 만족시킬 것인가?

소피스트들의 답변은 매우 단순하면서도 탄탄한 논리를 지닌다. 돈으로 많은 것들을 얻을 수 있으므로 최대한의 부를 얻어야만 한다. 그렇지만 항상 방해하는 자들이 있기 마련이므로 그것만으로 충분치 않다. 이를 위해서는 실제로 다른 사람들을 지배할 절대 권력이 있어야만 한다. 따라서 우리가 매우 작은 욕망마저도 다른 모든 사람들을 통해 채울 수 있다면, 비록 그들이 우리를 두려워 할지라도 우리는 존경받고 사랑받는 존재가 될 것이다. 그 까닭은 사람들이 약하고 순종적이며 수모만 당하는 자보다 힘있는 자를 더 좋아하기 때문이다. 간단히 말해 행복해지기 위해서 인간 사회를 지배하는 폭군이 되어야 한다.

소피스트들은 오늘날의 인간들보다 훨씬 더 지적으로 영리했음을 알 수 있다. 사실 오늘날 대다수의 사람들은 지금보다 '더 많은' 권력과 '더 많은' 돈을 얻는다면 행복해질 것이라고 생각한다. 예컨대 그들은 기업의 사장자리와 그에 걸맞는 보수(평범한 회사 직원인 그들에게 엄청난 쾌락을 주기에 충분한 것처럼 여겨지는)를 얻는다면 더 행복해질 것이라고 믿는다. 그래서 이들은 늦게까지 직장에 남아서 '무지막지하게' 일하고 사장에게 충성을 보인다.

반면 이들은 개인(과 가정) 생활을 게을리하고 동료 직원들을 모함하고 짓밟으면서 몇 년 동안 충성을 다한 다음 기어코 처음부터 군침을 흘렸던 자리를 차지하고 만다. 그러나 그들은 곧 좀더 많은 수입, 좀더 큰집, 좀더 큰 자동차, 해외 여행과 바캉스, 좀더 많은 권력(타인들에게 불이익을 줄 수 있는)이 진정한 행복을 얻는 데 충분치 못하다는 사실을 깨닫는다. 그 까닭은 언제나 그들보다 더 많이 가지고 있는 사람, 그들의 위에 군림하는 사람, 즉 새로운 우두머리가 있게 마련이기 때문이다. 그리하여 그들은 자꾸 새롭게 나타나는 윗자리를 공략하기 위해서 끊임없이 일해야 하는 것이다. 이것이 바로 이른바 '진지하고 심각한' 사람들의 불쌍하기 그지없는 삶의 참모습이다.

절대적인 부와 권력의 필요성

이미 소피스트들은 '좀더 많은' 돈과 권력이 인간을 행복하게 만드는 데 충분치 않으므로, 행복해지기 위해서는 최대한(절대적인)의 부와 권력이 필요하다는 점을 깊이 꿰뚫어 보았다. 이러한 논리를 통해 우리는 절대 권력, 폭군적인 권력이 바로 모든 인간의 은밀한 욕망이란 점을 인정할 수 있다.

모든 인간은 온갖 욕망을 통해 행복해지기를 원하므로, 행복에 이르는 수단인 절대적인 힘을 은밀하게 욕망하는 것이다. 그러나 사람들은 이러한 욕망 자체를 명료하게 의식하고 있지 못하므로 대부분의 경우 무의식의 상태로 남아 있다.

　그렇지만 겸손하고 괜찮은 사람들은 나의 주장에 다음과 같이 논박할 것이다. 그들은 전제적인 권력의 욕망도 가지고 있지 않고 현재의 상태에 만족하면서 살아가고 있다고. 그러나 나는 솔직히 이들에게 '이 세상에는 이들이 사랑하고 그리고 사랑받기 원하는 대상은 없는가?'라는 질문을 던지고 싶다. 그러한 대상이 있다면, 이들은 사랑받고자 하는 힘 ― 거의 마술적인 힘을 갖기 원할 것이다. 그리고 이들은 사랑하는 사람과 함께 기막히게 멋있는 곳에서 마치 백만장자처럼 바캉스를 보내고 싶지 않을까? 그러므로 이를 실현하기 위해 많은 돈을 갖기 원하지 않을까? 또 뜻하지 않은 경쟁자가 나타난다면 그를 없애기 위해 마술에 가까운 힘을 원하지 않는가? 이러한 질문에 대해 '그렇다'고 인정하지 않거나 인간 내면 깊숙이 숨어 있는 욕망은 바로 절대 권력으로 향한 욕망이 아니라고 주장할 사람은 거의 없을 것이다.

남을 어떻게 설득할 것인가 ― 수사학의 기술

　그렇지만 그러한 욕망만 갖는 것이 전부가 아니라, 그것을 어떻게 실현할 것인가가 중요하다. 그 이유는 바로 인간이 그러한 욕망을 의식의 밖으로 내던지거나, 심지어 잊어버리거나, 마음속 깊은 곳에서 그것의 존재를 부정한다는 것은 불가능한 것처럼 여겨지기 때문이다.

소피스트들의 가르침은 이에 해답을 제시한다. 성공한 인생을 위해서는 타인으로 하여금 당신을 믿게 하고, 당신에게 권력을 맡기도록 설득해야 한다. 이를 위해서 우선 말을 잘하는 법을 배워야 한다. 이른바 수사학이라고 불리는 말 잘하는 기술을 얻기 위해서는 반드시 어떤 다른 지식이나 권력, 능력과 자질이 요구되는 것은 아니다. 사실상 신념도 말을 통해서 얻어지는 것이며, 특히 민주주의 시대에서 권력조차도 말(연설)을 통해서 얻어지는 것이다.

소피스트들은 논증을 대신하여 다음과 같은 예를 즐겨 사용하고 있다. 두 명의 의사가 한 환자 앞에 있다고 가정해 보자. 그 중 한 사람은 치료할 줄 아는 좋은 의사이나 표현이 서툴고, 다른 사람은 말만 번지르하게 잘하는 돌팔이 의사라면, 사람들은 누구의 말을 더 믿을 것인가? 물론 말 잘하고 설득할 줄 아는 의사를 믿을 것이다. 게다가 대부분의 약이 단지 플라스보(위약, 僞藥 : 치료약이 아니고 환자를 안심시키기 위해 주는 것)이고, 심리학이 치료의 주요한 요소일 경우에는 돌팔이 의사도 환자를 낫게 할 가능성이 크고, 때에 따라서는 더 나은 실력을 발휘할 수도 있을 것이다.

오늘날 끊임없이 우리에게 '커뮤니케이션할 줄' 알아야 한다고 역설하는 전문가들이 이 말을 위선적으로 잘못 명명하지 않았다면, 그들이 새롭게 만든 것은 아무것도 없다. 사실 이들은 커뮤니케이션에 대한 이상야릇한 생각을 갖고 있는데, 그것은 정보 수신자로 하여금 대답할 여유를 주지 않고 엄청난 정보를 일방적으로 강요하는 커뮤니케이션이다. 이러한 커뮤니케이션을 통해선 진정한 지식의 전달과 진정한 의견 교환이 이루어질 수 없다. 왜냐하면 오늘날 효율적인 커뮤니케이션이란 사람들에게 믿게 하고, 물건을 구입하게 하고, 어떤 사람에게 투표하게 하기 위한 커뮤니케이션을 말하기 때문이다.

그래서 소피스트들은, 본심 감추기를 좋아하고 그것을 지도자 양성 과정[1]에서만 언급하는 마키아벨리적인 현대인들보다 이런 것들을 매우 분명하게 그리고 단순하게 표현했다. 그래서 정치나 장사에서 성공하기 위해서는 설득하는 방법을 배우는 것만으로 충분하다. 이를 위해 분명한 것은, 참다운 진리에 대해 지나치고 맹목적인 사랑과 열정을 갖지 말아야 한다는 점이다. 달리 말하면 거짓말을 하는 데 주저하지 말아야 한다.

사실, 지키지 못할 공약임을 빤히 알지만 그렇다고 정직하게 말한다면 어떤 정치인이 선거에서 당선될 것인가? 광고인이나 장사하는 사람이 생산 제품에 대해 정직하게 말한다면, 그들의 할 일이 무엇이 있겠는가? '세상에서 유일한 맛, 자연의 모든 신선함, 본래 상태의 쾌락은 아름다운 겉모습을 지니나, 사실은 밋밋한 맛으로 된 화학 성분의 덩어리'일 뿐이고, '가격 파괴, 절호의 찬스'는 '항상 45%의 이윤'을 남길 것이고, 항상 경쟁에서 남보다 싸야 하고 광고비용도 동일하지 않다.

우리는 일반화된 (광고의) 말의 성찬과 뻔뻔스럽고 거의 제도화된 거짓말에 이미 익숙해져 있고, 이러한 것들은 오늘날 상업주의 사회가 돌아가는 데 필수불가결한 것처럼 여겨진다. 따라서 진리가 세상을 지배해야 한다는 생각은 매우 우스꽝스런 것처럼 보인다.

---

1) 실제로 소피스트들은 이중 언어를 사용하였고 체면 존중을 소중히 여겼다. 플라톤은 그의 대화에서 그것을 벗기고 vend la mèche 있다.

성공을 거두기 위해서 도덕적 양심을 버려야 한다

그러므로 인생에서 성공을 거두기 위해서는 아주 어린 아이들에게나 들려 주어야 할 법한 도덕적 양심과 신중함은 버려야 한다. 많은 재산을 모으기 위해서는 남의 것을 훔치는 행위마저도 필수적이고 가장 효과적인 방법이다. 그러나 여기서 주의해야 할 점은 남에게 들키거나 잡히지 않고 매우 교묘하고 영리한 방법으로 해치워야 한다. 은행을 턴 다음 경찰에 붙잡힌다는 것은 분명히 기분좋게 살아가는 것이 아니다.

우선 이러한 일을 저지르기에 앞서, 적발되지 않고 안전성을 확보하기 위해서는 적과 자신의 힘을 세밀하게 비교 검토해야만 한다. 가장 좋은 방법은, 세련된 비즈니스맨들이 계약서에 깨알처럼 쓰여진 문구를 가지고 (계약자들을) 이용하듯이, 법을 등에 업고 다른 사람의 재산을 합법적으로 훔치는 것이다. 그렇기 때문에, 물론 말은 하지 않지만 오늘날의 시대도 여전히 소피스트들의 사상을 따르고 있다고 볼 수 있다.

사업가들의 세계는 매우 썩었고, 시장 점유를 위해서는 검은 돈이 오가고, 가장 명성 있는 은행들이 검은 돈을 세탁하고, 정치의 세계도 마찬가지라는 것을 모르는 사람들이 누가 있을까? 우리는 공금과 사회적 공공 재산을 횡령하여 구속된 사람들의 소식을 매일같이 듣는다. 우리 민주 사회에서 어떤 정치인도 위에서 열거한 정당하지 않은 방법 ─ 간단히 말해서 남의 것을 훔치는 행위 ─ 을 동원하지 않고서 선거에 당선될 수 없을 것이다. 그러한 일에 가장 서툰 자들만이 적발되고, 매우 교활하고 능란한 자들은 다른 사람에게 일을 시키거나 힘있는 자들의 비호를 받는다는 것이 일반적으로 퍼져 있는 생각이다.

결국 논리가 이 정도 진전되면 권력을 얻고자 하는 사람에게 살인이란 것도 더이상 금기가 아닌 것은 분명하다. 살인이란 위험한 적들을 제거하거나 복종과 협조와 참여를 거부하는 자들을 없애는 데 쓰인다. 사람들은 두려움과 공포의 분위기를 유포하면서 보다 확실하게 타인들을 지배할 수 있다. 이것은 마키아벨리가 소피스트들의 교훈을 취하는 경우이다.

소피스트 학파는 우리 인간에게 (자유로운) 행동을 억제하는 전통적 윤리의 양심을 내던지도록 가르치고 있다. 소피스트의 가르침에 따라 모든 윤리적 굴레에서 벗어난 몇몇 엘리트들은 절대 권력과 권력의 핵심인 행복을 정복하기 위해 떠난다. 그들 가운데 가장 교활하고 강한 자만이 절대 권력과 행복에 이른다는 것은 자명한 사실이다. 왜냐하면 늑대들은 그들끼리 서로 잡아먹기 때문이다.

민주적 요소의 배제

소피스트들의 행복론에는 민주적 요소가 배제되어 있음을 알 수 있다. 그들의 사상에 따르면 어떤 사회에서 단 한 사람만이 최고의 권력을 소유하고 행복을 향유하기 때문에 이 행복론은 확실히 엘리트적 성격이 강하다는 것이다. 그 밖의 다른 모든 사람들은 언젠가 그의 자리를 차지할 수 있다는 꿈을 꾸면서, 그의 독재 아래서 고통으로 신음하고 있다.

그렇지만 이런 생각은 오늘날 세계를 지배하는 힘있는 자들의 마음속에 공통적으로 배어 있을 뿐만 아니라, 거의 모든 현대인들의 행복관으로부터 논리적으로 도출할 수 있는 것이다. 다시 말한다면,

모든 욕망을 만족시켜야 행복을 얻는다면, 인간은 스스로 그것을 만족시킬 힘, 즉 다른 사람들을 전적으로 지배하는 힘을 지녀야 한다. 이러한 생각이 세상의 야망으로 가득찬 사람들에게 더이상 확산되지 않은 것은 현대인의 생각이 깊지 않고 근시안적 사고 때문이라고 해야 할 것이다.

그렇다면 전제군주나 폭군만이 행복할 수 있다면, 행복에 관한 사유가 벽에 부닥치는 것이 아닌가? 아니 되레 유일한 해결 방법이 아닌가? 그것이 진실이라면 그것을 깨닫고 희생당하지 않도록 해야 되지 않을까? 소피스트들의 말처럼, 불의의 희생자가 되기보다는 불의를 저지르는 자가 더 낫기 때문이다. 그러나 이러한 소피스트들의 생각은 기존 모럴에 정면으로 배치되는 것이므로 독자 여러분에게 충격적으로 들릴 것이다. 그렇다면 소피스트들은 이에 대해 어떻게 대답할 것인가?

도덕적 금지의 기원과 가치

지금까지 우리는 행복에 대해 모든 인간이 갖는 기초적인 개념에서 논리적으로 도출된 행복을 정복하기 위한 소피스트들의 방법론을 살펴보았다. 그렇지만 그들의 사상은 기존의 모든 도덕적 신념들과 배치되는 위험한 점이 있다. 그리고 윤리성을 결핍한 사람들이 이를 받아들일 것이고, 우리가 주목할 것은 세상에서 몇몇 강한 자들만이 — 비록 다른 사람들이 동일한 생각을 가지고 범죄를 저지른 후 감옥 한 구석에 웅크리고 있을지라도 — 이 경우에 해당한다는 점이다. 그러나 대부분의 사람들은 그것은 악이기 때문에 그렇게 행동하면 안 된다고 말한다.

그러나 소피스트들이 그 이유를 묻는다면 사람들은 이에 대해 대답하기가 어렵다. 가장 단순하고 상식적인 대답은 신의 의지가 그러하므로 그것을 거스르는 자는 이 세상 아니면 저 세상에서 처벌을 받게 된다는 것이다. 정도의 차이는 있지만 모든 인간 문명의 도덕적 가치는 종교적 바탕에 기초하고 있다. 그러면 이에 대해 소피스트는 어떻게 대꾸하는가? 그것은 인간이 지어낸 하찮은 이야기에 불과하다는 것이다. 더 정확히 말해서 가장 약한 인간들의 창조물이라는 것이다.

　소피스트에 따르면, 힘 없는 자들이 도덕 규범을 만들었고, 인류 문명 초기에 제일 먼저 사법 제도를 만들었다는 것이다. 실제로 약자들이 끊임없이 재산을 약탈당하고 죽음의 위협을 받고 살아간다는 것은 유쾌한 일이 아니었다. 이들은 약탈자들에 저항할 힘이 없으면 맞서는 것보다는 이들과 평화를 꾀하는 일이 더 낫다는 것을 깨달았다. 이들은 그렇게 하는 것이 이익이 되기 때문에 사기와 절도, 살인을 금지하는 규범과 협약을 만들기에 이르렀다.

　이것이 바로 법질서의 근본이 된 것이므로 그 근본 자체가 신성한 성격을 지니는 것은 아니다. 따라서 법질서는 잘 이해된 이기심의 발로라고 볼 수 있다. 그러나 강한 사람들은 타인의 재산을 빼앗기 위해 복수를 개의치 않고 이를 방해하는 사람들을 서슴없이 제거한다. 그러나 약자들은 동맹 연합으로 힘을 키워 고립된 강자에게 공동의 법질서를 지키도록 ― 그렇지 않으면 감옥으로 보내지도록 ― 조처한다. 그럼에도 불구하고 약자들은 항상 질서를 교란하는 자들에 대항하여 싸워야 하는 위험한 상황에 놓여 있다. 그러나 약자들은 전투에서 용감한 태도를 선호하는 것이 아니라, 휴식만을 좋아하고 다소 겸손하고 기쁨을 갖기 원한다.

모럴의 사기성

약한 사람들 가운데 가장 영리한 자들은 강자들을 잘 다루기 위해 해결책을 제시했다. 그것은 강자들을 교육하고 그들에게 죄의식을 심는 것이다. 강자들에게 법은 단순히 사람들의 이해 관계의 표현이 아니라 모든 사람들에게 부과되는 절대선이라는 것을 믿게 해야만 했다. 이러한 법에 보이지 않는 신성함을 부여하기 위해 신의 의지라는 신화를 사용하게 되었고, 법의 준수를 위해 신의 제재라는 위협을 가장하게 되었다. 사회의 모든 구성원과 모든 아이들에게 이를 믿게끔 세뇌하였다. 19세기말 철학자 니체는 이것을 다시 주장하였고,[2] 이후 수많은 사회 사상가들은 소개 방식이 좀더 복잡하고 모호하긴 하지만 비슷한 주장을 했다.

사실, 진지하고 실증적이며 신앙을 가지고 있지 않은 사상가라면, 도덕의 기원에 대해 어떠한 다른 주장을 할 수 있을까? 가치의 초월적[3]이고 신적인 바탕을 주장하는 것이 수긍할 수 있는 과학적 설명에 의해 뒷받침될 수 없다면, 가치에 인간적(신적이 아닌) 기원을 부여해야만 한다.

---

2) 니체의 『도덕의 계보』 참고. 니체는 약한 자들에 의한 도덕의 발명을 분석하면서 힘의 의지에 대한 형이상학을 근거로 삼았다. 니체와 소피스트들과의 근본적인 차이는, 그가 행복이 인간 실존의 목적이 아니라고 한 점이다. 행복은 약한 자의 목적이고 초인은 다른 목적을 임무로 삼아야 한다. 그러나 니체의 사상에 대한 논의는 이 책의 범위를 넘어선다.

3) 초월적 transcendant이란 '밖에 있는…', '저 너머에…'의 뜻이다. 가령, 신은 세계에 대해 초월적이고 물질적 대상은 의식에 대해 초월적이다.

그러나 니체와 소피스트의 생각과는 달리, 대부분의 사회학자들은 사람들이 절대적이고 종교적인 모럴을 믿는 것이 좋다고 했다. 한 걸음 더 나아가 우리는 사회과학자들에게 선의 본질과 기원[4]에 대해 질문해야 한다. 하지만 그것은 또 다른 논의를 요구한다. 소피스트들에 따르면 이러한 법은 강한 자들을 부당하게 다루고 그들을 강제로 예속시키는 나쁜 것이기 때문이다. 관습적인 규범은 이에 자발적으로 순응하는 자들에게만 정당성을 얻을 수 있다. 그것을 원하지 않는 사람은 이에 순응하지 않을 권리를 지닌다. 그 결과에 대해 값비싼 대가를 지불하고 다른 모든 사람들을 적대시하는 한이 있어도 말이다. 그들이 그렇게 할 수 있다면, 그것은 그들의 완벽한 권리이다. 그들을 적으로 취급하거나 도덕적으로 경멸하고 분개해서는 안 된다.

법이 신성한 것이 아니고 약한 자들의 이익만을 대변한다는 것을 보여주기 위해, 소피스트들은 플라톤이 『공화국』 제1권에서 설명하고 있는 구게스 Gygès[5]의 신화를 예로 들고 있다. 이에 따르면, 가난한 목동인 구게스는 신중하고 정직한 사람으로서 모든 사람의 신망과 존경을 받고 있었다. 그런데 어느 날 손가락에 끼면 몸이 보이지

---

4) 이것은 사회학과 인류학 등 인문과학이 지니는 모호성이다. 과학적이 되기 위해서 인문과학은 윤리적으로 규범적이 아니라 중립적이어야 한다. 즉 어떤 규범에 기대지 않고, 선이나 악의 개념으로 판단하지 않고, 편견 없이 객관적으로 윤리적 가치를 연구하여야 한다. 그렇지 않으면 연구의 객관성을 해칠 우려가 있다. 그런 식으로 판단한다는 것은 도덕론자, 철학자, 지식인, 시민 등의 역할이지 사회학자가 할 역할은 아니다. 그렇다면 사회학자는 자신을 표현하고 참여할 것인가? 그렇다면 어떤 명분으로? 바로 여기에 혼동되는 부분이 있다. 미셸 푸코와 같은 인문학의 위대한 사상가들의 이러한 '방황'에 대해서 뤽 페리와 알랭 르노의 저서 『68 사상 La pensée 68』, Gallimard을 참조할 것.
5) (역주) 리디아의 왕으로서 그의 통치 시대에 리디아의 번영이 절정에 이르렀다고 한다. (기원전 687~648?) 플라톤에 따르면 그는 마술 반지의 힘으로 스스로를 보이지 않게 하는 힘을 갖고 있었다.

않는 반지 하나를 주웠다. 이제 그는 걱정하지 않고 남의 것을 훔쳐서 부를 축적할 수 있게 되었다는 점을 알았다. 그는 거기서 멈추지 않고 이러한 마술을 이용하여 임금을 죽이고 권력을 장악하기에 이르렀다. 이 신화는 매우 정직한 사람도 약하거나 이해 관계가 적을 경우에만 정직한 상태에 머무는 것이지, 그에게 힘과 권력이 주어진다면 행복과 권력을 정복하기 위해 도덕적 인간이기를 포기할 수 있음을 암시하고 있다.

가장 강한 사람의 자연적 권리

이 단계에 이르러, 소피스트의 관점에 서서 볼 때 우리는 절대선이나 악도 없고 단지 강자와 약자 사이에, 야망찬 개인과 대다수의 사람들 사이에 갈등만이 존재한다고 생각할 수 있다. 정의란 존재하지 않고 전쟁만이 존재하는 것이다. 그러나 소피스트들은 매우 강한 자의 권리를 정당화시키기 위해 논리를 먼 곳까지 밀고 나갔다. 그렇게 하기 위해 그들은 대자연에 기초한 정의 이론을 세우기에 이르렀다.

실제로 사회 정의란 순전히 약한 자들의 이익만을 반영하는 규범일 뿐이고, 대자연의 법칙에 따르면 가장 강한 자가 지배하는 것이 옳은 것이다. 대자연은 늑대에게 양을 삼켜버릴 힘을 주었다. 그것은 잔인한 일일지 몰라도 대자연이 원하는 사물의 질서이므로 옳은 것이다. 대자연의 정의는 단 하나의 절대적이고 진정한 정의로서, 인간 사회가 만든 거짓 정의와 정면으로 배치되며, 약한 자들이 강한 자의 행동을 제한하는 정의이다.

고대 그리스인들 ─ 이들은 대자연에서 좋은 질서, 인간이 기겁하며 피하는 규범의 구현을 관찰했다 — 보다도 대자연을 더 우상시하는 포스트모던 사회가 이러한 생각을 중요하게 여기지 않는 것은 흥미로운 일이다. 그러나 현대인들의 어린이 만화 같은 유치한 감정은 동물들이 선하고 착하다고 여긴다. 현대인들은 동물들이 잔인하지만 순진무구하다고 주장한다. 왜냐하면 동물들은 달리 행동할 자유가 없고 그것을 생각할 만한 충분한 의식이 없기 때문이다.

사드 후작은 범죄적인 탐욕을 정당화하기 위해 소피스트들의 이러한 생각을 유일신적 관점에서 재조명했다.[6]

사드 후작은 다음과 같이 말하였다.[7]

"대자연과 피조물(나를 포함하여)을 창조한 유일신이 좋은 존재였다면 피조물과 피조물이 하는 것은 좋은 것이다. 그것은 신이 원했기 때문이다. 그렇지 않다면 유일신은 나쁜 존재이고 피조물이 저지른 악에 대해서 책임져야 한다. 그리하여 신이 사자에게 영양을 죽일 본능을 부여하였듯이, 마찬가지로 나로 하여금 여자들을 때리고 고통과 모욕을 주도록 나를 만들었을 것이다. 그러므로 나는 신이 바라는 욕망을 만족시키는 것이 바람직하다고 생각한다."

이 얼마나 대자연을 신성시함으로써 얻는 매력적인 결과이자 위

---

6) (역주) 사드 후작(1740~1814) : 프랑스 작가로서 온갖 에로티시즘 형태와 악의 모습을 소설을 통해 묘사하고 이에 대한 형이상학과 윤리 문제를 성찰하였다. 철저한 무신론자로서, 대자연은 인간으로 하여금 지상의 모든 것을 향유토록 하였다고 하면서 신과 사회에 대한 개인의 정당한 자유를 주장하였다. 그의 많은 작품을 미풍양속을 해친다는 이유로 그 당시 프랑스 정부에 의해 불태워졌다.

7) 가령 『규방의 철학 La Philosopie dans le boudoir』 가운데서.

험스런 생각인가!⁸⁾

이러한 소피스트들의 (매력적이나) 사악한 생각을 반박하는 것이 플라톤, 소크라테스 그리고 아리스토텔레스 등 위대한 철학자들에게 맡겨진 임무였다. 소피스트들에 대항하여 소크라테스는 논증하는 방법, 지식에 대해 비판적인 태도, 진리를 얻기 위한 요구 조건들을 주장하였는데, 이것이 합리성 그 자체를 꽃피우는 결과를 낳게 되었다.

플라톤과 그의 제자 아리스토텔레스는 이러한 기대에 부응하기 위해서 두 가지 커다란 사유 체계를 구축하였는데, 현실의 핵심을 설명하고 가치를 정당화하며 좋은 정치 형태를 이루려는 목적을 지녔다. 간단히 말해 이러한 사유 체계는 완벽하게 보편적 학문을 만드는 데 기여했다. 사상사를 조금 아는 사람이라면 누구나 이 철학자들이 뛰어난 천재성을 지니고 있고 이들이야말로 인류의 위대한 정신적 스승이라는 점을 인정할 것이다. 다른 철학자들은 단지 이들의 계승자들일 뿐이다.

그러나 우리가 주목할 것은, 소피스트들의 미혹(迷惑)적인 사상이, 인간 사회의 도덕적 가치와 근본 — 모든 서구 문명의 열매인 거대한 사상의 흐름에 뿌리를 두고 있는 — 을 뒤흔들었다는 점이다. 왜냐하면 이들의 사상으로 인해 야기된 위기는 아직도 끝나지 않았기 때문이다.

고대 그리스 초기 사상가들이 소피스트들의 사상을 반박한 것은,

---

8) 사드 후작의 논리에 대한 전통적인 기독교의 입장에 따르면, 신은 인간에게 몸을 부여하고 동물과 유사한 욕망을 가진 존재로 만들었지만, 동시에 의식과 자유를 부여함으로써 인간으로 하여금 욕망 — 나쁜 욕망일 경우 — 에 저항하도록 하였으며, 인간이 신에 의해 계획된 메커니즘처럼 움직이지 않고 자신의 자유 의지에 의하여 행동할 것을 바라고 기대한다는 것이다.

즉각적인 도덕적 가치의 신적 근거와 바탕의 복원을 뜻하는 것은 아니었다. 그리고 그것을 입증한다는 것은 힘든 작업이다. 다만 행복에 이르는 방법과 관련된 것만이 바로 우리의 관심사로 부각될 뿐이다.

플라톤

선의 이데아가 참된 행복이다

인간은 지적 명상과 관조에서
생겨나는 순수한 쾌락을 만끽한다.

아름다움에 대한 사랑

인간은 남에게 사랑과 인정받고자 하는 근본적인 욕망을 지니고 있으므로, 이러한 목적으로서만 대상을 소유하고자 한다. 그렇지만, 인간은 자신을 매료시키는 사물이나 존재를 사랑하기도 하며, 그 대상이 자신 앞에 있거나 그것을 볼 수 있는 것만으로 행복해질 수 있다. 어떤 의미에서 욕망이란 앞의 것처럼 이기적인 것만은 아니다.

욕망이란, 대상의 욕망이 타자의 인정을 겨냥하는 삼각 관계에서 존재하는 것이 아니라, 주체와 대상 사이라는 단순한 이원적인 관계에서 존재하는 것처럼 보인다. 그것은 욕망과 사랑의 차이점이다. 대상에 대한 욕망은 다른 사람에게서 찬사를 얻어내는 것을 목적으로

선의 이데아가 참된 행복이다 81

하는 반면, 사랑의 관계에서 다른 사람들은 (사랑의 대상을 제외하고) 불필요한 존재이다. 그러나 이러한 매료는 어디서 오는 것일까? 무엇이 사랑을 낳게 하는 것일까?

일반적으로 사랑의 대상을 아름다움이라고 부른다. 나는 풍경과 그림과 음악과 심지어 어떤 존재가 지니는 아름다움 때문에 그것들을 좋아한다. 그러나 정작 내가 좋아하는 것은, 그 대상이나 존재 자체가 아니라 그것의 아름다움이다.

파스칼[1]은 다음과 같이 생각을 했다:

'누군가 아름다움 때문에 어떤 사람을 좋아한다면, 그는 진정으로 좋아하는 것일까? 아니다. 하찮은 작은 벌레가 사랑하는 대상은 죽이지 않고, 사랑하는 대상이 지닌 아름다움만 없애버린다면, 그는 더이상 사랑하는 대상을 좋아하지 않을 것이다……. 그러므로 인간은 아무도 사랑하지 않고, 다만 인간의 특성(아름다움 등)만을 좋아하는 것이다.'[2]

그러므로 나의 사랑의 진정한 대상은 아름다움, 순수하고 이상적인 아름다움일 것이다. 그리고 내가 어느 한 사람을 사랑한다고 믿는다면, 그것은 내 스스로 잘못된 생각일 것이다. 사실상 내가 좋아하는 것은 이상적인 여인이나 남자, 이상적인 영웅이다. 나는 실제의 인간들이 거의 이러한 이상을 몸과 삶을 통해 구현하는 경우에만 그들을 사랑한다.

---

1) (역주) Blaise Pascal (1623~1662). 17세기 프랑스의 수위(首位)한 사상가이자 모럴리스트로서 대표작으로는 『팡세 Les Pensées』와 『프로뱅시알 les Provinciales』을 남기고 있다.
2) 『팡세』, 브룅스빅 Brunschvicg 주석판, n° 323.

나는 또한 용기, 고결함, 순결함, 부드러움, 선함, 정의로움과 같은 모든 이상적 가치들, 즉 인간들이 어느 정도 공유하고 있는 가치들을 좋아한다. 나는 인간들이 그러한 가치를 소유하고 있기 때문에 그들을 좋아한다. 그러므로 사랑의 진정한 대상이란 다름아닌, 바로 이상 그 자체라고 생각한다.

　그렇지만 다른 사람들은 나에게 다음과 같이 반박할 것이다. 이상이란 이 세상에 존재하는 것이 아니고, 심지어는 그것은 존재하지도 않으며 헛된 환상과 공허한 꿈에 불과하다고. 그러한 일반적 견해는 검증해 볼 필요가 있다. 과연 내가 현실적이라고 부르는 것은 무엇인가? 우선 내가 보고 만질 수 있는 것은 감각적인 것으로서, 그것은 나의 감각으로 현실을 느낄 수 있는 것이다.

　다른 한편 그것은 도피적인 겉모습과 내가 만들어내는 거짓 인식을 제거하기 위한 항존적인 것이다. 거짓 인식이란 친구의 얼굴을 잘못 알아보았거나, 하나의 눈속임에 불과한 그림에 그려진 복도를 실제의 복도로, 그리고 바닷가에서 다가가 보면 나무토막에 불과한 것을 인간의 몸으로 착각하는 경우를 말한다. 꿈속에서 생기는 일도 마찬가지이다. 내가 꿈속에서 보거나 듣거나 만지는 것들, 그러나 깨어보면 사라지는 것들을 거짓된 환상으로 여긴다. 현실이 진정한 판단의 대상이 되려면, 충분한 지속성을 지녀야 한다.

　마지막으로 현실의 세번째 성격이란, 여러 정신 사이의 합의를 가능케 하는 것이다. 사실상 누군가 어떤 사물을 보거나 듣기 때문에, 그 사물이 실제로 존재하는 것이 아니다. 그 사람은 지속적인 환각의 희생자일 수 있기 때문이다. 가령 종교적 광신도 집단이 다른 사람들이 보지 못하는 현상들을 본다고 주장하는 경우이다.

감각적인 것들, 변화와 생성의 흐름

지금 나는 일반적으로 '비현실적인 것'(사상과 이상)이라고 부르는 것과 '현실적인 것', 즉 물질적인 것이나 '감각적인 것'(플라톤에 따르면)의 현실이 무엇인지 살펴볼 것이다. 감각적인 것은 결정적으로 항존성과 안정성이 결여되어 있는 것처럼 보인다.

젊고 예쁜 여인을 예로 들어 보자. 여인이 삼십 년의 세월 동안, 시간의 작업에 의하여 얼굴에 주름이 생기고 얼굴 모습이 시들어 간다면, 그녀의 젊음과 아름다움은 어디로 갔는가? 젊음과 시간이 사라져버린 것이다. 마찬가지로 매우 힘세고 건장했던 남자도 머지않아 한낱 힘없는 늙은이로 변할 것이다. 쾌활한 아이는 형편없는 노인으로 늙어가고, 정열적인 사랑은 무관심과 증오로 변하며, 우정은 차가워진다. 휘황찬란했던 저택도 한낱 폐허로 변하고, 견고하던 테이블도 어느날 무게에 못이겨 주저앉을 것이다. 아름다운 꽃들도 언젠가 시들고, 살아 있는 것도 죽을 것이고, 여태껏 존재하지 않았던 것들이 도래한다. 휴경지는 곧 풀로 뒤덮일 것이다.

모든 것은 생성하고 부패하며, 태어나고 죽는 것이다. 모든 것은 인간에게 (영원토록 존재할 수 있다는) 항존의 환상을 주면서 때로는 천천히 그러나 끊임없이 변화하기도 하며, 다른 한편 태양이 갑작스런 소나기로 사라지고 좋은 기분이 눈물로 변하며 밤은 낮이 되는 등 모든 것은 갑작스레 변화하기도 한다. 아무것도 머물지 않는다. 시간이 모든 것을 빼앗아가 버린다.

아무것도 진정으로 존재하지 않는다. 모든 것은 그냥 생성 변화할 뿐이다. 어떤 존재도 안정적, 항존적이지 못하고 그 자체로 동일한 것은 없다. 각 존재는 변화하고, 다른 모습을 나타냄으로써, 나를 절

망시키고 속이기도 한다. 그리고 우리는 때때로 환상에서 빨리 깨어
나기도 한다. 가령 콕 깨물면 맛있을 것 같은 과일의 속이 썩은 경우
나, 어제 저녁 매우 예쁘게 보이던 젊은 여인도, 그 다음날 아침 지
워지고 흘러내린 속눈썹 화장, 부어오른 눈두덩이, 어수선한 얼굴 모
습, 노르스름한 피부 빛깔 등으로 인해 전날 저녁의 아름다운 모습
은 아니다. 부드러운 조명, 완벽한 화장, 옷 차림새, 축제의 열기 등
이 그녀를 아름답게 보이게 했다. 그렇다고 하여 그녀의 아름다움이
그녀의 것이 아니고, 모든 아름다움이 순간적인 것에 불과하다고 말
할 수 있는가?

그렇다. 왜냐하면 감각적인 것은 시간적이므로, 인간을 항존성이
라는 미망에 빠뜨리며 순간적인 겉모습만을 보여주므로 진정한 존
재라고 말할 수 없기 때문이다. 아무것도 남아 있지 않으며, 모든 것
은 빠르고 부단한 변화의 흐름에 휩쓸려가버릴 뿐이다. 사실상 사물
에 대한 인간의 견해도 매우 다양하다. 아무도 진정으로 아름답고
선한 것에 대해 의견의 일치를 볼 수 없다. 어떤 사람이 너무 차가워
하는 물을 다른 사람은 기분좋게 느낄 수도 있다.

관념의 영원성
일반적으로 현실성이 결여된 사상도, 어떤 의미에서는 실제의 사
물 그 자체보다 더 완벽할 수 있다. 가령 어떤 아름다운 여인도 완벽
하게 아름답지 않고 결함을 지니고 있게 마련이므로, 아름다움의 관
념은 '완벽한 아름다움'의 관념이다.

마찬가지로 인간이 그림 위에 그어 놓은 곧은 선도 완벽하게 곧은
것이 아니다. '똑바르다'는 관념은 완벽한 똑바름을 뜻하는 것인 반

면, 실제의 똑바른 선은 두께를 지니며 무한하지 않다. 마찬가지로 완벽하게 이상적인 인간의 개념에 딱 들어맞는 사람은 아무도 없다. 감각적인 사물이 정확하게 그 자체로서 존재하는 것이 아니더라도, 관념은 항상 그 자체로서 동일한 것이고, 그 관념은 있는 그대로 존재한다.

관념은 완벽한 안정성과 항존성을 확보하고 있다. 왜냐하면 관념은 물질과 달리 부패, 훼손, 파괴, 죽음 등의 시간적 변화를 겪지 않기 때문이다. 2,500년 전 피타고라스가 생각했던 것과 동일한 삼각형을 머리에 떠올리면서 나는 그 삼각형 안의 속성과 진실을 재발견한다. 이미 오래 전에 피타고라스가 직접 종이 위에 그렸던 삼각형과 피타고라스 자신은 먼지가 되어 사라졌으나, 삼각형의 개념과 그 수학적 진리는 앞으로 계속해서 지구뿐만 아니라 화성에서나 안드로메다 운성에서도 언제나 어디서나 영속할 것이다.

상기 작용

게다가 관념들은 인간에게 지식 습득을 가능케 해준다. 플라톤은 길이가 동일한 두 개의 돌멩이를 예로 들고 있다. 두 개의 돌멩이가 똑같다는 것을 인정하기 위해서 나는 우선 머릿속에 동일성 개념을 갖고 있어야 한다. 몇몇 경험주의자들은 인간 정신은 태어날 때부터 백지와 같은 상태이나 경험을 통해서 모든 관념을 습득한다고 생각했다. 그러나 형태나 결이 다른 두 개의 돌멩이가 어떻게 동일성 개념을 가질 수 있을까?

나는 무수한 차이들에도 불구하고 두 물체의 동일성을 구체적으로 확인할 수 있는 보편적 개념을 갖고 있어야만 한다고 생각한다.

내가 동일성이라는 보편적 개념을 갖고 있기 때문에 두 개의 돌멩이가 '눈에 띄는' 것이지 나의 눈이나 감각이 동일성의 개념을 주는 것은 아니다. 관념이 구현되었을 때, 정신에 있어서 경험이란 관념을 회상시키는 기회를 제공할 뿐이다.

이것이 바로 플라톤이 말하는 상기 작용이다. 인간 정신이 현실을 해독하기 위해 사용하는 모든 기본적인 관념에 대해서도 마찬가지이다. 나의 머릿속에 아름다움에 관한 생각이나 미에 관한 공통된 관념이 없다면, 젊은 여인이 아름답다거나 번쩍이는 구리로 된 냄비 역시 아름다울 수 있다는 것을 어떻게 알 수 있을까? 어떤 사람이 정의로운 행동을 완수하는 것을 본 적이 없다면, 내가 정의가 무엇인지 어떻게 알 것인가? 무한이나 완벽성의 개념이 아름다움이나 정의를 통해 나타나는 것을 이 세상에서 본 적이 없다면, 나는 그 개념들을 어떻게 알 수 있을까?

그러므로 인간의 사유와 지식을 가능케 하는 관념이 미리 존재하는 것이다. 정신을 형성하는 관념이 존재하기 때문에 인간의 사유가 가능하다. 인간은 관념이란 '최초의 자산'을 통해 새로운 생각을 얻음으로써 결실을 맺는다. 인간 정신도 선천적으로 갖는 몇몇 근본적인 관념들로부터 생겨나는 것이다. 인간의 육체가 팔, 다리, 심장 등의 어떤 구조를 가지고 태어나듯이 기본적인 관념들이 정신 자체를 구성하고 있다. 인간의 육체가 어떠한 구조를 갖고 있다는 사실은, 정신이 관념의 구조를 갖고 있다는 사실보다 더 명확하게 입증될 수 있으므로 논란의 여지가 적다. 조금만 생각해 보면 이것은 놀라운 일이 아니다.

플라톤은 이러한 생각의 상기 현상을 통해 전생의 영혼의 존재에 대한 증거를 발견한다. 인간의 영혼은 이전의 세상에서 얻은 관념들을 지금 회상하는 것이다. 플라톤에 따르면, 그것은 인간의 영혼이 불멸하다는 징표이다.

관념은 고정 불변한 성격을 갖는다

게다가 고정 불변한 관념들은 지식 안에서 여러 정신의 조화를 가능케 한다. 한 개인이 동일한 방식으로 사물을 보거나 느끼지 못할지라도, 그는 동일한 관념을 가질 수 있고, 그 점에 대해 다른 사람들과 일치할 수 있다.

플라톤에 따르면, 가장 단순하고 생각하기 쉬운 개념들이기 때문에, 그것은 얼마든지 수학적 개념의 차원에서 검증될 수 있다(그러나 이러한 지적 훈련이 많은 사람들에게는 얼마나 어려운 일인가!). 그러나 정의나 정신처럼 다른 현실에 대한 관념들, 즉 철학적 관념들은 매우 복잡하다. 그리고 대부분의 인간들은 매우 나태하여 자신의 쾌락만을 추구하여 진정으로 생각하려는 노력 대신 감정으로 판단하려고 하기 때문에, 여러 다양한 정신들의 합의나 일치는 참으로 검증되기 어렵다. 그러나 이것은 논리와 수학의 차원에서 존재한다. 그것은 관념이 현실의 제3의 기준인 상호 주관적 일치를 만족시킨다는 점을 충분히 인정할 수 있기 때문이다.

지각가능한 세계

관념이란 사물들에 대한 나의 생각 이전에 존재하고, 나의 생각을 가능케 해준다. 그리고 관념이란 사물의 존재 이전에 존재한다. 사실상 침대를 처음 만든 장인은 그가 머릿속에 가지고 있는 어떤 관념에 따라 침대를 만들었을 것이다. 이 관념은 어디에서 생기는지 모르나 구체적인 사물 이전에 존재한다.

어떠한 관념의 구현인 자연적인 생산물도 이와 마찬가지이다. 사실 관념이란 시간에 종속되지 않기 때문에 소멸하거나 변할 수 없고 영원한 것이다. 관념은 감각적이거나 물질적인 존재는 아니지만, 존재의 어떠한 형태를 갖고 있다. 그 존재의 형태는 시간과 일상성을 벗어나는 순수한 정신적인 존재이다. 편협하고 제한된 모든 지적인 작은 습관에 반하여 다음과 같은 두 가지 존재 방식이 있다는 점을 인정해야만 한다.

즉 시간과 공간성을 지니는 감각적인 사물의 존재 방식과 그렇지 않은 관념의 존재 방식이다. 사실 사물과 달리 관념은 어느 한 장소나 일정 기간 동안만 존재하는 것이 아니다. 관념은 언제 어디서나 존재하며, 관념은 소진되지 않고 여러 시대에 걸쳐 수많은 정신 속에 동시에 현존하는 것이다. 관념의 존재는, 많은 사람들이 생각하는 것처럼, 사물의 존재보다 더 견고하고 원리적이며, 관념은 아무런 가치나 의미가 없는 것이 아니라, 영원하고 고정불변한 것이다. 물론 관념은 감각적(촉각과 시각)이지 않고, 사유될 수 있을 뿐이다.

플라톤에 따르면, 관념이란 인간의 감각에 나타나는 것이 아니라, 인간의 지적 능력에 드러나는 것이다. 분명 대부분의 사람들은 머릿속에 어느 정도의 관념을 가지고 있을지라도, 관념의 존재조차 깨닫지 못한다. 그러나 대부분의 사람들은 거의 깊이 사유하지 않기 때문에, 그들은 (어리석게도) 동물처럼 콧잔등 위에 떨어지는 것만 현실로 간주한다.[5]

관념의 굳건한 존재성에 비하면, 인간의 감각적 사물은 단지 '있는 것'처럼 보이는 환상적이고 기만적이고 하찮은 존재이다. 사물은 진정한 현실인 관념에서 겉모습을 빌어올 뿐이다. 내가 어떤 젊고 힘차고 아름다운 존재를 보고 있다고 믿을 때, 그것은 어디까지나 진정한 젊음과 힘과 아름다움에 대한 순간적인 겉모습이거나 일회적이고 불완전한 모방일 뿐이다. 관념은, 그것을 모방하려는 감각적인 사물들에 존재적 성격을 부여하므로, 그것은 다른 존재들의 원천이 되는 것이다.

가령 각 인간은, 이상적 인간이란 관념이 (어느 정도) 불완전하게나마 개체적으로 구현된 존재이다. 그러므로 플라톤이 감성적 세계의 모델이 되는 진정한 세계인 지적 세계가 존재한다고 주장한 까닭이 여기에 있다.

동굴의 알레고리

이러한 생각은 바로 『국가』 제7권에 나오는 유명한 동굴의 알레고리가 드러내는 바이다. 이에 따르면, 동굴 안에 갇혀 있는 인간들은 동굴의 바닥만을 바라보면서 그곳의 이미지만을 받아들이는 수인(囚人)과 같다. 그들 가운데 한 사람인 호기심 많은 철학자는 동굴 안을 이리저리 돌아다니다가 우연히 출구를 발견하고 기어올라 밖으로 나가 자유의 몸이 된다.

거기서 그는 커다란 불꽃과 동굴의 출구 사이를 통과하는 사물들

---

3) 20세기 초엽 독일 철학자 에드문트 후설은 정신 안에 보편적 관념 — 그에 따르면, 추상적 사유를 가능케 하는 '본질의 직관 l'intuition des essensces' 능력 — 의 존재를 부정하는 심리학자들을 비판했다. 그의 저서 『순수 논리학 서설 Prolégomènes à la logique pure』 가운데 'Recherche logique'와 『Idées directrices pour une phénoménologie』 참조.

이 동굴 안에 커다란 그림자를 드리우는 것을 보고, 동굴 안의 사람들이 그것을 현실로 착각하고 있음을 깨달았다. 그 철학자는 다시 동굴로 내려가서 그 안에 있는 사람들의 잘못을 깨우치고 그들을 해방하려고 했으나, 동굴 안의 사람들은 그를 조롱했다. 권력을 가진 사람들은 철학자가 의사(擬似) 현실에 관하여 거짓 지식을 유포하면서 자신들의 일을 방해하고 자꾸 귀찮게 하기 때문에 그를 죽여버렸다.

물론 이 알레고리의 각 요소들은 면밀히 분석되어야 한다. 동굴은 감각적 세계를 뜻하고, 어둠도 감각적인 사물이며, 외부적 현실의 대상은 관념을 표상한다.[4] 일반적으로 이러한 플라톤의 존재론적 관념을 '이데아론 théorie des Idées'이라고 부르나, 고대 그리스어로 '테오리아 theôria'는 관조의 행위를 지칭하므로 이 표현은 다소 적절하지 못하다. 플라톤의 번역자들은 그것이 수월(秀越)한 세계임을 보여주기 위해서 '이데아'를 대문자 <I>로 적고 있다. 그렇지만 철학적으로 조금만 사유한다면, 현실과 현실 아닌 것에 대한 일반적 견해와, 관념과 사물의 상대적 현실의 정도에 관한 일반적 견해를 뒤엎을 수 있다.

어떻게 행복에 이를 것인가

이제 욕망의 진정한 대상이 이상과 절대와 완벽함이라는 것은 틀린 생각이 아니다. 왜냐하면 그것이 바로 진정한 존재이기 때문이다. 그런데 나는 감각적이고 시간적이므로 '존재가 결핍'된 상태이다.

---

4) 물론 위의 철학자 – 다름 아닌 소크라테스 – 의 불운한 운명에 관한 플라톤의 비관주의에 관해 논의할 바가 많다.

논리적으로 볼 때, 나의 깊은 욕망은 내게 결정적으로 결핍된 존재로 향하게 된다.

이러한 욕망을 어떻게 충족시킬 것인가? 어떻게 절대와 나를 동일시하여 행복에 이를 것인가? 괄목할 만한 발전을 보인 플라톤의 사상이 제시한 여러 가지 해법의 가능성을 염두에 둘 수 있다. 이 모든 가능성들은 나의 영혼 역시 지적인 성격을 지니며, 영혼은 생각들을 만들어낼 수 있다는 원칙에 근거를 두고 있다. 그런데 나는 이데아를 사유하고 명상하면서 현실 (순전히 정신적인 욕망의 대상인)을 소유할 수 있다. 이 주제에 대한 대부분의 속되고 천박한 견해들로 인해, 내가 이러한 생각(상당히 놀라운 생각)에 익숙지 못할지라도, 그것은 바로 나의 고귀한 쾌락과 충만감의 원천이다.

그러나 내가 어떤 것을 깨달을 경우, 새로운 생각과 이론들을 배워 세상의 사물들을 더 분명하게 지각할 경우, 나는 더 지적으로 된 것처럼 느끼며, 참되고 순수한 기쁨을 얻게 되는 것이다.

금욕적 이원론 - 플라톤의 『파이돈』

그렇지만 세상일은 그렇지 않을 경우가 더 많은 것인가? 왜 그러한 순간들은 그토록 드문 것일까? 그럼에도 불구하고 왜 나는 새로운 것을 배우고 정신을 고양시키는 데 많은 시간과 에너지를 쏟기보다도, 쓸데없는 일, 하찮은 일(결국 실망스런 쾌락만을 주는 부의 축적, 물질 소유욕, 정복 욕구 등)로 시간을 허비하는 것일까?

그 이유는 내가 순수한 정신의 소유자가 아니라는 점이다. 나의 영혼은 육체와 밀접하고, 육체는 영혼을 구현하고 있다. 육체란 원초적인 순수함에서의 추락을 의미한다. 플라톤은 '육체란 영혼의 무덤이다'는 유명한 말을 했다. 그리고 육욕으로 오염된 영혼은 육체의 감각기관을 통하여 모든 사물을 지각하고, 욕망의 만족과 고통의 경감에 관심을 집중하고 있으므로, 이 모든 것은 영혼이 진정으로 생각하는 것을 방해하고 있다. 육체와 강요된 공생 관계로 인해 진정한 본질과 목적에 대한 기억마저 상실하고 있다.

그러므로 육체적 욕망을 거부하고, 가능하다면 육체로부터 영혼을 분리시켜야 한다. 그것이 바로 금욕자의 길이고, 육체적 욕망을 거부하는 것이다. 그러나 죽어야만 육체와 영혼의 완전한 분리가 가능하기 때문에, 금욕의 길은 이 세상의 삶에서 성공을 이룰 수 없는 것처럼 여겨진다. 그렇다면 나의 영혼은 감각적인 욕망을 갖지 말아야 한다. 그렇지 않다면 불교신자들이 믿는 것처럼, 나의 영혼이 다시 환생하여 좌절과 예속과 불행으로 점철된 이 세상에서의 삶을 살아가야 한다는 것은 상당히 논리적 타당성을 얻는다.

이 세상을 살아가는 동안 내가 육체적 욕망을 극복하기 위해 노력한다면, 죽고 나서 나의 영혼은 환생에서 해방되어 이데아의 세계와 조우할 것이고, 영원한 충만감으로 여러 순수한 영혼들 가운데에서 진정한 아름다움과 정의와 선을 누리면서 이데아의 세계를 바라볼 것이다. 그렇기 때문에 가능하다면 이 세상의 삶에서 영혼과 육체를 분리해야 하는 이유와 '철학적 사유의 목적이 바로 올바른 죽음을 배우는 것'이란 이유가 거기에 있다. 그것이 소크라테스가 플라톤과의 대화, 즉 소크라테스 삶의 마지막날 진행된 『파이돈』에서 설명하는 바이다.

사실 소크라테스는 가장 뛰어난 사람이었음에도 불구하고 사형선고를 받았다. 진리와 선만을 추구한 소크라테스는 정치가, 현학자,

사제, 시인, 군인, 소피스트 등 스스로 많이 안다고 생각하는 사람들의 위선과 자만을, 뒤에 감춰진 무지를 ─마치 부풀린 공을 바늘로 터뜨리듯이─ 적나라하게 드러내는 데 힘썼다. 물론 그는 권력을 가진 사람들 가운데 많은 적을 만들었으며, 적들은 그가 '젊은이들을 타락시키고, 도시 국가의 신들을 숭배하지 않았다'는 이유로 그를 모함하고 사형시키는 데 성공했다.

독약을 마시고 죽는 날 아침, 소크라테스는 마지막으로 제자들과 만났다. 너무 고통스러워했던 제자들은 정작 스승이 도피하지 않고 조용히 죽음을 기다리는 모습을 보고 놀라워했다. 소크라테스는 그들에게, 죽음이란 지상에서의 삶 동안 자신을 고양하고자 힘썼던 순수한 영혼들에게 종말을 의미하는 것이 아니고 진정한 제2의 탄생이라는 희망의 메시지를 던졌다.

영혼을 이루는 세 가지 실체

그러나 모든 것이 그렇게 간단한 것은 아니다. 영혼도 감각적이고 열등한 욕망을 자신속에 새기고, 육체가 죽은 뒤에 욕망을 계속 간직할 수 있는 것처럼 보이기 때문에 (이로 인해 영혼은 다른 육체 속으로 추락한다) 육체의 순수하고 결백한 희생자라고 볼 수 없다. 그러므로 영혼 자체도 복합적이다. 그것은 바로 살아가면서 수없이 경험하는 (이성을 요구하는) 의지와 욕망 사이의 갈등이 보여주는 바이다. 그것은 영혼이 세 부분으로 구성되어 있음을 보여준다.

물론 이러한 구분은, 데카르트가 말한 것처럼 육체와 영혼의 결합, 그리고 영혼에 대한 육체의 영향력(플라톤은 그 관계를 뒤집으려고 했다)에서 연유한 것이라고 말할 수 있다. 그 까닭은 영혼은 여러 가지 요소로 구성되어 있으며, 영혼속의 그 무엇이 감각적인 것(영혼이 구현하려고 하는)으로 영혼을 이끌고 있기 때문이다.

영혼은 다음과 같이 세 가지 실체로 이루어진다. 즉 지적인 것이나 이성, 가슴이나 격정적인 것 (쉽게 화내는 부분 또는 현대인이 의지라고 부르는 부분), 마지막으로 말초적인 욕구가 자리잡고 있는 탐욕스런 욕망의 부분 등이다. 이러한 세 가지 부분은 인간 육체의 구조 안에 그에 해당하는 영역을 갖고 있다. 머리에는 지성, 가슴에는 의지, 배이하에는 욕망이 있다.

게다가 플라톤은 『파이드로스』에 나오는 날개달린 마차의 신화에서 영혼의 이미지를 던져준다. 영혼은 마부(이성)와 두 마리의 말(의지를 나타내는 흰 말은 순종적이고, 검은 말은 자기의 고집대로 하고, 천박하거나 사악한 쾌락을 좇기만 한다)에 의해 이끌리는 마차와 유사하다. 사실상 여러 영혼은 지배적인 부분에 따라 구분된다. 잘 구축된 영혼은 의지의 도움을 받아 이성에 의해 움직여야 한다.

욕구는 이성과 의지에 의해 통제된다

그러나 이성이 약하고 무지하고 소심하다면, 영혼은 무질서하게 된다. 열등한 부분들이 지성의 힘을 뒤집고, 이익을 취하기 위해 이성을 착취한다. 그러면 영혼은 병든 것처럼 열정에 사로잡히게 된다. 이것은 일반적으로 열정에 관한 '고전적 이론'으로 정의되는 부분이다.

'가슴', 즉 열정이 가장 강할 때, 영혼은 야망과 허영과 명예욕, 그리고 권력과 명예에 대한 욕망으로 충만할 것이다. 우리는 이러한 심리적 전형에 결정적인 욕망, 즉 인정받고자 하는 욕망을 다시 받견할 수 있다. 탐욕이 영혼을 지배할 때, 그것은 특별히 발달된 욕망에 따라 다양한 열정을 잉태시킬 것이다. 본능적 욕구는 자연적으로 영양 공급과 종족 보전, 번식을 지향한다. 이성이나 의지는 더 높은 목적을 위해서 위의 욕구와 성향들을 사용한다.

그러나 다양한 모습을 지닌 욕구와 성향들이, 이성과 의지와 같은 탁월한 심급에 의해 통제되지 않는 한, 과도한 여러 가지 열정을 낳게 된다. 영양 공급의 욕구는 폭식이나 대식으로 변하고, 그것이 생존 본능과 결부될 때, 부와 탐욕의 욕망으로 나타나는 것이다. 성적 욕망은 항상 새로운 향락에 대한 관능적 경향이 되고, 심지어는 음란이나 퇴폐로 흐를 수 있다. 그러나 적어도 이러한 여러 욕망들이 강한 의지 (이것이 천박한 욕구에 부응하여 시녀가 된다 하더라도)에 의해 고양되지 않는다면, 이 모든 것은 두려운 마음, 비열함, 복종심을 일으키는 생존 본능에 의해 제한될 수 있다.

플라톤 철학과 같이 풍부하고 섬세한 '인간학'은, 다양한 인간의 형태를 고려하면서, 정치영역에 근본적으로 적용되고 있다. 왜냐하면 공허한 유토피아 사상과 달리 플라톤의 정치학은, 실제적인 인간 심리에 기반을 두고 있기 때문이다(그러나 그의 이러한 주장에 대한 논의는 본 연구의 범주를 넘어서는 것이다).

정의를 가능케 하는 것

그렇다면, 잘 만들어진 인간 영혼이 어떠해야 하는가를 살펴보는 일이 남아 있다. 인간의 영혼 속에 이성은 명령하기에 충분할 정도로 강하다. 의지는 이성에 복종하고 의지는 이성이 천박한 욕망을 지배하도록 도와준다. 그래서 무절제가 사라지고 절제가 생기며 인간은 욕구를 통제할 수 있게 된다. 이로 인해 의지(이성이 배제된 의지)의 무의식적이고 광적인 과감성은 더욱더 냉철한 용기로, 그리고 광기는 예지로 바뀐다. 영혼의 각 부분(지성, 마음, 욕망)에 고유한 세 가지 미덕들(예지, 용기, 절제)의 총체가 정의감을 가능케 한다.

이 경우 정의는 개별적인 미덕의 총체이고 인간 영혼 안에 존재하는 좋은 위계 질서의 결과물이라고 볼 수 있다. 플라톤은 정의에 관해 독특한 정의를 내리고 있다. 행위 이전의 정의란 인간 영혼보다 열등한 것이다. 그러나 올바른 영혼만이 외적 행동에서 항상 정의로운 것이다.

왜냐하면 인간은 정의감으로 인해 타인의 재산을 탐하거나, 타인에 대해 공격적이지 않게 될 것이므로 게다가 균형잡힌 영혼만이 충동과 욕구를 다스리고 삶을 올바르게 이끌어 나감으로써, 욕망의 과잉에서 오는 불행을 피하며, 참된 행복을 가져다 주는 지적 관조의 태도를 갖게 한다.

영혼의 불평등

플라톤의 사상은 다소 운명론적이고 엘리트적이라고 볼 수 있다. 사실, 인간 영혼이 강한 이성과 의지를 갖도록 하는 것이 자연의 선물이 아니라면 무엇이겠는가?

플라톤은 『국가』에 나오는 신화를 예로 들어, 그것을 잘 설명하고 있다. 모든 인간은 대지의 아들이다. 어떤 사람들은 금으로 된 영혼(합리적인 영혼)을, 어떤 사람들은 은으로 된 영혼(의지적이고 용기 있는 영혼)을, 그리고 어떤 사람들은 쇠로 만든 영혼(욕망적인 영혼)을 가지고 태어난다. 이것은 결코 유전적인 것이 아니다. 지적이고 덕망 있는 사람의 아들이 어리석은 건달, 멍청하거나 사악한 인간이 될 수도 있고, 무식한 부부의 아들이 재능과 덕망이 뛰어난 사람이 될 수도 있다. 바로 그것이 인간이 지식으로 밝힐 수 없는 성격의 심오한 기원이다.

플라톤은 이렇게 말하면서, 모든 어린이들은 태어날 때부터 똑같은 능력과 자질을 가지고 있다고 강력하게 주장(무슨 근거로 그렇게 말하는가?)하는 현대인들보다 현명하고 겸손한 태도를 보이고 있다. 물론 이러한 주장은 명백한 이데올로기적 목적을 담고 있다. 무엇보다도 현대인들은 학교 교육만이 개인을 형성할 수 있고, 모든 사람에게 동일한 교육을 시킨다면, 사회계급의 차이를 없앨 수 있다고 주장한다.

이러한 (온정 넘치고 너그러운) 교육 프로그램의 명백한 실패는 이 교육 프로그램의 기본 전제가 지니는 오류를 잘 보여주고 있다. 그러므로 가정교육이 더 근본적인 것처럼 보인다. 그러나 과연 가정교육이 모든 것을 형성한다고 주장할 수 있는가?

심리학자들은 동일한 환경과 동일한 가정에서 자라난 두 어린이가 판이하게 다른 도덕적·지적 태도를 지니는 현상을 설명하기 위해, 매우 미미한 감정적인 요소가 엄청나게 다른 결과를 가져온다고 주장한다. 그런데 아이들 모두가 똑같이 사랑을 받거나 귀여움을 받는다 하더라도, 어떤 아이들은 태어날 때 울기만 하고 어떤 아이들은 만족스런 표정을 짓는다. 그럼에도 불구하고 왜 사람들은 플라톤이 주장한 것처럼 인간은 다양한 영혼을 갖고 있으며 그 다양한 본성의 기원은 신비하고 알 수 없으며 그 기원이 교육에 있지 않다는 것을 인정하지 않으려 하는 것인가?

플라톤은 교육의 중요성을 무시하지 않았다. 영혼이 대자연의 성격을 지녀야 한다면, 내적인 규율을 배우면서 이성을 밝게 하는 정성스런 교육으로 영혼의 선물을 완성해야만 한다. 사실상 한 개인이 살아 있는 지성과 용기를 지녔을지라도, 그의 정신이 황폐한 상태에 있거나 특수한 원칙에 의해 잘못 방향지어졌다면, 그는 탐닉이나 지배, 축재 등 인간의 가장 사악한 경향에 자신의 재능을 바치는 셈이다. 소피스트들과 젊은 귀족 제자들이 바로 그 경우에 해당한다.

귀족 태생의 사람만이 정의를 실천하거나 예지를 가꾸면서 행복을 자신의 것으로 만든다고 하더라도, 그 역시 가장 몹쓸 죄악과 타락한 행위를 저지를 수 있다. 그러므로 고귀하고 귀족적인 영혼을 소유한 사람이 소심하고 보잘것 없는 사람에 비해서(선에서나 악에서나) 훨씬 더 많은 위험 요소를 갖고 있다.

무엇이 욕망의 심연을 채울 수 있나

그럼에도 불구하고 플라톤은 영혼 삼중성의 이론과 영혼의 엄격한 엘리트주의가 낳을 수 있는 해악적인 결과를 조율하고자 한다. 영혼이 세 부분으로 구성되어 있다고 말하는 것은 조금 지나치고 언어의 함정에 빠질 수 있다. 영혼은 세 개의 이질적인 실체의 집합이 아니라, 오히려 하나의 근원적인 단일성에서 출발하는 세 가지의 차원과 세 개의 방향성을 지니는 것이라고 보아야 할 것이다.

사실 영혼 전체가 욕망이라고 말할 수 있다. 왜냐하면 이성 자체도 욕망의 한 형태(절대에 대한 욕망, 영원에 대한 욕망, 이데아 명상에 대한 욕망)이기 때문이다. 그리고 의지가 진정한 절대선이 무엇인가에 대해 환상을 갖고 있을지라도, 그 본질을 살펴보면 의지도 절대선에 대한 욕망이다. 우리는 이미 모든 욕망의 그 심오한 진실을 살펴보면서, 욕망이 이상과 완벽성으로 향한 욕망임을 살펴보았다. 그래서 인간 영혼의 열등한 욕구가 본질적으로 이성에 활력을 주는 욕망 이외의 다른 것이 아니다. 그러나 단지 인간의 욕구는 오류를 갖고 있다고 볼 수 있다. 절대에 대한 나의 욕망은 잘못될 수 있고, 감각적인 영역으로 투자될 수 있다.

나는 한 여인에게서 완벽한 아름다움이 구현된 것을 발견하고, 그 여인을 숭배하기 시작한다. 사실상, 내가 감각적인 것들을 좋아하는 것은, 단지 그 안에 나의 이상 ─ 나의 진정한 사랑의 유일한 대상인 이상을 발견할 수 있기 때문이다. 따라서 모든 사랑은 착각과 오인이다. '나는 하나의 생각이 아니라 한 존재를 사랑한다'라는 생각도 그래서 사랑에 관한 플라톤의 이론은 약간 감상적이라고 볼 수 있다. 대부분 인간의 사랑은 환상에 기초하고 있기 때문이다. 그러므로 나는 좋아한다고 믿는 대상을 진정으로 사랑하지 않는다고 볼 수 있다.

게다가 분명한 것은, 내가 환상을 갖고 여러 다양한 것 가운데 절대적으로 유일한 것, 시간 속에서 영원한 것, 뒤섞인 것 가운데 순수한 것, 감각적인 것 가운데 지각할 수 있는 것, 무한한 가운데 유한한 것을 추구한다면, 나는 필연적으로 실망할 수밖에 없다. 바로 그것이 내가 사랑하는 대상이 결코 자신의 약속을 지키지 못하며, 내가 기대한 것만큼의 완벽한 만족을 주지 못하는 이유이다.

그러나 잘못은 내게 있는 것이지 그들에게 있는 것이 아니다. 바로 내가 잘못 생각하여 겉모습만을 좇아 진정한 현실을 좋아하는 것이 아니기 때문에, 나는 그들에게 얻을 수 없는 것을 요구하는 것이다. 단지 유일하게 절대적인 것, 무한한 것, 완벽한 것만이 나의 갈증을 풀어 줄 수 있고, 끝없는 나의 욕망의 심연을 채워줄 수 있다.

플라톤 사상의 기독교적 수용

기독교인들은 플라톤의 이론을 다시 받아들여, 절대적인 것을 '나'라고 명명하는 한 구체적인 인간으로 구현시킨다. 그래서 플라톤에게서 이데아의 세계는 비인격적인 총체인 반면, 유일신을 섬기는 사람들에게 이데아의 세계는 스스로 생각하고 의지와 창조적인 힘을 소유하고 있는 정신, 즉 신 안에 전적으로 머물러 있다.

바로 그것이 상반된 두 개의 개념들 사이의 근본적인 차이다. 이로부터 성 어거스틴과 같은 카톨릭 교회의 학자들, 마이모니데스[5]나 레옹 레브류 Léon l'Hébreu와 같은 유태사상가들은 플라톤 사상을 다시 받아들였다. 바로 이러한 의미에서 예수의 말씀을 해석할 수 있다.

'목마른 자들이여 내게로 오라. 그러면 당신의 목마름이 해갈될 것이다. 배고픈 자들이여 내게로 오라. 그러면 당신의 배고픔이 해소될 것이다.'

절대적인 것만이 인간의 욕망을 채워줄 수 있다. 그러나 인간은 일반적으로 잘못 생각하고, 유한한 것 안에서 만족을 추구한다. 플라톤은 재미있는 예를 통해 동물도 이와 유사한 속성을 지닌다고 했다.

사실상, 모든 시간적 존재들과 마찬가지로 동물들도 영원을 갈구한다. 그러나 그들이 살고 있는 이 세상 위로 상승할 수 없는 바에야 어떻게 감각적인 것 가운데서 영원성을 얻을 수 있을까? 이에 대한

---

5) (역주) : 마이모니데스(Maimonides, 1135~1204), 유태인 철학자, 의학자, 철학자.

해결책은 바로 번식을 통한 재생산이다. 살아 있는 모든 존재는 종족 보존을 꾀한다. 그것만이 감각 세계의 법칙인 시간 속에서의 소멸과 죽음을 우회하여 자신을 존속시키는 방법이다. 그렇기 때문에 모든 생물체에서 종족 보존은 매우 커다란 사건이고, 의식적이든 아니든 인간은 이러한 법칙을 벗어날 수 없다.

마찬가지로 예술도 사물의 흐름에 맞서려는 시도라고 볼 수 있다. 이러한 생식 행위와 예술 행위는 아름다움의 획득이란 명분으로 이루어진다. 왜냐하면 눈에 보이는 이미지로서의 아름다움이란, 영원한 존재만이 유일하게 소유하는 완벽성을 인간에게 부여하기 때문이다.

사랑을 통한 고양

어떤 의미에서 욕망이란 인간을 낮은 데로 끌어내리고, 속임수의 겉모습과 천박하고 사악한 존재들을 통해 선과 행복을 보여주려고 하기 때문에, 인간은 진정한 선이나 행복에서 벗어나 잘못 인도되어 방황하게 된다.

그러나 욕망이 진정한 존재(이는 동시에 욕망의 진정한 기원이기도 하다)로 향한 변환을 추구한다면, 다시 말해서 욕망이 이상만을 추구하기 위해 감각적인 것에 등을 돌린다면, 욕망은 그 자체로서 영혼의 구원과 속죄의 가능성을 지니고 있는 것이다. 그리고 그것은 대다수의 사람들이 욕망하는 대상인 아름다움에 대한 사랑을 통해 이루어질 수 있다. 사실, 아름다움이란 절대선이나 정의와는 달리 유일하게 가시적으로 드러나는 절대적인 이데아이다.

때문에 정신적인 것에 대한 성찰을 통해 지적 능력의 함양을 도모

하는 사람들 가운데 적은 숫자만이 절대선과 절대적인 정의를 추구하는 반면, 모든 사람들, 심지어 그들이 보고 느끼는 것에 따라서만 생각하는 매우 거칠고 단순한 사람들마저도 아름다움을 사랑하게 마련이다. 게다가 사랑이 점점 더 정신적이 되기 위해서는 즉각적이고 순전히 육체적인 모습에서 서서히 고양되어야 한다.

그러므로 사랑을 통한 진보의 출발점은 사랑의 가장 일반적인 형태에서 있으며 그것은 모든 인간에게 주어진 권리이기도 하다. 플라톤은 이 대목에서 종래의 엘리트적인 비관주의를 약간 부정하는 듯하다. 그는 『향연』에서 소크라테스의 입을 통해 이러한 이론을 펼친다. 『향연』에서 소크라테스는 산파이자 현명한 여인 디오티마 Diotima가 그에게 한 사랑에 관한 가르침[6]을 그대로 말하고 있다. 그녀의 이야기를 간추리면 다음과 같다.

'진정한 사랑의 길이란, 감각적인 아름다움에서 출발하여 끊임없이 초자연적인 아름다움을 향하여 나아가야 한다. 궁극적으로 [……] 절대적인 아름다움, 아름다움 그 자체와 만나기 위해서, 단계적으로 두 개의 아름다운 육체, 둘에서 모든 아름다운 육체, 그리고 아름다운 육체에서 아름다운 행동으로, 아름다운 행동에서 아름다운 예지와 지식의 단계를 거쳐야 한다.'

디오티마는, 위의 글의 앞부분에서 사랑의 여섯 가지 단계를 구분했다.

1. 단 하나의 아름다운 육체에 대한 사랑

바로 여기서 모든 것이 출발한다. 사랑은 어느 날 사춘기의 영혼

---

6) 201d~212b까지 특히 210b서부터.

에서 나타난다. 그 까닭은 육체의 아름다움이 사춘기의 영혼을 유혹하고 특별히 그것을 뒤흔들어 놓기 때문이다. 그것이 자극하는 감동, 환회, 황홀감이 어떤 것인지! 그러나 이러한 상태에 머무르지 말고 다음 단계로 넘어가야 한다.

2. 아름다운 여러 육체에 대한 사랑

사실, 수많은 존재들이 그와 유사하고 상호보완적인 아름다움을 갖고 있기 때문에, 단 하나의 아름다운 존재만을 사랑한다는 것은 어리석은 일일지 모른다. 인간이 아름다움 때문에 하나의 육체만 사랑한다면, 모든 아름다운 육체를 동등하게 사랑해야 하는 것이 온당한 일이다. 그러므로 다음 단계로 넘어가야 한다.

3. 아름다운 영혼에 대한 사랑

사실상, 약간의 삶의 경험이 있는 사람은 누구나 아름다운 몸을 가진 존재를 사랑한다는 것만으로 행복해질 수 없다는 것을 잘 알고 있다. 아름다운 몸을 지닌 존재의 영혼이 보잘것 없거나 기분 나쁘게 하거나 심지어는 사악할 수 있으며, 속이거나 믿음을 저버림으로써 우리를 고통스럽게 만들 수 있다.

이러한 쓸쓸하고 회한 어린 사랑의 경험을 통해, 영혼의 아름다움이 더 중요성을 지님을 알 수 있다. 게다가 동정심, 따뜻한 감정, 지성, 힘과 활기가 불완전하고 볼품없는 육체의 모습을 변화시킬 수 있다. 정신에 의해 육체가 생기를 얻는 것을 매력이라고 하며, 이것은 단순한 신체적 아름다움과 혼동할 성질의 것이 아니다. 게다가 힘있고 풍요로운 인격의 소유자는, 텅 비거나 밋밋한 성격을 감추지 못하는 육체적인 아름다움보다 훨씬 더 깊고 진정한 사랑을 불러일으킨다.

우리는 예술 작품에서 나타나는 그대로의 감수성을 한 영혼을 통해 사랑할 수 있다. 감동을 일으키는 시나 음악 같은 예술 작품들을 통해, 우리는 예술혼을 높이 기린다. 궁극적으로 영혼 안에서 무엇보다 중요한 것은, 무엇보다 사랑해야 하는 것은 선함, 용기, 정직성, 미덕임을 알아야 한다. 이것은 우리를 다음 단계로 인도한다.

4. 위의 가치들이 잘 드러나는 아름다운 행동에 대한 사랑

실제로 인간은 영웅이나 용기와 도덕성이 뛰어난 사람들을 숭배하려 한다. 올바른 법과 그러한 법을 도시 국가에 가져다 주는 사람들, 위대한 정치인, 입법자, 도시를 정초한 사람들을 사랑해야 한다. 이 모든 것이 다음 것과 이어진다.

5. 아름다운 예지와 지식에 대한 사랑

올바르게 행동하려면 우선 세상이 무엇인지, 각별히 올바른 것이 무엇인지 알아야만 한다. 마땅이 있어야 할 것과 존재에 대한 이론적 지식과 실천적 지식, 즉 지식과 예지가 필요하다. 그러므로 뜻하지 않게 가끔 선한 행동을 실천하는 사람들을 예찬할 것이 아니라, 늘 꾸준히 그것을 행하는 사람들을 상찬해야 할 것이다.

왜냐하면 이런 위대한 현인들과 학자들은 선이 무엇인지 그것을 어떻게 실천해야 할지 잘 알고 있기 때문이다. 그리고 모든 학문을 통합하고, 지식과 예지를 조율하는 실천적이고 이론적인 학문이 바로 철학이다. 철학이야말로 가장 아름다운 언술이고, 가장 아름다운 영혼의 행동이다. 나는 철학하기를 힘씀으로써 다음과 같은 생각에 다다른다.

6. 아름다움의 이데아에 대한 사랑

기실, 철학이란 본질을 탐구하는 학문이다. 철학은 여러 다른 존

재들에 공통된 본질을 생각하고 확인하는 작업이다. 그런데 나의 정신이 충분히 고양될 경우, 나는 몸, 영혼, 언술, 행동, 법, 학문 등을 통해 지상의 온갖 형태로 나타나는 단 하나의 동일한 아름다움만을 사랑했다는 사실을 발견한다. 그러므로 내가 사랑하는 것은 매우 순수하고 완전한 아름다움 그 자체이다.

그러나 플라톤은, 디오티마가 언급하지 않은 사랑의 고양에 대한 두 가지 보충적인 단계를 구별하여 덧붙이고 있다.

7. 단순히 아름다움의 이데아가 아니라, 모든 이데아에 대한 사랑

8. 절대선의 이데아에 대한 사랑

절대선은 모든 존재의 원천인 가장 고귀한 이데아이기 때문이다. '이러저러한 것이 왜 존재하는가?'라는 질문에 대한 궁극적이고 유일한 대답은 '왜냐하면 그것이 좋기 때문'이다. 그리고 아름다움이 우리의 시선을 끌면서 유혹하는 이유는, 그것이 절대선이라는 절대적인 완벽함의 가시적인 이미지이기 때문이다.

그리하여 내가 가장 광적인 열정, 악과 불행에 몰입하게 될 수도 있고, 다른 한편 욕망이 점점 더 고결한 대상을 향하여 점진적으로 승화한다면 그로 인해 내가 구원받을 수도 있다.

고결한 영혼, 사악한 영혼

그러나 이러한 욕망의 변화는 모든 인간의 (공통적인) 운명의 몫이 아님을 주목해야 한다. 어떤 영혼의 소유자들은 열등한 단계에 머무르며 스스로 만족해한다. 여기서 우리는 영혼의 상승적 메커니즘이 어떤 것인가에 대해 질문을 던질 수 있다.

프로이트가 우월한 것을 열등한 것으로 설명하려는 유물론적 설

명 방식에 따라 승화 la sublimation의 동인으로서의 (성적) 억압을 설명하고 있는 것과 마찬가지로, 우리는 불만족스러움을 그 증거로 내세울 수 있다. 아름다운 육체나 (심지어는) 영혼에 대한 사랑마저도 내가 기대하는 만족감을 가져다 줄 수 없으므로, 이에 대한 실망감은 나의 욕망을 좀더 고양된 대상으로 향하게 만든다. 그러나 왜 그러한 실망감이 어떤 사람들에게는 창조적이거나 승화적인 데 비해 다른 사람들에게는 그렇지 못한 것인가?

플라톤은 『파이드로스』에 나오는 날개 달린 한 쌍의 말과 수레의 신화에서 영혼의 자연적인 불평등을 통해 새롭게 설명하고자 한다. 사악한 말을 길들인 능숙한 마부의 영혼과 강인한 흰 말의 영혼은, 이미 지상의 삶 이전(경험 이전)의 세계에서, 저 세상에 있는 이데아를 관조하고 그것을 바라보면서 만족을 느끼기 위해 하늘의 궁륭을 향해 고양된다. 이것은 검은 말과 저열한 욕망에 의해 지배됨으로써 사악한 사물과 대상만을 추구하는 영혼들은 할 수 없는 것이다. 단지 마부의 영혼과 흰 말의 영혼만이 육화된 삶을 사는 동안에 아름다움을 인식하고 출생으로 인한 망각의 장막을 찢는 회상을 경험한다.

이러한 지상에서의 아름다움은 그들에게 이상적인 아름다움과 절대적이고 완벽한 선이 지니는 '그 무엇'을 예감하게 한다. 이로부터 마부와 흰 말의 영혼을 전율케 하는 감동과 그것이 빠져드는 영매(靈媒)의 황홀한 상태가 나타나게 된다. 플라톤이 『파이드로스』의 여러 부분에서 사랑에 대해 매우 아름다운 묘사를 한 것처럼, 그것은 마치 날개가 영혼에서 솟아난 것과 같다. 욕망은 다른 영혼 안에서는 천박한 욕구만 자극시키는 반면, 이러한 고결한 영혼 속에서의 사랑은 반대급부의 사랑을 얻는 데 값하기 위해서 가장 고귀한 욕망과 상승 의지를 일깨운다.

어떤 사람들에 대해서는 이상주의적 설명이 설득력을 지닌다. 일단 이데아를 명상·관조한 사람들은 지상의 삶 속에서 회상에 순응하게 된다. 일단 한번 도달하기만 하면, 절대는 육화에 의한 추락을 넘어서 자석처럼 우리를 끌어당긴다.

그러나 이것은 이데아에 대한 최초 비전의 질이나 기간에 따라, 그리고 각 개인마다 서로 다른 정도로 나타난다. 진정으로 말해 이데아에 대해 명상하지 않는 사람은 없다고 볼 수 있다. 이데아에 대한 명상이나 관조를 하지 않는 사람은 사유하는 인간이 아니라, 동물적인 영혼의 소유자일 것이기 때문이다. 그렇지만, 선과 영혼의 고양에 대한 취향처럼 같은 사유 능력은 사람마다 매우 다르다. 날개 달린 한 쌍의 말의 신화는 영혼의 자연적인 불균형 상태를 설명해 주는 데 머물고 있으며, 그러한 상태의(이미 말한 대로) 존재 이유는 알 수 없는 신비로 남아 있다.

혼합된 삶과 순수하지 못한 쾌락

그렇지만 우리가 고귀한 사랑에 다다름으로써 열등한 욕망을 제거한다면, 디오티마가 『향연』에서 묘사한 것처럼 사물이 그렇게 이루어지는지에 대해 의문을 던져볼 수 있다. 삶의 경험으로 비추어볼 때, 그렇지 않은 것 같다. 나는 지식인이 될 수도 있고, 예술적이고 정신적인 환희를 맛볼 수도 있다.

그렇지만 프로이트의 단순화된 승화 개념과는 달리, 나는 육체적인 욕망을 가질 수도 있다. 가장 육체적인 욕망이나 가장 강한 욕망만이 나의 행동을 인도하는 것이 아니다. 내가 육화된 삶을 살아가는 한, 그러한 욕망들은 여전히 생겨날 것이다. 내가 몸과 영혼(영혼 그 자체도 순수하지 못하고 뒤섞여 있다)을 동시에 지닌 혼합된 존재이기 때문에, 나는 순수한 정신에 의한 삶이 아니라 혼합된 삶만을 살아갈 뿐이다. 이것이 바로 플라톤이 (아마도) 마지막 대화편 『필레보스』[7]에서 우울한 마음을 갖고 다다른 생각일 것이다.

그는 혼합된 삶을 통해 행복에 이르는지, 아니면 행복이 육체에서 해방된 영혼에게만 가능한 것인지 자문했다. 혼합된 존재는 지적 명상과 관조에서 생겨나는 순수한 쾌락을 만끽할 수 있다. 혼합된 존재만이 불순한 쾌락, 동시에 정신적이고 육체적인 쾌락을 맛볼 수 있다. 이러한 쾌락이 예지와 절제에 따라 올바르게 조절된다면, 그것은 절대적인 행복은 아니지만, 인간이 이 세상에서 누릴 수 있는 최상의 행복을 가져다 줄 것이다. 이것은 플라톤이 실망스럽게 내린 모호한 결론이고, 우리는 다행스럽게도 그의 제자 아리스토텔레스의 생각에 힘입어 플라톤의 결론을 극복할 수 있다.

---

7) (역주) 그리스명 Philêbos. 금욕적인 모럴을 설파하는 『파이돈』과 달리, 소크라테스와 대화자들은 이 책에서 이성과 쾌락을 절충하는 입장을 보이고 있다.

아리스토텔레스
행복은 나의 본성에 걸맞는 행동에서 얻어진다

자유로운 인간. 아무것에도 구애받지 않고 자신의
삶의 방식을 선택할 수 있는 인간만이 행복하다.

그럼에도 욕망이 완벽하게 충족된 상태인 행복에 이르는 것은
여전히 불가능한 것처럼 보인다. 여러 가지 예지를 통해 배울
수 있는 것은, 내가 한 순간 충동적으로 갖는 모든 욕망들을 채우도
록 힘쓰지 말아야 한다는 것이다. 오히려 내 스스로 어떠한 욕망들
을 없애는 데 힘써야 할 것이다.

그렇지만, 불교 신자들이 주장하는 것처럼, 인간은 모든 욕망을
제거할 수 없다. 그렇게 한다면 나는 불행에서 벗어날 수는 있으나,
적극적인 행복에는 도달할 수 없을 것이다. 그렇게 된다면 나의 존
재가 소멸되는 비싼 대가를 치를 것이고, 게다가 바람직한 해결 방
법도 아닐 것이다.

다른 한편 스토아 학파나 데카르트 추종자들이 주장하는 바대로 인간의 욕망이 끊임없이 박탈당하고 개인이 부단한 자기 극복 노력을 해야 한다면, 그것은 기분좋은 일이기보다도 고통스런 일이 될 것이다. 그리고 자신의 고유한 미덕에 만족하는 것은 진정한 행복으로 여겨지지 않는다. 그러므로 차라리 교양과 문화를 통해 어떠한 욕망의 고양을 도모해야만 할 것이다. 나는 삶의 경험을 통해 욕망의 진정한 대상이 부와 아름다운 물건과 아름다운 육체를 소유하는 것이 아니라는 점을 배워야 한다(이것은 대부분의 인간이 갖는 즉각적인 욕망이기도 하다).

플라톤이 암시하기를, 나의 영혼이 좀더 고결한 욕망으로 고양됨에 따라, 나의 영혼은 좀더 참되고 덜 실망스러운 만족감, 즉 행복을 얻게 되는 것이다. 그러나 나는 몸과 정신을 동시에 지닌 이중적인 존재이므로, 이 세상에서는 명상적이고 순수한 삶에서 오는 진정한 행복을 얻는 것이 불가능하다. 진정한 행복을 맛보기 위해서 나는 영혼과 육체의 분리, 즉 죽음을 기다려야 한다. 그것도 내가 영혼을 정화하고 고양시키기 위해 이 세상에서 사는 동안 금욕적인 노력을 충분히 했다는 것이 전제가 되어야 할 것이다. 그러므로 지금 당장 행복해질 가능성에 대한 사색의 결론은 아주 어두운 것이다.

행복에 관한 전통적인 정의의 오류

그럼에도 불구하고 나는 (진정한 행복에 이르는) 문제 해결의 실마리를 끊어버리는 결정적인 오류를 범하지는 않았을까? 사실 나는 행복을 모든 욕망이 충족된 상태로 단번에 정의해 버렸다. 그것은 수많은 철학자들과 마찬가지로 일반 사람들 각자 모두가 할 수 있는 생각이다.

하지만 인간이 자신의 모든 욕망을 충족시킬 수 있거나 모든 욕망을 쉽게 채울 수 있는 상태로 만들거나 간에, 그러한 상태가 인간에게 가능하다고 할 경우에도 인간은 여전히 살아 존재할 수 있을까? 인간은 그러한 상태에 머물러 있을까? 인간은 산다는 것이 지니는 의미나 가치와 양립할 수 없는, 무기력한 상태로 축소되는 것이 아닐까?

실제로 모든 욕망이 충족된 인간은, 그가 더이상 얻을 것이 없기 때문에 어떤 경우에도 움직이지 않는다. 그러므로 그것은 삶의 가능성을 부정하는 한계 상황이다. 그 한계 상황이 죽음과 인접한다면, 그 한계 상황은 더이상 죽음과 병립할 수 없는 것이다. 왜냐하면 인간이 결정적이고 진정한 죽음 ─ 육체의 소멸뿐만 아니라 정신의 소멸을 원한다면, 죽음의 상태에서 아무것도 느낄 수 없기 때문이다. 그 경우 나의 행복은 어떤 의미도 지니지 않으며, 쾌락도 나 자신조차도 고려의 대상이 아니다.

그러므로 내가 다른 사람들과 함께 열렬히 추구하는 행복은 엄밀하게 말해서 불가능한 것이다. 그렇지 않다면, 행복이란 만족이 지속되는 상태가 아닌 다른 데에 존재할 것이다. 그리고 나는 다른 사람들이나 몇몇 철학자들에 따라 행복에 대한 거짓된 생각을 가질 것이다. 바로 이것이 아리스토텔레스가 주장하는 바이다. 인간은 살아서 필연적으로 활동하는 존재이다. 인간이 행복에 이를 수 있다면, 그 행복은 수동적인 상태에서 얻어지는 것이 아니다.

행복은 나의 본성과 걸맞는 행동에서 얻어진다

진정한 행복은 어떠한 행동 속에서 발견되는 것이다. 물론 행복이 존재한다는 전제하에서 말이다. 그러나 어떤 행동인가? 그것은 인간 자체를 목적으로 삼는 행동이거나, 인간 본성의 실현이거나, 인간 본질의 완성, 즉 인간 존재의 핵심을 규정하는 것의 완성을 뜻하는 행동을 지칭한다. 행복하다는 것, 그것은 자신의 본성에 맞게 살아가거나 인간 존재의 점진적인 발전 과정을 통해 살아가는 것이다.

그렇다면 인간 본성은 무엇인가? 본질적으로 그것은 행동하거나 욕망하는 것을 뜻하는 것이 아니다. 왜냐하면 (아리스토텔레스가 대답하기를) 동물들도 그렇게 하기 때문이다. 인간의 본성은 인간만이 지니는 고유의 것 안에 내재해야 한다. 그런데 인간만이 고유하게 갖고 있는 것은 사유 행위이다. 인간만이 사유할 수 있고, 인간의 본성은 사유적이다. 우리는 데카르트[1]를 통해 본질적으로 인간은 그의 정신으로 정의된다는 것을 알고 있다.

인간의 사유적 본성의 실현

물론 아리스토텔레스가 사유라고 말하는 것을 명확히 규정할 필요가 있다. 왜냐하면 정신 속에 표상이나 계획을 갖는다는 것, 가령 '나는 사과를 먹고 싶다'와 같은 관념을 지닌다는 것은 동물에게도 가능한 것처럼 보이기 때문이다.

데카르트와 현대의 어떤 생물학자들의 주장에 의하면, 동물이란 머릿속에 '사과'나 '먹는다'와 같은 일반적인 관념을 갖고 있지 않다. 동물들은 전혀 아무것도 생각하지 않고 단지 자극을 받으면 기계적으로 반응할 뿐이라고 한다. 이것은 또다른 논쟁을 유발시킬 수

---

1) 뒤에 나오는 '인간의 열정은 불행을 야기한다' 참조

있다. 그렇지만 동물에게 매우 원초적인 생각의 형태를 부여할 경우, 여러 사유 형태가 존재한다는 것, 사유의 여러 층위가 존재한다는 것을 인정해야만 한다.

사실상, 감각과 탐욕을 지닌다는 것과, 감각과 탐욕에 대해 의식한다는 것, 결국 자신에 대해 의식한다는 것은 별개이다. 문제를 해결하기 위한 사유, 논리적 추론, 계산, 연역적 사고는 자신에 관한 단순한 의식의 차원을 넘어서 존재한다. 그리고 세계를 표상하거나 이해하려는 시도, 즉 이론화 작업은 한층 더 높은 차원에 놓인다. 이러한 시도가 세계나 우주의 일부분에만 국한된다면, 그것은 특정한 학문에만 관련된 것이다. 그러한 시도가 존재하는 모든 것에 관련된다면, 그것은 철학에 속하는 것이다.

철학이란 관조적 사유, 그리스어에 의하면 '지적인'(théorétique, 존재보다 인식이나 지식을 더 중시하는) 사유의 가장 고귀한 형태가 낳은 산물이다. 그런데 세계에 대한 질문, 사물을 설명하는 이론의 정립, 학문을 확립하고 철학을 한다는 것은 인간만이 할 수 있는 것이다. 비록 십수 년 전부터 많은 과학자들이 동물의 언어에 대하여 연구하였으나, 동물들이 서로 교환하는 신호들 가운데 인간의 것과 유사한 그 어떤 것도 발견하지 못했다.

사유한다는 것은 여러 층위를 지닌 복합적인 행위이다. 동물들도 사유의 원초적 형태는 갖추고 있지만, 인간이야말로 사유의 가장 고귀한 형태를 발전시킬 수 있는 유일한 존재이다. 그 나머지에 관해 인간은 다른 영장류와 매우 유사하고 여러 생명체 가운데 하나에 불과하다.

생물학자들은 인간과 어떤 종류의 원숭이와의 유전자의 차이는 2

퍼센트에 불과하다고 했다. 그러나 정교한 언어의 사용과 과학, 기술, 예술, 도덕, 테크닉의 발명 등 지적 능력에 기반을 둔 문화적 차이가 인간과 다른 동물들을 크게 갈라 놓았다. 인간은 생물학적으로 간, 심장, 허파, 신경조직, 머리, 눈, 팔 다리 등을 지닌 다른 동물들과 많이 유사하다. 그러나 고대 그리스 사상가들이 말한 바대로 인간은 사유하는 동물이다. 인간은 합리적인 사고에 의해 지상에 살고 있는 모든 다른 생물체들과 뚜렷히 구분된다.

그렇지만 아주 이상하게도 사유행위란 인간의 본질이다. 사실상 인간은 본질적으로 합리적이라고 볼 수 없다. 인간은 단지 합리적으로 될 수 있는 능력을 갖고 있을 따름이다. 아리스토텔레스의 중요한 관념적 구분에 의하면, 인간은 잠재적으로 합리적일 뿐 실제적으로는 그렇지 않다. 본성적으로 인간은 교육받고 스스로 사유 능력을 연마하는 데 힘쓴다는 전제하에서만 (잠재적으로) 합리적인 동물일 따름이다.[2]

태어나면서부터 인간은 '마땅히 되어야 할' 존재로 즉각 형성된 것이 아니라, 장차 그렇게 되어야 하는 존재이다. 인간은 의무감이나 '마땅히 되어야 하는 것'으로 인해 중압감을 느낀다. 인간은 본성을 구현해야 하고 잠재적으로 가지고 있는 것을 행위로 드러내야 한다. 산이나 고양이는 그러한 제약들을 느끼지 못한다. 그들은 자연이 만들어 놓은 그대로 있거나 살아간다. 그들의 본성은 이미 드러나고 현실화된 상태에 있으므로 산이나 고양이가 되기 위해서 더이상 노

---

2) 아리스토텔레스가 정확하게 그렇게 말한 것은 아니다. 그에게 존재의 본성이란 항상 행위적 성격을 지니는 것이지 잠재적인 힘이나 역동성의 차원에 있는 것은 아니다. 나는 이 주제를 너무 세밀하게 다루지 않기 위해 그의 사상을 약간 단순화하고자 했다.

력하지 않는다. 게다가 그들은 그러한 생각조차 하지 않고, 자신의 정체성이나 의무에 대해서 어떠한 질문도 하지 않는다.

(인간과 달리) 그들의 정신은 얼마나 고요한가! 그러나 그것은 (정신의 고요함이 아니라) 정신의 전적인 부재를 뜻한다. 인간만이 사유하며 정신과 자의식을 지닌다. 인간은 (처음부터) 즉각적으로 마땅히 되어야 하는 존재가 아니라, (시간 속에서) 현재와 다른 존재가 되어야 한다는 사실, 좀더 '인간적'이 되어야 한다는 것, 즉 지식을 닦고, 정의롭고, 도덕적이고, 합리적이 되어야 한다는 사실을 의식하고 있다.

지식의 기쁨

그러므로 우리는 사유가 인간의 본성이자 기본적인 행위라는 점을 정당하게 주장할 수 있다. 사실상 내가 이러한 생각에 몰입할 때만, 나의 본성에 맞게 스스로 개발하고 인간 존재에 값하는 삶을 살아간다는 느낌을 가질 수 있다. 인간은 지식을 얻는 과정에서 소기의 목적을 달성했을 때, 가령 내가 문제를 해결하거나 새로운 것을 이해했을 때, 쾌락을 느낀다.

지식이란 인간의 근본적인 욕망을 채워준다. '모든 인간은 자연적으로 (본성적으로) 알고자 한다.' 이것은 아리스토텔레스가 전통적으로 『형이상학』('제1 철학'에 관한 저서)의 첫번째 줄에 쓰여진 말이다. 아리스토텔레스는 모든 인간들이 세계를 발견하기 위해서 감각, 눈, 귀를 사용할 때 얻는 쾌락을 증거로 삼았다. 오늘날의 아이들에게서 그것을 증명할 수 있다. 아이들은 많은 질문, 특히 형이상학적 질문을 던진다. '나는 어디서 왔는가? 최초의 어머니는 어떻게 태어났는가? 세상은 어디서 왔고 어디로 가는가?'

아리스토텔레스가 말하는 '자연스런 욕망'을 '태생적 욕망'으로 이해한다면, 그의 주장이 옳다. 그러나 아이들은 계속해서 이에 대해 진정한 대답(어른들한테 '자 엄마한테 가봐라. 나는 할 일이 많아' 등 성가시다는 투의 대답 외에)도 얻지 못하면, 곧 자신의 질문들이 어른들의 관심 밖이라는 것을 깨닫고 생각을 포기하고 만다. 아이들의 지적 능력은 굴의 껍질처럼 닫혀버리고, 그들은 쉽게 소비 사회가 강요하는 것에 잘 길들여진 바보 같은 어른이 될 수 있다.

게다가 학교 교육이 아이들에게 수학적 지식, 즉 순전히 형식적이고 추상적인 세계에 관한 '아무것도 아닌' 지식만이 요긴한 지식이라고 강요한다면, 지식이란 그들에게 아무런 호기심도 불어넣어 주지 못한다. 단지 아이들이 묵묵히 수업에 충실히 따르는 복종적인 태도를 보여주는 것 이외에는. 그리고 이웃의 싸움, 살고 있는 (국한된) 지역에서 일어나는 사건들, 연예 스타들의 사생활에 대한 가십 등, 지식에 대한 자연스런 호기심이 사라진 찌꺼기와 같은 것들만 남는다.

순간적인 쾌락과 깊은 만족

이러한 사유의 실패에 저항하여, 지식이란 진정한 쾌락의 원천이라는 점을 주장해야 한다. 그러나 일반적인 생각과는 달리, 쾌락의 축적이 행복을 만드는 것은 아니다. 쾌락이란 반드시 순간적이고 일회적이기 마련이다. 인간은 밀도 있는 쾌락의 상태에서 오랫동안 머무를 수 없다.

행복이란, 인간 조건에 내재하는 근심과 고통 그리고 쟁투적인 노력을 배제하지 않는, 보다 깊고 은밀하고 비밀스런 만족감에서 생겨

118

나는 것이다. 내가 선을 위해 일하고, 자신의 본성에 맞게 자신의 존재를 계발하고, 올바른 삶의 방향으로 나아가고 있다는 느낌에서 행복감이 태어나는 것이다. 나의 활동이 어느 정도 성공을 거둘 때 쾌락이 이에 첨가되는 것이다. 그러나 쾌락이란 부수적인 현상일 뿐 행위의 목적이나 행복의 핵심적인 구성 요소가 아니다.

　일반적인 생각에 따르면, 인간은 항상 쾌락을 위해 행동하고, 쾌락이란 행동의 유일한 목적이나 동기이고 행복을 구성하는 요소이다. 그런데 이것은 잘못된 생각이다. 행복이란 실제로 행위에서 생겨나는 데 반해, 그것은 행복을 하나의 상태로 동일시하는 데서 오류가 발생하는 것이다. 그릇된 인식을 가지고 행동한다면, 나는 행복을 얻지 못할 것이다. 이와 반대로 나는 행동해야만 하고 정신을 계발해야만 한다. 왜냐하면 그렇게 하는 것이 좋고, 그렇게 하는 것이 나의 본성을 마땅히 실현하는 것이기 때문이다. 그러므로 나는 존재와 행동, 삶과 본성 사이의 내밀한 화합이 이루어질 때 만족을 느끼게 된다. 그렇게 될 때 쾌락이란(마치 무상으로 제공되는 것처럼) 나의 기분 좋게 날아오르는 듯한 순간들을 밝혀주는 것이다.

엘리트주의적 관점
　그럼에도 불구하고 필자는 아리스토텔레스에게, 지적 쾌락은 모든 사람에게 해당되는 것이 아니라는 점을 반박하고 싶다. 모든 사람이 골고루 합리성을 지니지 않으며, 상당수의 사람들은 배우거나 지식을 얻는 데서 쾌락을 느끼지 못한다. 비록 학교 수업이 짜임새가 결여되었다고 할지라도, 어떤 사람들은 공부에 대해 열정을 갖고 기쁨을 느끼는 데 반해, 많은 사람들은 세상이 그들에게 강제로 부과하는 공부에 대해 괴로워하고 권태스럽게 생각한다.

교육만으로 이러한 차이점들을 충분히 설명하지 못한다. 모든 사람들이 행복해질 권리가 있다고 주장한 아리스토텔레스도『윤리학』에서 "이러한 미덕에 이르기에 너무 적합지 않은 자들, 즉 성장이 멈춘 자들은 제외된다"라고 말함으로써 행복에 관한 자신의 견해에 강한 유보적 태도를 보였다. 아리스토텔레스는 다른 글에서 대다수의 사람들은 쉽게 열정에 휩싸여 합리성과는 무관하게 행동하며, 그들은 정의를 사랑하기 때문이 아니라 처벌이 두려워서 (두려움도 분명히 열정의 일종이다) 법을 지키는 것이라고 했다. 좋은 교육은 어느 정도 상황을 개선시킬지 몰라도, 인간 현실을 근본적으로 변화시키지는 못한다.

아리스토텔레스는 상반된 개념들 사이에서 중간적 입장을 취한다. 한편으로 귀족 전통을 지키려는 사람들, 즉 귀족적 가치가 유전적이고 좋은 집안에서 태어나야 좋은 인간이 될 수 있다고 믿는 사람들이 있다. 다른 한편 고대 그리스 민주 사회와 동시에 나타난 소피스트들은 교육이 모든 것을 결정한다고 주장한다. 즉 학교는 교육을 통해 완성된 인간을 만들어낼 수 있다는 것이다. 그러나 그들이 의도하는 바를 앞서 살펴보았지 않았는가!

아리스토텔레스는 도덕 교육과 지적 교육이 반드시 필요하다고 보았고, 그러한 교육이란 자연적 기질을 완벽하게 계발할 수 있을 경우에만 성공할 수 있다고 믿었다. 이러한 자연의 선물이란 결코 유전적인 것처럼 보이지 않는다. 어떠한 고귀하고 귀족적인 성격을 지니고 태어난다는 것은 (기원을 알 수 없는) 행운이며, 진정한 엘리트에 귀속되는 것을 가능케 해준다. 그리하여 아리스토텔레스는 행복이란 이성을 사용함으로써 쾌락을 느끼는 소수의 사람들, 그리고 그러한 취향을 계발시키는 교육을 받는 행운을 지닌 사람들에게만 가능한 것이다.

근본적으로 이러한 생각에 따르면, 인간은 정신적 존재이고 단지 소수의 엘리트만이 인간의 본성을 구현하는 것이다. 대다수의 사람들은 완벽한 인간이 아니라, '초벌그림'과 같은 존재이다. 그렇지만 오늘날 이러한 생각들은 엄청난 논란을 일으킬 수 있다.

노예상태

이와 아울러 아리스토텔레스는 행복을 위한 모든 정치적 조건들을 간파했다. 그에 따르면, 인간이 자유롭지 못하고 진정한 활동에 전념할 수 없다면 인간은 행복해질 수 없다. 필연적인 제약 조건 속에서 활동을 완수할 경우, 살아가기 위해서 일을 해야 하는 사람들의 경우가 그렇다.

노동자, 장인, 예술가, 노예들은 행복에 이를 수가 없다. 행복을 맛보기 위해서는, 강제로 노동해야 하는 사람들한테서 필요한 양식과 자원을 공급받아야 한다. 그러므로 노예 상태가 필요한 것이다. 아리스토텔레스는 '불평등 인간론'으로 노예 상태를 정당화했다. 즉 인간적으로 매우 초보적인 상태에 있는 사람들은 스스로 올바른 삶을 살아갈 수 없으므로 자유를 누릴 권리가 없다는 것이다. 그러므로 초보적인 상태에 머무르며 인간적으로 완성되지 못한 사람들이 남에게 해를 끼치지 않고 유익한 인간이 되기 위해서 이들을 (강제로) 노동하게 만들어야 한다는 것이다.

이러한 생각들도 모든 인간이 법과 존엄성에서 평등하다는 생각을 갖고 있는 현대인들에게 다시 한번 충격적으로 들린다. 그렇지만 많은 재산을 갖고 있는 사람들(많은 경우 유산으로 물려받았지만)이 다른 사람의 노동에서 얻어낸 이윤(임대료와 같은)으로 일하지 않고 살아가는 자유주의 체제하에서도 위와 유사한 노예 상태가 있지 않을까?

이미 마르크스가 농노의 상태에서 벗어나 좀더 교묘한 노예 상태인 공장 노동자로 만드는 농민 해방을 정확하게 비판하지 않았는가? 마르크스의 눈에는 프랑스 대혁명 때 선포한 이른바 인권이라는 것도 프롤레타리아 계급을 경제적으로 착취하기 위한 미끼에 불과한 것이다.

모든 인간은 자유롭다. 그러나 사적 재산을 갖고 있지 않은 인간은 생존을 위해 시장 경제의 논리와 상황 속에서 자신의 노동력을 원하는 사람에게 팔아야 한다. 물론 그것을 거부하고 스스로 굶는 것도 전적으로 그의 자유이다. 그렇지만 (냉소적으로 말한다면) 그가 누릴 자유란 얼마나 멋진 것인지 상상해 보라! 고대 시대의 노예 상태는 사라지지 않았고, 자유의 너울을 쓴 채 더욱 일반화되었을 뿐이다. 게다가 노예 상태가 인류의 정신적 발전에 기여한 바도 인정해야 한다. 노예 제도가 없었다면, '고대 그리스의 기적'도, 수학의 발명도, 합리적 과학적 철학적 사유도, 진정으로 독립적인 예술가도 없었을 것이다.

어쨌든 진정으로 자유로운 인간, 아무것에도 구애받지 않고 자신의 삶의 방식을 선택할 수 있는 인간만이 행복할 수 있다는 아리스토텔레스의 주장을 반박하기는 힘들다. 아리스토텔레스의 행복론을 전제하고 있는 정치적 조건들은 현재로는 중요하지 않고, 여기서는 단지 그의 행복에 관한 예지가 실천 가능한 것인가를 검토해야 한다.

우선 아리스토텔레스 사상과 현대인의 신념이 상충하더라도, 그의 생각에서 되새겨볼 것이 무엇인지 알기 위해 그의 생각을 살펴보도록 하자.[3)]

자유인의 삶

자유인은 어떠한 삶을 선택해야 하는가? 이에 대해 그리스인들은 (전통적으로) 쾌락을 추구하는 삶, 정치적인 삶, 연구하는 삶을 제시하였으나, 아리스토텔레스는 이내 쾌락지향적인 삶과 정치적인 삶을 비판했다. 순전히 쾌락주의적 삶은 인간보다는 동물에게나 어울리는 삶이고, 정치지향적인 삶은 행복을 명예와 연결시키기 때문이다.

그러나 명예란 자신보다는 다른 사람에게 의존하기 때문에 지속적인 것이 못되므로, 그것은 옳지 못한 판단이다. 게다가 자유롭고 여가를 누린다는 것은 그리스어로 '스콜레 skholê'이며 오늘날 학교 (영어 school, 프랑스어 école)의 어원이 되었다. 사실 자유인은 여가를 누리는 인간이며 (물질적으로) 생산적인 일에 매달리지 않고 학교에 다니면서 지식을 연마하는 사람이다. 이 모든 것이 오늘날 현대인들을 놀라게 만든다. 현대인들에게 학교란 구속이나 제약, 좀더 낮게 본다면, 이해 관계가 얽힌 수단(교육을 통한 사회적 성공 등)에 불과하기 때

---

3) 어떤 사람들은 아리스토텔레스가 노예 제도를 인정했다는 사실 하나만으로 그의 사상을 비판하고 거부한다. 그렇지만 시대착오적 잘못을 저지르지 말아야 한다. 즉 아리스토텔레스가 살던 사회에서 노예 제도란 엄연한 법적 권리였고 그 제도는 2천년 이상 존속되었다. 반대로 아리스토텔레스는 노예 상태의 인간이 이성적이지 못하고 독립성이 결여된 존재인 경우에만 노예 제도가 정당하다고 주장함으로써, 그는 노예 제도를 제한하는 데 기여했다. 그러므로 현대 사상은, 노예 제도를 정죄하기 위하여, 모든 인간이 최소한의 합리성과 다른 사람과 동등한 권리를 지녔다는 사실을 인정하는 것만으로도 충분하다.

문이다.

그렇지만 단순히 탐구하는 삶만이 참으로 행복한 삶은 아니다. 우리는 위의 세 가지 가능한 삶의 방식을 종합함으로써 행복한 삶을 일구어낼 수 있다. 그러나 일방적으로 그 중 하나만을 선택한다면 그것은 좋은 것이 아니다.

사실상 사유하는 삶을 꾸려가는 데 정치적인 조건을 고려하지 않을 수 없다. 지적 탐구에 몰두하기 위해서는 사회가 평화로워야 하며 어느 정도의 물질적 풍요와 여유가 있어야 한다. 그런데 이렇게 좋은 정치적 상황도, 자유인이 가꾸지 않으면 하늘에서 떨어지는 것도, 스스로 실현되는 것도 아니다. 인간의 삶이란 한 사회 공동체에 대한 정치적 참여(앙가쥬망)와 불가분의 관계에 있기 때문이다. 인간의 삶이란 지상에서 고독한 이방인의 삶이 아니다. 이와 반대로 (저급한 생산 업무나 매우 특수한 직업이 아닌) 일반 직업은 정치적인 활동을 포함하고 있다. 자유로운 인간은 정치에 몰입한다. 게다가 조용한 명상과 마찬가지로 인간 행위는 어떠한 쾌락의 원천이 될 수 있다. 행복한 삶이 함부로 모든 쾌락을 추구하지 않더라도, 행복한 삶도 역시 쾌락적인 삶인 것은 분명하다.

고결하고 용감한 정신

그럼에도 불구하고 사람들은 행복이 요구하는 모든 조건들(지적 사유의 취향, 여유로움, 힘, 부유함 등)을 얻는 데 불안감을 느낀다. 이러한 것들을 얻거나 지키기 어려워서일까? 행복이 사건들로 인해 사라질 수 있는 모든 조건이나 재화(財貨)에 종속된다면, 그러한 행복은 과연 안정적이고 지속적인 상태일까? 아리스토텔레스는 이에 대해 대답한다. 나의 행복은 근본적으로 고결하고 수위(秀偉)함이라고 일컫는 내적 가치에 달려 있다고.

아리스토텔레스에 따르면, 이것은 물적 재산이나 명예(더이상 이것을 소유하지 않을 경우)에 대한 경시를 가능케 하는 도덕적 가치에 대한 의식과 자기 존중을 뜻한다.

고결한 사람은 자신의 가치를 잘 알고 있으며, 자신이 과연 권력이나 명예에 값하는가에 대해 의식하고, 자신을 명철하게 판단하는 사람이다. 왜냐하면 자신의 실질적 가치에 대하여 잘못 판단한다면 그러한 인간은 우매한 바보에 불과하기 때문이다.

아리스토텔레스는, 기독교의 한 갈래[4]가 유포시킨, 자만심을 죄악시하고 겸손을 지나치게 숭배하는 생각에 정면으로 반박한다. 기독교적인 입장과 반대로, 아리스토텔레스는 긍지나 자기 존중(물론 그럴 만한 근거를 지녀야 한다는 조건하에서)이 미덕과 예지의 한 부분으로서 정당하고 좋은 것으로 생각했다.

고결한 정신의 소유자는 항상 자신의 도덕적 가치를 의식하고 명예를 얻는 것이 마땅하다고 생각하기 때문에, 허영심에 가득찬 자와는 달리 자신의 만족을 위하여 명예나 도덕적 가치를 구걸하지 않는다. 그리고 운이 좋지 않아 다른 사람들이 그에게 관심과 존중의 마음을 보이지 않는다고 하더라도, 그는 외적인 영광을 무시하고 자신이 믿는 가치에 만족할 만한 힘을 갖는다.

이것은 데카르트가 고결하고 관대한 정신이라고 부른 것과 통하

---

4) 니체는 이러한 이유로 인해 기독교를 통박하였으나, 그 이유가 이 문제에 서 진정으로 기독교적인 문제라고 보긴 힘들다. 다음 장에서 기독교에 대한 다양한 해석들(파스칼, 루터, 성 토마스 아퀴나스)을 살펴보고자 한다.

는 것이다. 그러나 데카르트가 고결하고 수위한 정신을 행복의 핵심적인 원칙으로 삼은 데 비해, 아리스토텔레스는 그것을 행복의 '보조 수단'으로 생각했다. 인간은 행복해지기 위해 그리고 지적 사유에 몰입하기 위해서 어느 정도의 풍요로움과 여유가 필요하다. 그러나 어려움에 부닥쳤을 때, 그는 자신의 가치와 성격의 힘에서 만족감을 얻어냄으로써, 고결한 정신으로 삶의 우여곡절들을 가벼운 마음으로 넘길 수 있다는 것이다.

예지와 미덕

이러한 생각을 잘 이해하기 위해서 아리스토텔레스의 복합적인 생각을 더 심도 있게 살펴볼 필요가 있다. 인간의 육체와 정신적 차원에 의하여 두 가지 형태의 삶 ― 실천적인 삶과 사유적이고 명상적인 삶 ― 이 존재하듯이, 아리스토텔레스에게 예지와 미덕은 이중적이다. 아리스토텔레스는 그리스어로 '프로네시스phronêsis'와 '소피아sophia'를 구분했다(이 용어에 대해서 번역자들이 임의대로 재해석하여 혼동과 모호한 점이 남아 있다).

단순화한다면, 좋은 행동을 선택해야 한다는 뜻에서 실천적 예지인 '프로네시스'는 신중함이나 도덕적 가치(두 용어들에 대한 구분도 필요하지만)로 불리기도 한다. 진정한 용기가 광기 어린 용맹성과 비열함 사이에 놓이듯이, '프로네시스'도 양 극단의 중간을 선택해야 한다. '소피아'는 진실을 사유하는 기술을 가르쳐 주는 사색적이고 지적인 théorétique 예지이다.

불쾌한 것들을 피하며 삶을 잘 이끌어가고 사유 행위에 적합한 조건들을 만들어가는 실천적 예지인 '프로네시스'가 '열등하고' 보족

126

적인 수단인 반면, '소피아'는 철학과 동일시되고 참된 행복을 가져다 주는 진정한 예지이다. 그럼에도 불구하고 인간은 사유적 삶이 방해를 받을 경우, 실천적 예지와 미덕에 만족하며 살아간다.

아리스토텔레스의 관점에 따르면, 스토아 학파나 데카르트와 같은 후대의 사상가들의 오류는 중간 단계나 보조 수단에 불과한 실천적 예지나 미덕을 예지의 최고의 형태로 여기고, 인간의 지적인 차원을 소홀히 했다는 점이다. 그런데 단지 욕망을 다스리거나 의지를 통제하는 것만으로 지고의 행복을 얻을 수 있는 것이 아니고, 이에 이르기 위해서는 인간 행위의 가장 고귀한 형태인 지적 사색이 요구된다.

형이상학적 사유

사유 행위, 세계에 대한 이해, 그리고 지식의 획득은 철학 특히 형이상학, 즉 '첫번째 철학'(아리스토텔레스), '존재로서의 존재 철학', '첫번째 원칙과 궁극적인 목적의 학문', '가장 숭고한 존재의 학문'으로 불리는 것 안에서 이루어진다. 사실상 형이상학은 모든 사물의 으뜸이 되는 원칙과 그 원칙이 세계와 우주 속에 부여하는 목적성을 파악하여야만 한다.

아리스토텔레스는, 고대 그리스 문화 안에서 독점적으로 풍미하고 있던 다신교 숭배 현상을 정면에서 비판함과 동시에 신의 유일성을 주장하면서, 이미 세계와 우주의 제 1 원인, 시간성을 만들어내는 영원한 존재, 부패하지 않는 존재 (순수 사유, 자신만의 사유), 즉 절대신이라고 불러 마땅한 것이 존재한다는 생각을 정립했다.

신적이고 탁월한 현실에 대한 사유, 그것이 세계에 부여하는 질서에 대한 사유는 지고한 사유이며 지적 완성이다. 인간에게 이러한 사유는 스스로 신격화하려는 열망을 뜻한다. 왜냐하면 이러한 사유란 절대적 삶, 순수한 지성 그 자체를 의미하기 때문이다. 그러나 삶에서 정신적인 현현이나 지고한 환희의 순간들은 필연적으로 드물고 짧게 나타나기 마련이다.

비록 내재적인 시간의 길이나 그 순간들이 주는 인상이 객관적인 시간보다 훨씬 길다고 할지라도 불행하게도 인간은 순수한 정신만을 지닌 존재가 아니라, 쉽게 피곤해지고 끊임없이 천박한 물질적 욕구에 시달려야 하는 육체를 가진 존재이다. 아리스토텔레스가 말하기를 (인간 스스로) '신을 만드는 것'은 삶의 정점에 놓이나 찰나적일 수밖에 없다. 그러므로 동시에 인간적 삶을 생각하고 적극적인 삶, 정치적인 삶, 도덕적 가치를 실행하도록 힘써야 한다.

인간의 이상적인 삶이란 순수하게 사유적인 삶이 아니다. 순수하게 사유적인 삶이란 순수한 정신에게만 해당될 뿐 육화된 존재와 무관한 것이다. 완성된 삶은 (이미 플라톤이 말한 것처럼) 혼합된 삶, 사유적이고 행동하는 삶이다. 그러나 인간이 적극적이고 활동적인 삶의 중심부에서 도덕적 가치를 실현함으로써 만족감을 얻는다면, 활동적인 삶이란 사유적 삶이라는 진정한 목적을 달성하기 위한 수단에 불과하다. 그러므로 사유하는 삶이야말로 본성과 존재의 심오한 열망과 부합하면서 인간에게 진정한 행복을 가져다 줄 수 있다.

신에 대한 믿음이 곧 행복이다

> 너희는 먼저 하나님의 나라와 하나님께서 의롭게
> 여기시는 것을 구하여라. 그러면 이 모든 것도 곁들여
> 받게 될 것이다.

행복해지기 위해서 인간은 정신을 계발하면서 살아야 한다는 결론에 이르렀다. 그러나 어떠한 생각이 방금 발견한 예지를 상대화시킬 뿐만 아니라 그것을 사라지게 만들 수 있다. 그것은 바로 신의 문제이다. 신의 문제는 아리스토텔레스가 생각하는 것처럼 단순한 사유의 원칙으로 환원될 수 없는 문제이다.

사실 종교를 믿는 사람들은 신이 인간에 대한 도덕적 요구와 행동 규칙을 만들었다고 생각한다. 그러므로 이를 그대로 따르는 것이 낫지 않을까? 그러나 이러한 행동 규율이 인간의 행복에 반하는 것은 아닌지? 그렇지만 어떤 이들은, 신이 그의 법과 규율을 따르는 인간들에게 보상으로 영원한 행복을 약속했다고 주장한다. 영원한 행복

앞에서 지상의 행복은 무슨 중요성을 띠는가? 지상의 작은 행복보다는 종교적인 희망을 가져야 하는 것이 아닌가?

다른 한편, 그러한 신은 존재하는 것일까? 나는 과연 그것을 알 수 있을까? 어떤 이들은 그것은 미신에 불과하고 우매한 믿음에 불과하다고 말한다. 그러나 인류 역사를 통해 볼 때 거의 모든 인간들은 유일신이나 여러 신들을 믿어왔다. 현대 서구 문명을 제외하고 종교적 신앙이 배제된 문명은 존재하지 않는다. 아직도 많은 사람들이 신앙을 갖고 있는 데 비해, 20세기 말의 대부분의 서구인들만이 무신론자라는 '사치'를 누리고 있다. 수많은 사람들(그 가운데는 매우 지적으로 뛰어난 사람들도 있었다)이 가졌던 공통된 생각을 헛된 것이라고 한마디로 일축해 버릴 수 없으므로 이에 대해 깊이 생각해 볼 필요가 있다.

신의 존재를 둘러싼 증거의 문제

신이 존재한다는 증거를 가질 수 있을까? 일반적인 견해에 따르면, 그 증거는 없다. 그렇게 함으로써 일반적인 견해를 펴는 사람들은 자신의 무지와 교양 없음을 현실 판단의 기준으로 삼는다. 왜냐하면 신의 존재에 관한 이성적인 증거가 있기 때문이다. 그 증거에 관한 논의는 철학(형이상학 또는 현실의 학문)의 영역에 속한다. 이미 플로티노스1)나 아리스토텔레스에게서 신의 존재에 관한 증거의 실마리를 찾을 수 있다.

11세기 성 안셀무스2)가 '존재론적 증거'라는 이름으로 신의 존재

---

1) (역주) 플로티노스(Plotin, Plôtinos, 205~270), 신 플라톤 학파의 철학자.
2) (역주) 성 안셀무스(Saint Anselme de Cantorbéry, 1033~1109), 플로티노스와 성 아우구스

를 입증하려고 했다. 13세기 성 토마스 아퀴나스가 신의 존재에 대한 다섯 가지 증거를 제시했고, 데카르트가 그 중 세 가지를 제시했고, 스피노자와 라이프니츠가 신의 존재를 이성적으로 증명하려고 했다. 물론 이들이 제시한 증거가 여전히 유효한가에 대한 면밀한 검토가 있어야 한다.

18세기 칸트가 『순수이성비판』에서 인간의 지식은 신의 존재나(그 반대로) 신의 부재를 증명할 수 없다는 탁월한 이론을 수립한 바 있기 때문에 더욱더 그렇다. 칸트가 옳았는지에 대해 알아보려면 그의 사상을 분석해 보아야 한다. 이 모든 것은 흥미로운 형이상학적 연구 영역에 속하나, 그 주제는 이 책의 범주를 벗어나는 것이다. 깊이 생각해 보면, 삶의 의미와 삶을 꾸려가는 방식이 이 문제와 밀접한 연관을 지니며, 이것은 모든 인간이 해결해야 하는 가장 중요하고 화급한 문제이므로 이에 대한 근본적인 연구가 뒤따라야 한다.

논리적으로 따진다면, 네 가지 가능성, 단지 네 가지 가능성만을 고려해 볼 수 있다. 신의 존재를 확고하게 믿게 만드는 증거 제시, 신의 부재를 확실하게 증명해 보이는 것, 칸트의 주장처럼 신의 존재나 부재를 증명해 보일 수 없음을 이론화시키는 작업, 어떠한 확실한 해결책도 제시하지 못한 채 회의와 불확실성으로 남아 있는 것 등이다. 이러한 각각의 입장에 대해 '그렇다면 나는 어떻게 살아가야 하는가?'라는 질문을 던질 수 있다. 이러한 논의에 명쾌한 결론을 내리지 않고, 몇 가지 점만 관찰하도록 하자.

티누스의 영향을 크게 받은 신학자이자 철학자.

신의 정의

우선 하나의 이름에 불과한 '신', 우리가 '신'이라고 부르는 것에 대해 명확히 할 필요가 있다. '신'이란 단어 뒤에 숨겨져 있는 개념을 분명히 하지 않을 경우 이에 대한 논의는 비생산적으로 무한히 지속될 수 있다. 신이란 단어가 지니는 최소한의 개념은 사물의 원칙, 세계의 제1원인이다.

신은 창조되지 않은 첫번째 존재이다. 신 자체는 그 이전의 어떤 존재에 의해 창조되지 않았다. 신은 영원하고, 존재하는 모든 것, 즉 세계와 우주를 만들었다. 신은 거대한 창조적인 힘을 지녔다. 사람들은 그것이 바로 무한대의 힘, 절대적 권능이 아닌가 자문한다.

사실상 신에 관한 가장 전통적인 개념도 전능하고 무한한 창조자의 개념이다. 그렇지만 논리적으로 제1의 존재인 신이 유한하고 제한된 힘의 소유자일 가능성을 배제할 수 없다. 설령 면밀한 검토 끝에 그러한 생각이 모순된 것으로 판명되더라도. 그리고 첫번째 존재의 필연적 유일성, 영원한 제1의 존재의 복수적 가능성에 대해 질문을 던질 수 있다. 이러한 생각은 다신교의 가능성을 열어준다 (이에 따르면 여러 신들은 모두 탁월하고 더욱더 힘있는 첫번째 신에 의해 창조된 것이 아니다). 그럼에도 불구하고 신에 대한 최소한의 정의에 '신은 창조할 때 자신이 만드는 것에 대해 알고 있으며, 사유하며 지적이고 정신을 지닌 존재'라는 점을 덧붙일 수 있다. 이러한 점을 간과한다면 창조주와 물질을 구분할 수 없다.

형이상학의 세 가지 갈래 – 유물론, 유심론, 생기론

기실 창조적 정신으로서의 신을 부정하는 사람들도 모든 사물을 만들어내는 영원한 제 1의 존재나 제 1원인을 부정하지 않는다. 여기에는 이성이 요구하는 바가 있기 때문이다. 스스로 유물론자라고 자칭하는 사람들에게 영원한 존재란 물질이다.

데모크리토스[3]와 에피쿠로스[4]로 대표되는 유물론 le matérialisme은 형이상학의 커다란 줄기이다. 거의 모든 현대 과학의 형태는, 물질은 영원성을 지니며 존재하는 모든 것(생명과 생각 등)의 원칙이라는 형이상학적 명제에 기초하고 있다. 그러므로 현실을 설명하려는 형이상학의 거대한 두 입장(유물론과 유심론)이 상충하고 있다.

유물론에 따르면, 모든 것의 원천인 최초의 존재는 물질이고, 정신과 의도가 배제된 채 공간적으로 펼쳐진 존재이다. 이른바 유심론 le spiritualisme에 따르면, 비물질적인 순수 정신인 첫번째 원칙이 '무로부터 ex nihilo' 물질 세계를 창조하는 힘을 지닌다는 것이다. 신의 개념에서 사유와 지성을 제거한다면, 유물론자들도 모든 사물의 최초이자 영원한 원인인 신을 믿지 않는다고 말할 수 없다. 그런데 일반적으로 유물론자들은 무신론자로 불리우며(그들이 스스로 무신론자라고 부르기 때문이기도 하다), 신을 물질이라고 부르지 않는다.

더 완벽한 검토를 위해 형이상학의 세번째 입장인 생기론 vitalisme을 살펴보면, 이것은 유물론과 유심론의 중간에 위치하는 것으로 어느 한쪽의 변용인 것처럼 보인다. 생기론에 따르면, 생명이나 물질을 만들어내는 힘은 절대적이 아닌 제한적인 힘으로서 어느

---

3) 데모크리토스(Démocrite, Dêmocritos, 기원전 460~370), 플라톤의 철학과 상반되는 원자론을 주장한 그리스 철학자.
4) 우리는 6장에서 에피쿠로스가 이러한 형이상학에서 도출한 도덕적 함의를 살펴볼 것이다.

정도 지적인 성격을 지니나 무한하고 전능한 정신은 아니다. 나중에 쇼펜하우어, 니체, 베르그송이 이러한 기본적인 직관을 다양하게 발전시켰다.

신과 현대과학

신의 부재에 대한 '합리적인' 증거(적어도 나의 생각으로는)가 없다는 점을 주목해야 한다. 단지 개인적인 신념과 전제들이 있을 뿐이다. 현대과학도 신의 부재를 전혀 입증하지 못하고 있다. 현대과학은 지적 정신을 지닌 창조주의 가능성을 도외시한 채, 물질 세계를 순전히 기계론적으로 설명하려고 한다. 현대과학은 단지 과학이 완성될 때, 그 가능성(지적 능력을 지닌 창조주)에 이를 것이라고 한다.

현대과학이 과거에 신의 산물이라고 하였던 몇몇 자연 현상을 설명한다는 사실(사려 깊지 못한 사람들이 그렇게 믿으려는 것처럼) 자체가 바로 신의 부재를 증거하는 것은 아니다. 신이 인간을 창조한 것이 아니라 인간의 육체가 어떤 원숭이의 조상에서 유래했다는 주장이, 우주 전체가 어떤 정신, 즉 신에 의해 창조되지 않았다는 점을 증명해 주지 못한다.

일반적으로 무신론자들은 신에 대한 믿음을 원시적이고 치기 어린 미신으로 간주한다. 그러나 신앙에 대한 심리적 동기는 신의 존재에 관한 진실을 전적으로 부정하지 못한다. 나는 좋지 않은 이유로 신을 믿을 수 있으나 자신을 속일 수는 없다. 가령, 나는 그곳으로 여행하여 직접 내 눈으로 확인하지 않았더라도 중국에 북경이라는 도시가 있다고 '믿는다'. 내가 그것을 믿는 이유는 선생님들과 기자들에 대한 신뢰 때문이다.

그렇지만 그들도 완벽하지 못하기 때문에 나도 잘못 생각할 수 있다. 최근의 예로, 걸프전쟁 때 유엔 평화군이 이라크에 대하여 많은 폭탄을 발사하였지만 단 한 명의 민간인 희생자도 생기지 않았다고 보도되지 않았는가!

철학자의 신, 종교인의 신

어떤 철학자들이 신의 존재에 관해 형이상학적 증거를 제시한다고 하여 그것이 결정적인 것은 아니다. 왜냐하면 철학자들이 증명해 보이고자 하는 것은 세계를 창조한 영원한 정신의 존재이지, 선지자의 입을 통해 인간에게 행동 규율을 지시하고 위협하고 동시에 약속하는 그러한 종교적인 신은 아니기 때문이다. 그것은 신에 관한 또 다른 개념으로서 존재자에 대한 좀더 중요한 도덕 입법자로서의 신이다.

철학은 순전히 합리적인 접근 방법으로는 특정 종교의 진리를 증명하지 못하는 것처럼 보인다. 철학의 목적은 진정한 신앙에서 오늘날 종교인들이 지니는 신앙의 우매한 겉모습을 떼어내는 데 있다. 게다가 이성이 신의 본질과 의지를 둘러싼 신비를 꿰뚫어 볼 수 있는 힘이 있는지 검토해야 하나 그것은 또다른 논의를 필요로 한다. 지금 논의의 유일한 목적은, 신의 존재에 관한 질문이 명확히 해결되지 않았으며, 동시에 종교적인 관심을 마치 심약한 사람들의 치기어린 행동으로 경멸하지(오늘날 많은 사람들이 오만한 태도로 그들을 대하듯이) 말아야 한다는 점을 보여주는 데 있다.

신의 존재와 그것이 함의하는 것에 대한 질문 없이 자신의 쾌락만을 추구하며 살아가는 사람들이야말로 어떤 위험에 닥치면 (그것을 직시하지 않고) 머리를 모래 속으로 파묻는 타조와 같은 정신의 소유자들이다. 바로 이것이 신의 존재 가능성을 사유하지 않는 사람들의 행동이다. 이에 대해 생각한다는 것이 그들에게 유쾌한 일이 아니며, 그들의 알량한 지적 안락마저 방해하기 때문이다.

파스칼의 내기

그렇지만 내가 아직 형이상학 연구를 완전히 끝내지도 못했고, 신의 존재나 비존재에 관한 불확실한 지식을 가지고 있는 상태에서 어떤 입장을 가져야 하는가? 파스칼은 유명한 (신의 문제를 둘러싼) 내기에 관한 논의에서 한 예를 제시한다.[5]

이 논의가 담긴 텍스트는 까다롭고 모호하고 혼돈스럽지만, 우리가 귀담아 들을 수 있는 여러 가지 생각을 담고 있다. 우선 신의 법칙에 복종하면서 신이 존재하는 것처럼 행동하거나, 그 반대로 신의 명령을 무시하고 신이 존재하지 않는 것처럼 행동하는 것 사이의 선택이다. 간단히 말해서 일종의 내기를 걸어야 한다. 인간은 어떤 행동 규범에 따라 잘 행동해야 하기 때문에 위의 선택이나 내기를 거부할 수 없다. 다른 선택의 가능성이 있을 수 없으므로, 그러한 선택은 내기와 흡사한 것이다.

사실상 내가 믿는 것은 중요하지 않다. 나는 신을 믿지 않을 수 있고, 이성은 신이 실제로 존재할 가능성이 없는 것으로 판단할 수 있다. 그렇지만 위의 선택을 진리의 관점에서만 검토하는 것이 아니라, 선택이 가져다 주는 결과의 관점에서도 검토해야 한다. 마찬가지

---

5) 『팡세 Pensées』 233. 브륀스빅 Brunschvig 주석판.

로 그 내기에서 이길 가능성에만 관심을 가질 것이 아니라, 내기에서 얻을 수 있는 것과 잃을 수 있는 것에도 관심을 가져야 한다.

만일 내가 신은 존재하지 않으므로 (내기에서) 이길 것이라고 내기할 때, (결과적으로) 내가 얻는 것이 무엇일까? 그것은 신의 율법, 즉 십계명을 지키지 않고 지상의 쾌락을 추구할 자유일까? 반대로 만약 신이 실제로 존재하기 때문에 내기에서 진다면, 내가 잃을 것이 무엇인가? (내기에서 진다면) 신의 저주를 받아 영원한 고통 속에서 살아갈 위험을 무릅쓰는 것이다.

그와 반대로 신이 존재한다는 데에 내기를 걸었는데, (설령 내가 잘못 생각하여) 실제로 신이 존재하지 않는다면, 내가 잃을 것이 무엇인가? 그렇다면 나는 다만 소득 없이 신의 법을 따라 지상의 쾌락과 행복의 추구만을 거부한 셈이다. 즉 나는 크게 잃은 것이 없는 셈이다. 원래 인간은 끊임없이 실망과 고통과 질병의 포로라는 매우 비참한 삶의 조건을 갖고 있기 때문이다. 그렇지만 신이 실제로 존재하여 내기에서 이긴다면, 내가 얻게 되는 것은 무엇일까? 게다가 (내기에서 이김으로써) 천국에서 환희와 열락이 가득한 영생을 누리게 된다면 말이다.

이러한 내기의 두 가지 가능성이 갖는 이해의 득실은 동일하지 않다. 신이 존재하지 않는다는 데 내기를 건다면, 내가 얻을 것은 작으나 잃을 수 있는 것은 매우 크다고 볼 수 있다. 그러나 내가 신이 존재한다는 데 내기를 건다면 잃을 것은 매우 적은 반면, 엄청난 것을 얻을 가능성이 있다. 내가 건 내기에서 얻을 것과 잃을 것의 비율은 유한과 무한을 넘나들 정도로 엄청나게 불균형한 것이다. 물론 두 번째 선택이 이루 말할 수 없이 유리하기 때문에, (이 선택에) 주저

할 여지가 없는 것이다.

그렇지만 내기에 관한 논의는 몇 가지 어려운 점을 제기한다. 설령 신이 존재한다 하더라도, 그가 정한 법을 지키지 않은 나를 영원히 처벌할 수 있는 지옥이 존재하는가? 그것을 확신할 수 있는가? 물론 여기서 중요한 것은 어떤 확고부동한 지식에 도달하는 것이 아니라, 수많은 인류가 이천 년 이상 함께 공유하였던 신앙을 가능케 하는 종교에 대한 인간의 태도가 어떤 것인가에 있다. 단지 어깨를 으쓱함으로써 이러한 위험을 일축해 버릴 것인가? 그것은 분명히 신중한 태도가 아니다. 이 세상에는 여러 종교가 존재하는 데 어떤 것을 선택하고 그것에 내기를 걸 것인가? 바로 이것이 인간을 당황하게 만드는 질문이다.

실제로 유일신을 섬기는 커다란 세 가지 종교, 즉 기독교, 유태교, 이슬람교는 동일한 연원을 갖고 있으며 동일한 신을 섬기고 있다. 이들의 신은 아브라함, 이삭, 야곱, 모세, 이사야, 예레미야 등 히브리 선지자들을 통해서 인간에게 말씀을 전하는 신이다. 이러한 선지자들의 말씀은 기독교인들이 『구약 성서』라고 부르는 히브리 성경 가운데 예언서에 수록되어 있다. 선지자들의 메시지는 기본적인 공통 부분를 갖고 있으나 예수 그리스도를 둘러싸고 이견이 생겨난다. 정말로 신 자신이 인간이 되었는가, 아니면 '사기꾼'인가, 아니면 마호메트를 기다리는 선지자에 불과한 것인가? 이 점에서 여러 가지 종교적 교리가 갈라지게 된다.

그런데 (신앙을 지닌) 사람들은 신의 메시지를 받아 적었다는 모세의 십계명과 같은 도덕적 계율(준수 사항들)에 준거하여 자신의 행동을 이에 부합시킨다. 인간은 여러 커다란 종교들이 요구하는 도덕적 계율(그것들이 서로 상충하지 않는다면)을 충족시키고자 노력한다. 합리적인 분석을 통하여 인간은, 신성한 메시지에 나타나는 신의 요구에 대한 진정한 의미를 이해하기 위해서, 그리고 그것으로부터 미신의 '누더기 옷'을 벗겨내기 위하여 노력한다. 칸트는 『단순한 이성의 한계에서의 종교』라는 후기 저작에서 이와 유사한 작업을 수행한 바 있다.

종교 율법과 지상의 행복

그런데 지상에서의 행복의 가능성은 종교 율법에 의해 제한되는 것처럼 여겨진다. 사실상 십계명은 우리에게 이웃 여자를 탐하거나 불륜을 저질러서는 안 된다고 설파한다. 남의 여자와 사랑에 빠져서 모든 행복을 거기에 건다면, 나는 운이 없는 것이다. 그와 아울러 열 번째 계명에 따르면, 타인의 재산을 탐하지 말고 부에 대한 모든 욕망을 버려야만 한다.

이 주제에 관하여 그리스도는 훨씬 더 강한 요구를 했다. 그리스도가 말하기를, 부자가 하늘나라에 들어가는 것은 낙타가 바늘 구멍을 통과하는 것보다 더 어렵다고 했다. 그런 관점에서 평균적인 (생활 수준의) 르완다 사람보다 훨씬 부유한 대부분의 서구인들이 처한 상황은 매우 절망적인 것처럼 여겨진다. 바늘 구멍이 예루살렘의 좁디좁은 문이라는 사실, 그래서 낙타가 실은 짐을 벗어버린다는 전제 하에서 그 문을 통과할 수 있다는 점을 이해한다면, (약간은 안심이 되지만) 이미지는 한층 더 분명해진다. 부자가 영생을 얻으려면 모든 재산을 가난한 사람들에게 나누어 주어야 한다.[6] 그러나 이 세상에서 성인(聖人)을 제외한다면, 누가 이 계명을 지킬 것인가? 그렇다면 천당은 텅텅 빌 것이다.

그리스도의 '네 이웃을 내 몸같이 사랑하라'는 말은, 신의 법 정신을 나타내는 모든 계명들을 포괄적으로 요약한 대표적인 계명이다. 이것을 그대로 실천하기란 지난한 것처럼 보인다. 그러려면 관대한 정신을 지녀야 하며 이웃 형제들에 대한 자발적인 온정과 선함을 베풀어야 한다. 시기심 많고 공격적이고 사나운 사람들로 가득찬 이 세상에서 온정과 사랑을 베푸는 사람들을 만나기란 여간 힘든 일이 아니다. 게다가 내게 해를 끼치는 나쁜 사람들마저도 나 자신만큼 사랑해야 한다. 그리스도의 법은 절대적인 요구이다. (일반 사람은 물론) 크리스천이라고 자처하는 사람들 가운데서도 이를 실천하는 사람은 매우 드물다. 그리고 그것을 이루기 위해서 모든 이기주의를 극복해야 하고 전적으로 타인에게 헌신해야 하며 자신을 잊어야 한다. 카톨릭 교회 안에서도 한 세기에 성인으로 불리는 약 두세 명 가량이 그 경지에 이를 정도로 극히 적은 사람만이 이를 실천할 수 있다.

그밖에도 신은 내기나 이해 관계가 얽힌 계산이 아닌 진정한 신앙을 '강요'하므로, 종교적인 요구는 파스칼의 내기에 대한 논의를 완전히 무효화한다. 이와 비슷한 수준에서 도덕적인 것도 요구된다. 진정으로 하늘 나라의 영생을 보상받을 정도의 도덕적인 인간이 되려면, 개인적인 이해 관계가 아닌, 선에 대한 사랑을 가지고 선을 실천하여야 한다. 그렇지 않으면, 그것은 참다운 도덕성이 아닌 영리한 이기주의이며 잘 합의된 이해 관계이다. 그러므로 순수한 종교성의 관점에서 보면, 파스칼의 내기는 매우 문제가 많은 것이다. 그러나

---

6) 마태복음 19장, 16절~21절.

신의 요구를 만족시킨다는 것은, 추호의 계산도 완전히 배제된 자발적이고 절대적인 사랑을 실천해야 하기 때문에 더 힘든 일이다.

키에르케고르의 진정한 신앙

그러므로 덴마크의 철학자 키에르케고르(1813~1855)가 심미적 삶은 물론 도덕적 삶도 신의 눈에는 충분치 않다고 말한 까닭이 거기에 있다. 그는 삶을 세 단계로 나누었다. 첫번째 단계는 가장 공통적이고 즉각적인 것으로 인간이 삶 속에서 기분좋은 감각, 쾌락을 우선적으로 추구하는 심미적 단계이다. 키에르케고르는, 돈 후안으로 대표되는 이러한 삶의 방식을 분석하는 데 많은 부분을 할애했다. 이러한 삶의 방식은 멜랑콜리와 절망과 실패로 끝날 수밖에 없다.

도덕적 단계는 도덕적으로 진지한 사람의 단계이다. 좋은 노동자, 좋은 시민, 좋은 크리스천, 좋은 남편, 좋은 아버지로서의 인생은 도덕적 가치를 실천함으로써 선의 실행과 완수를 목표로 삼는다. 이러한 삶을 사는 사람은 자신의 선행, 일의 완수에서 오는 안정감을 의식하고, 가족적 삶과 배우자에 대한 충직한 사랑에서 생기는 환희를 만끽한다. 하지만 철학자나 종교인들이 입을 모아 추천하는 도덕적인 삶은, 하나의 함정이며 맹목성에 바탕을 둔 거짓된 삶이다. 실제로 영원한 행복의 약속에 대한 올바른 사유는 지상의 온갖 쾌락에 대한 모든 생각을 무효화시킨다. 사람들이 전적으로 따를 수 없는 반대되는 징표가 여기에 있다.

'영원한 지복(至福)이 실존자에게 지고의 선이라면, 유한한 것의 순간들은 단호히 거부해야 하는 사물의 수준으로 추락한다[……] 나는 이러한 지루한 불평에 대해 웃어야 할지 울어야 할지 알지 못한다. 좋은 직업, 아름다운 아내, 건강, 자문위원직, 그 다음에는 영원한 지복 등 이 모든 것은 하늘나라의 것을 지상으로 옮겨놓은 듯하다[……] 영원한 지복이 실존자의 삶을 완전히 바꾸어 놓지 못하거나 실존자가 영생을 위한 어떤 것도 거부하지 못한다면, 그 실존자는 영원한 지복과 아무런 관계가 없는 것이다.[7]

그리하여 올바른 실존적 태도, 키에르케고르에게 종교적인 태도는 지상의 모든 행복을 거부하는 것이다. 사실상 그는 서로 깊이 사랑을 나누던 여인 레긴 올센과의 약혼을 파기하였으며, 결별의 이유가 자신의 철학과 관련이 있음을 암시하면서 그것을 신비롭게 간직하고자 했다.

게다가 진정한 신앙이란 안락을 추구하는 것이 아니다. 믿는다는 것은 항상 회의와 뗄 수 없기 때문이다. 신의 존재를 증명하는 어떤 증거도 (그리고 신앙에 직접적으로 반대되는 확증도) 없다. 진정으로 신앙을 가진 사람은 부단히 의심한다. 간단히 말해서 인간의 삶은 어떠한 확실성도 평온함도 지닐 수 없다. 심지어 성서의 진실성도 의심해야 한다. 진정으로 신이 성서를 통해 무엇을 말하고 있는가? 내가 믿음을 가질 때만 그것을 믿을 수 있으나, 아무것도 그것을 보장하지 못한다. 키에르케고르가 말하는 것처럼, 내가 회의의 고통을 경험하지 못하는 것은, 내가 진정으로 믿지 않고, 진정으로 사유하지 않고, 참으로 존재하지 않기 때문이다. 진정으로 존재한다는 것, 그것은 바로 불안 속에서 살아가는 것이다.

---

7) 키에르케고르 『철학의 단상들』에 대한 후기 post-scriptum (II부, II절, A), 『감동적인 비창 감?? La pathétique』,

마찬가지로 양심도 진정한 도덕성과 배치된다. 우리는 앞서 신이 요구하는 바가 절대적이고 무한하다는 점을 살펴보았다. 인간이 신의 요구를 만족시킬 수 있다는 생각은, 헛된 생각을 품는 것이고 의무의 목소리를 듣지 않는 것이다. 이러한 신의 요구에 앞에서 유일하게 올바른 감정은 자신의 잘못을 의식하는 것이다. 인간은 스스로 죄의식을 느껴야 한다. 게다가 신은 근본적으로 회의의 대상이 될 수 있는 성경의 계명 속에 자신의 뜻을 표현한 것이 아니라, 침묵과 나의 내면성(내재성) 안에 표현하고 있는 것이다. 신은, 내게 기대하는 바를 말하지 않으므로, 그의 무거운 침묵은 나를 경악케 한다. 나는 그의 요구를 만족시킬 수 없다는 점을 깨닫는 순간부터 스스로 죄인임을 느낀다. 절대적인 죄의식의 감정은 바로 내 안에 신이 존재한다는 것, 나와 신의 진정한 관계를 뜻하는 것이다.

키에르케고르의 한 주요 연구서의 제목이(『공포와 전율 Crainte et tremblement』) 웅변하듯이, 진정한 인간 실존은 '두려움과 떨림'이다. 인간이 (도덕적이나 종교적으로) 거리낌이나 가책이 없다면, 불안하거나 절망하지 않는다면, 인간은 단지 사물로서 존재할 뿐이다. 파스칼에 따르면, 카톨릭 교회를 포함하여 모든 제도와 모든 인간의 궁극적인 목적과 관심사는 (파스칼적 의미의) '기분 전환'을 도모하거나, 실존이라는 것을 자신에게 감추거나, 내면의 침묵을 깨뜨림으로써 인간 내면에 있는 신의 목소리를 덮어버리는 것이다. 키에르케고르는 기독교회가 신적인 것을 마구 남용하여 그것을 (인간에게서) 빼앗아 갔으며, 기독교회는 '단지 인간을 영원의 세계로 여행을 안내하는 기업, 여행간 사람들이 되돌아오지 않음으로써 신용이 실추될 까닭이 없는 (안전한) 기업일 뿐'이라고 비난했다.

키에르케고르에 대한 비판

그러나 키에르케고르의 사상은 공포스러운 것이다. 하이데거가 그에게 한 가혹한 말에 따르면, 우리는 '키에르케고르는 사상가가 아니라, 기독교 작가'[8]라고 비판할 수 있다. 아니면 키에르케고르는 철학자라기보다도 신앙인이라고 보아야 할 것이다. 그는 진리를 발견하기 위해서 이성에 기대지 않고 이성의 능력을 의심했다. 이전에 파스칼이 했던 것처럼, 그는 철학 자체와 철학의 위선적인 모습을 비판하기 위하여 온갖 합리적인 논증을 동원했는데, 그것은 신앙의 중요성을 분명히 하기 위함이었다.

키에르케고르의 신앙심은 그가 처한 삶의 상황, 특히 그가 받은 끔찍한 교육에 의해 설명될 수 있다. 그는 매우 연로한 아버지(그가 태어날 때 이미 56세였던)에 의해 형성된 분위기, 즉 신을 두려워하는 분위기에서 자라났다. 그의 아버지는 젊고 가난한 목자였던 시절, 신을 저주한 적이 있었다. 훗날 사업에서 성공하여 부자가 된 그의 아버지는 자신의 아이를 가진 하인과 결혼해야만 했다. 그의 아버지는 자신이 저지른 죄에 대해 벌이 내리지 않자, 자식들이 장차 자신의 죄값을 치르게 될 것이라고 결론지었다. 두 아들의 죽음(막내인 키에르케고르가 각각 6살 그리고 9살이었을 때) 때문에 아버지의 이러한 불안과 죄의식은 더욱더 증폭되었다.

키에르케고르가 받은 '인간적으로 미친' 교육이 그의 사상에 끼친 영향을 어렵지 않게 파악할 수 있다. 게다가 신학박사 학위 소지자인 키에르케고르가 예정된 목사직을 포기하고 사랑하는 여인과의

---

8) 하이데거, 『오솔길 Holzwege』 중 "신은 죽었다"는 니체의 말.

결혼을 파기한 이유는 아마도 성적 불능, 정신적 발작 증세, 정신분열증 때문이었을 것이다.

역사가들은 모든 전제와 가정을 배제하지 않는다. 그의 '거부의 모럴'은 정상적으로 살아갈 수 없는 데에 대한 보상으로 추정된다. 필자가 어떤 사상을 그 사상가의 삶의 역사에 비추어 설명하는 것을 좋아하지 않더라도, 키에르케고르의 경우, 삶의 여정에 의한 사상의 설명이 그럴 듯해 보인다.

사실상 키에르케고르는 (그가 우습게 여기는) 헤겔의 철학 체계와 같이 보편적인 합리성의 사상, 더 근본적으로는 철학의 가능성마저 부정하고 있다. 그에 따르면, 개인적 실존과 연결된 주관성만이 유일하게 받아들일 수 있는 관점이다. 그러나 더 정확히 말하면, '그의' 실존적 삶과 관련된 것으로 보이는 '그의' 사상은 우리와 관계 없는 그의 견해일 뿐이다. 왜냐하면 우리는 그와 동일한 삶과 감정을 가지고 있지 않기 때문이다.

그와 반대로 우리는 이성으로 모든 사람들에게 가치 있는 진실에 도달할 수 있다는 철학적 담론의 기본 전제에 동의할 수 있다. 우리가 그렇게 생각하지 않는다면, (철학적) 담론이 어떤 진실에도 이르지 못하고, 타인에게 어떤 선도 제시하지 못한다면, 오히려 침묵을 지키는 편이 낫다. 왜냐하면 그런 경우 말이란 타인을 마음대로 조종하는 폭력적 행위이기 때문이다.

성 아우구스티누스적인 비관주의 철학 전통

그러나 키에르케고르가 절대로 (철학 전통에서) 고립된 사상가가 아니라는 점을 살펴볼 필요가 있다. 그는 성 아우구스티누스(354~430)

의 기독교 해석학에서 연원하고 루터에서 재발견되며 파스칼의 장세니즘(역주 : 신의 은총과 예정설에 바탕을 둔 장세니우스[1585~1638]의 엄격한 기독교 교리)을 거쳐 프로테스탄티즘에 이르는 오랜 철학(과 신학) 전통의 계승자이다.

이들의 공통된 주장은 인간이란 원죄로 인해 본질적으로 악한 존재라는 점이다. 그렇기 때문에 인간은 사악한 욕망에 순응하고 악을 즐기는 것이다. 인간은 자신의 행동과 작업을 통하여 선을 행할 수 있고, 구원을 받을 수 있다는 펠라기우스(역주 : Pelagius 360~422. 원죄설을 부정하고 인간의 자유의지를 강조함으로써 성 어거스틴의 비판을 받았다.)의 생각은 이단으로 취급된다. 신이 요구하는 바의 관점에서 보면, 모든 인간은 죄인이고 인간은 신의 은총을 통해서만 구원을 얻을 수 있다. 근본적으로 신의 은총은 무상적(無償的)이고 자의적이므로 어떤 인간도 스스로(의 노력에 의해) 구원받을 수 없다. 우연히 선택된 자들만이 구원받을 수 있다.

우리는 신의 은총만이 인간에게 좋은 행동을 완수하도록 믿음과 힘을 불어넣는다고 생각할 수 있다. 이것이 배덕한 성격을 갖는 예정설이다. 루터가 주장하는 것처럼, 독실한 신앙을 가진 사람들만 신의 은총을 받을 수 있다. 믿음을 지니는 것만이 구원받을 수 있는 유일한 방법이다. 인간의 이성이란 나쁘고 힘 없는 것이라는 생각도 이러한 교리와 맥락을 같이하는 것이다. 특히 절대적이고 형이상학적 현실, 즉 신과 관련하여, 이성은 진리를 알아낼 수 없다. 그것은 철학을 무시하는 주장으로서, 루터와 파스칼과 키에르케고르가 공통적으로 갖고 있는 생각이다. 이성을 가지고 신이 무엇인지 이해할 수 없고, 심지어 성서를 설명하려 들지도 말아야 한다. 신이 무엇인지 모를 바에야 신을 믿어야만 한다. 그렇지 않다고 주장하는 것은 오만함에서 생기는 죄악이다.

루터는 '이성은 악마의 창녀'라고 했다. 성 아우구스티누스의 생각처럼, 이성이란 신학의 시녀로 봉사하기에도 적절치 않다. 이것이 이른바 부정적 신학이 근본적으로 주장하는 바이다. 인간은 신이 누구인지 알아볼 필요 없이 그냥 신을 믿어야 한다. 자신이 믿는 것이 무엇인지 알아보지 않고 무조건 믿어야 한다고 말하는 것은 일견 어처구니없는 일처럼 보인다.

그러나 진정한 신앙은 어떠한 증거도, 설명도, 지식도 없는 바로 거기에 있다. 그것이 더 부조리하고 더 모호할수록, 신앙은 더욱더 절대적이 되는 것이다. 그리고 모든 욕망은 좋지 않은 것이고 죄를 불러오기 때문에 지상의 행복을 거부하고 쾌락을 극히 절제해야 한다. 따라서 유일신을 섬기는 기독교는 이 세상에서의 행복 추구와 예지에 상반되는 것이다.

이원론적 사상의 영향

그럼에도 불구하고 성 아우구스티누스적인 사상은, 유일신을 섬기는 유태교와 기독교의 정확하고 심오한 표현이라고 볼 수 없다. 사실 그러한 생각들은 마니교와 같은 이원론에 영향을 받은 특별한 해석이라고 볼 수 있다.[9] 성 아우구스티누스는 기독교인이 되기 전에 마니교를 믿었다. 기독교로 개종한 후 그는 마니교를 통박하였지만, 그의 정신은 여전히 그것의 흔적을 지니고 있으며, 원죄에 관한

---

9) 이것은 클로드 트레몽탕Claude Tresmontant이 여러 저서에서 주장한 바이다. 가령, 기독교 초기 5세기 동안에 관해 쓴 『기독교의 형이상학과 기독교 철학의 탄생』 (1961).

비관적인 이론에서 그 편린이 재발견된다.

이원론이란 태초에 좋은 원칙과 나쁜 원칙, 빛의 신과 어둠의 신이 있었다고 주장하는 모든 교리를 일컫는다. 이원론은, 플라톤주의를 전파시킨 오르페우스 숭배와 같이 그리스에 존재했던 수많은 민간 신앙에서, 그리고 나중에는 기독교 초기 시대 이단의 한 형태였던 그노시스 설(說)에서 발견된다. 이원론의 가장 중요한 종교 형태는 3세기 페르시아의 마니 Mani가 주창하였고, 나중에 로마나 중국에 전파되어 수세기 동안 번성했던 마니교이다.

마니교는 11～12세기에 기독교 이단의 한 형태 (가령 프로방스의 알비주아 Albigeois의 카타리의 이단)로 다시 나타났다. 수많은 형태[10]로 존재하는 이원론은, 급진적인 이원론(공존하는 두 가지 영원의 원칙)과 완화된 이원론(또는 왕정파 이원론 : 최초 신의 발출을 나쁜 원칙으로 삼는 이원론)으로 분류된다. 이원론의 가장 강한 형태에 따르면, 세상은 좋은 신의 작품이 아니라 나쁜 신의 작품이라는 것이다. 인간의 영혼만이 좋은 신성의 섬광을 지니고 있으므로, 어떤 대가를 치르고라도 사탄과 같은 세계에서 스스로를 구원해야 한다.

이제 왜 카타리(cathares: 중세 기독교의 이단으로서 그리스어 어원은 '순수한 자'의 뜻)파가 해방의 수단으로서 자살을 권하고 잉태와 거울을 부정했는지 알 수 있다. 잉태와 거울은 나쁜 물질적인 현실을 '재생산'하는 성질을 갖고 있기 때문이다. 아이를 낳는다는 것은 순수한 영혼을 부패한 물질 속에 가두게 하므로 일종의 범죄 행위이다. 게다가 카타리 파는 절제와 금욕을 할 수 없는 사람들에게 돼지와 같

---

10) 좀더 자세한 정보를 얻기 위해 미르세아 엘리아데와 이오안 쿨리아노 Ioan P. Couliano의 『종교 사전 Dictionnaire des religions』(1990, Plon)과 참고 문헌을 참조할 것.

이 온갖 쾌락에 탐닉할 것과 방탕과 통음난무(痛飮亂舞)에 흠씬 빠질 것을 권했다. 그 이유는 인간이 이것으로 인해 살과 고기에 혐오감을 느끼고, 인간으로 하여금 그 혐오감을 통하여 미래의 정신적인 고양을 위한 기반을 닦게 하는 데 있다. 이러한 충고는 그 종교를 더욱더 매력적으로 만들었다. 그후 카타리 파들은 종교적이고 정치적인 이유로 프랑스 왕들에게 처형당했다.

기독교 신화에서 완화되고 온건한 이원론의 몇 가지 편린이 재발견된다. 가령 '암흑의 군주'인 사탄과 같은 인물과 심지어 이브를 유혹에 빠지게 한 뱀에서 그 편린이 발견된다. 특히 중세나 로마 시대에 풍미했던 대자연과 물질을 혐오하던 사상의 영향이 돋보인다. 그것은 조각이나 건축물에 잘 나타나 있다. 조각에 나타난 인물들은 거칠고 왜소하였으며, 건축의 원칙에 있어서 순수하고 이상적인 형태, 신적 상징인 곧은 선과 원이 선호되었고, 베젤레 Vézelay에서 볼 수 있는 것처럼, 반원의 궁륭이 많이 굽어 있는 경향을 보였다. 13세기 고딕 시대부터 물질과 새로운 관계가 형성되었다. 성모 마리아와 성인의 조각상이 사실적이고 '부르주아적'이며 심지어 아름다워졌다. 건축은 '돌을 춤추게' 하고 성역(聖域)에 빛의 물결을 침투시키는 거장의 예술 영역이 되었다.

모든 자연적인 것, 욕망과 쾌락 특히 성욕에 연관되는 모든 것에 대한 증오심이 19세기 도덕적 엄격주의 le puritanisme에서 재발견된다. 이 시대의 가장 커다란 관심사는 침실의 이야기, 육욕의 죄악이었는데, 이것은 여자의 미덕을 보장하고, 여자로부터 성적인 쾌락에 관한 모든 생각을 멀리하여, 결국 고해신부를 통해 여자에게 공포심을 불어넣고자 했다. 기독교가 이러한 용도로 환원되고, 부르주아들이 유급 노동(특히 아이들의 유급 노동)을 착취함으로써 부를 축적하게 하는 타락한 사회 질서를 유지하는 데 공범 역할을 했다는 점은 모든 종교적 가치를 스스로 배반한 셈이다.

여러 가지 형태의 살인이나 노예 상태가 진정한 죄악과 범죄가 아닌가? 자유분방한 사랑, 성적 쾌락, 불륜을 (살인과 노예 상태에 버금가는) 치명적인 범죄로 여기는 것이 과연 합리적인 생각인가? 물론 그렇게 생각한다는 것은, 가치의 의미와 증감하는 악의 의미를 모두 상실하는 정신병적인 생각의 징표이다.

이것은 기독교와 유일신을 섬기는 종교의 참다운 표현이 아니라, 그것의 회화화(戱畵化)나 몰락을 뜻하는 것이다. 마찬가지로 인간은 타락한 존재로서 영원토록 신을 두려워하며 살아가야 한다고 주장하는 루터적인 페시미즘도 지상에서의 행복을 배제하는 것이다.

성 토마스의 신의 사랑

모든 종교 사상가들이 이와 유사한 생각을 주장하는 것은 아니다. 13세기 철학자이자 신학자인 성 토마스 아퀴나스(1228~1274)가 그 경우인데, 그는 바티칸 I세의 공의회에서 처음으로 인정받은 후, (많은 생각의 시간을 가진) 카톨릭 교회로부터 1869년 공식적인 철학자로 다시 인정받았다. 성 토마스 아퀴나스에 따르면 예수가 전하는 중요한 메시지는, 히브리 선지자들이 전하는 모습과는 달리, 하나님은 질투하거나 위협적이거나 복수하거나 심술 사나운 신이 아니라는 점이다. 하나님은 선하며 사랑이다. 세계와 인간을 창조한다는 것은 무의지적 작업이나 기분 전환이나 오류가 아니라, 사랑의 행위이다(이 세계를 창조한 것은 나쁜 원리가 아니고 유일하고 진실된 신이다).

창세기는 하나님이 자신의 작업을 마쳤을 때 그것을 바라보면서 만족했다고 전한다. 그러므로 세계는 좋은 것이다. 좋은 신의 창조물인 인간은 전적으로 나쁘거나 부패한 존재가 아니다. 분명히 인간은 악을 저지를 능력(인간은 이것을 의식한다)을 갖고 있지만, 루터나 아우구스티누스의 주장과 반대로 자유의지와 선을 선택하여 실행할 가능성을 갖고 있다. 신이 창조한 세계와 인간의 자연적인 욕망은 본질적으로 나쁜 것이 아니다.

가령 성적 욕망은 그 자체로서 비난의 대상이 아니다. 성적 욕망은 지상에서 인간 삶의 영속을 가능케 하며, 신으로 하여금 새로운 생명을 창조할 기회를 제공한다. 간략히 말해서 성적 욕망은 신의 창조적인 작업에 참여하고 있는 것이다. 그와 반대로 성적 욕망이 지나치거나 지배적이 되어 싸움과 폭력(강간과 같은)을 일으킨다면, 그것은 나쁜 것이 되고 만다. 그러므로 법에 따라 이러한 욕망을 수로화(水路化)하는 편이 낫다. 성적 욕망은 오로지 아이를 낳는 데 쓰일 경우에만 좋은 것이다. 성적 욕망에 교육이 뒤따를 때만, 아이를 낳는다는 것은 가치 있는 것이고, 그것은 신성한 것으로 여겨야 하는 결혼에 대한 존중을 요구한다.

현대적 관점이나 욕망하는 인간의 관점에서 볼 때, 이러한 율법은 지나치게 엄격하게 보일지 모르나, 그러한 율법은 본능이 제멋대로 날뛰는 '무정부적' 상태 (누구보다도 여자와 아이들이 그로 인한 고통을 감내해야 하는)보다 훨씬 나은 것이다.

신의 진정한 요구는 사랑이다
기독교 교회를 세운 사도 바울이 발전시킨 예수의 두 번째 메시지는 유태법을 존중하는 것만이 신이 인간에게 바라는 가장 중요한 것이 아니다. 유일한 가치를 지니는 것은 바로 사랑이다. 이웃에 대한 사랑은 하나님의 법 정신이다. 하나님의 법을 적어 놓은 계율의 세세한 부분은 이러한 신의 사랑을 실현하는 방식을 지시하는 것에 불과하다.

바리새인과는 달리 예수는 사랑하는 마음 없이 하나님의 법을 매우 세심하게 지키려 하는 것은 아무런 의미가 없다고 했다. 그 반대로 사랑하는 마음으로 계율을 어길 경우, 그것은 악이 아니라, 선이다. 그리하여 예수는 (일반 사람들과 유태교 교회의 관점에서) 엄청난 죄인인 옛 창녀 출신의 막달라 마리아를 제자와 길동무로 삼았고 다음과 같은 말을 했다.

"이 여인은 엄청나게 사랑하였으므로 용서받을 수 있다."

그렇지만 하나님의 율법이란 인간 존재의 생존과 발전에 필요한 틀이다. 타인을 존중하며, 살인하지 말고, 남의 재산을 훔치지 말아야 한다. 이것은 적어도 인생을 살아가는 데 필수적인 것이다.

이성의 수월성 – 성 토마스 아퀴나스

좋은 신이 인간을 창조했다면 인간의 이성도 전적으로 무능력하거나 나쁜 것이 아니다. 인간은 현실에서 어떤 것을 간파할 지적 능력을 갖고 있다. 성 토마스에 따르면, 고대 그리스 철학, 특히 아리스토텔레스의 철학은 이성의 작업의 표현이다. 전 로마제국에 전파된 플라톤주의는 제국의 몰락 후에도 살아남아 성 아우구스티누스와 같은 기독교 교회의 모든 사제와 학자들에게 많은 영감을 주었다(물론 플라톤주의와 성경 메시지의 화합을 꾀하고, 플라톤주의를 통해 성경을 해석하는 데 어려운 점이 없었던 것은 아니다).

이와는 달리 수학과 의학과 철학을 가꾸고 풍요롭게 만든 아랍문명만이 아리스토텔레스 철학과 후기 그리스 과학을 구원했다. 기독교 학자들은 십자군 원정에서 환상적인 아랍문화를 발견하고, 아랍문화를 통하여 그리스 과학을 재발견하는 기회를 맞아 열정적인 태도를 보였다. 그러나 그리스의 합리적이고 철학적인 진리와 성경의 계시적 진리를 어떻게 절충할 것인가라는 어려움이 따른다.

16세기 루터가 주장한 것처럼, 아리스토텔레스는 이교도이기 때문에 그의 생각은 전적으로 틀린 것이며, 이성이란 '악마적이고 파렴치한' 성격을 지니는가? 성 토마스는 둘 사이의 실제적인 갈등이란 없다고 말하면서, 아리스토텔레스 철학과 기독교적 신앙을 절충하고 화합하여 인류의 탁월한 지적 노력의 종합적인 결과를 만드는 데 진력했다.

가령 성 토마스는, 아리스토텔레스가 히브리 선지자들의 계시를 전혀 받지 않은 다신교의 세계 속에서 살았을지라도, 논리적인 사고를 통해 우주에는 하나의 원칙, 무시간적인 유일신만이 존재한다는 결론에 이르렀다고 했다.

이에 의하면, 잘 훈련된 이성은 인간과 우주의 기원과 신에 관한 진리를 발견할 수 있게 한다는 성 토마스의 주장을 뒷받침해 준다. 그밖의 진리들은 이성에 의해 정립될 수 없으며, 인간은 선지자나 그리스도의 계시를 통해서만 이러한 진리에 다가갈 수 있다. 인간은 그것을 증명할 수 없으므로 믿을 수밖에 없다. 그것은 철학적 진리가 아니라 순전히 신학적 진리이다. 그럼으로써 이성과 신앙 사이에 분명하고 갈등 없는 관계가 설정된다.

왜 신은 세계를 창조하였는가

이제 남은 것은 신이 인간을 창조한 이유와 그가 인간에게 기대하는 것에 대한 논의다. 인간은 이성과 계시를 가지고 이러한 질문에 대답할 수 있기 때문이다. 이것은, 다른 종교는 물론이고 심지어 프로테스탄티즘과 같은 기독교의 형태와 달리, 카톨릭 종교가 공식적으로 지지하는 입장이다. 그러나 오늘날 많은 카톨릭 신자가 있다고 하더라도, 그들 모두가 이에 대해 분명히 알고 있지 못하거나 찬성하지 않는다. 재미있는 것은 오늘날 수많은 프로테스탄트 신자들이 과거의 카톨릭 교도처럼 생각하고, 카톨릭 교도들은 예전의 프로테스탄트 교도처럼 생각한다는 사실이다. 이들의 논쟁은 옆으로 제쳐놓고 중요한 질문에 대한 카톨릭의 답변이 무엇인지 알아보자. 신앙의 여부를 떠나서 이러한 대답을 알아본다는 것은 흥미로운 일이다.

일반적으로 말하기를 신이 자신의 영광을 위하여, 그리고 인간이 신을 기리게 하기 위하여 인간을 창조했다고 말한다. 그러나 그러한 생각은 조금 비논리적으로 여겨진다. 신이 완벽하고 절대적인 존재라면, (위와 같은) 허영기 어린 약한 모습을 드러낼 것인가? 다른 한편 세계는 매우 불완전하고 세상에는 범죄가 창궐하고 있다. 세상에 악이 존재한다는 것은, 가장 널리 퍼져 있는 신의 존재를 부정하려는 주장이다. 신이 존재한다면, 세상의 모든 악을 가만히 놔두지 않을 것이며 범죄를 반드시 처벌할 것이다.

이에 대해 성 토마스는 어떻게 생각하는가? 선한 신은 인간에게 신성(神性)을 부여하기 위해, 인간을 창조하였고, 인간에게 영생을 약속했다는 것이다. 인간은 창조주와 함께 살아가면서, 신을 생각하고 특히 신의 창조적 작업에 참여할 것이다. 바로 그것이 파라다이스이다. 구름 위에 앉아 하프를 연주하는 천사들의 모습이 연상되는 천국의 이미지는 분명 일반적인 상상력이 그려내는 것이다. 영원한 삶과 이러한 신성화에 값하기 위해서 인간은 신처럼 선을 추구해야 한다. 인간은 (신의) 창조적 방향으로 작업해야만 한다. 이것이 신이 인간을 창조하고 그에게 자유의지를 부여한 이유이다.

자유롭다는 것, 그것은 행동에서 선과 악 사이에 하나를 선택해야 하는 자유이다. 신은 항상 선만을 행하는 완벽하게 선한 인간을 창조할 수 있었고, 그러한 삶은 매우 기분좋은 것이었으리라. 그렇다면 인간은 그가 행한 선에 대해 어떤 보람도 느끼지 못하고, 신의 창조도 아무런 의미를 지니지 못할 것이다. 인간은 단지 신의 손바닥 안에서 노는 로봇이나 꼭두각시에 불과할 것이다. 그 대신에 신은 인간이 악을 행할 수 있는 자유를 부여했다. 어떤 의미에서 신은 자신의 전능한 힘을 버리고 인간에게 자유를 선물했다. 창조란 사랑의 행위이자 희생이다.

신이 (인간에게) 원하고 기다리는 것은, 인간이 생물학적 결정론과 이기심을 극복하고 이웃을 사랑하고 선을 행하게 되는 것이다. 이러한 사람들은 신으로부터 선택받을 것이며, 신과 영원한 삶을 함께 누리게 될 것이다. 신은 무한한 사랑을 할 수 있으며 선을 위해 일할 수 있는 다른 존재들을 원했다. 신은 스스로 닫혀 있거나 자신의 완벽성만을 추구하지 않으며, 또다른 존재들을 잉태하려는 사랑과 욕망으로 충만한 절대적인 존재이다.

악의 원인

바로 이것이 신이 세계와 인간을 창조한 이유, 악이 필연적으로 존재해야 하는 까닭이다. 그러나 악은 신에 의해 그대로 만들어졌거나 창조되지 않았다. 신은 존재의 충만함이고, 그의 사랑은 존재의 창조인 반면, 악이란 존재의 결핍이나 존재의 부족이다. 그러나 의식 있고 자유로운 인간들이 태어나면서 이들이 악을 선택할 수도 있다는 것은 논리적으로 당연한 귀결이다.

지상에 널리 퍼져 있는 악은 항상 엄연한 인간이 저지른 행위이다. 전쟁을 보면 분명히 드러난다. 세상에 굶주림과 비참함이 존재하는 것은, 전쟁이 일어나거나 (좋지 못한 인간 조직으로 인해) 부의 재분배가 균등하게 이루어지지 않기 때문이다. 그리고 잊지 말아야 할 것은, 진정한 악이란 육체적으로 고통받거나 죽어가는 것이 아니라, 타인을 고통스럽게 만드는 도덕적인 악이다.

왜냐하면 우리 인간이 증오심 없이 순수한 마음만 갖고 있다면, (아마도) 영생이 우리를 기다리고 있기 때문이다. 마찬가지로 가뭄이 들어 먹을 것이 없어 고통당하거나 굶어 죽는다면, 그것은 '스캔들'(도덕적인 악으로서의 충격)이 아니라, 부동의 일반 법칙을 따르는 대자연의 흐름 때문이다. 진정한 스캔들이란 다른 사람의 잘못(자신의 이기심이나 쾌락을 얻기 위하여 나에게 저지른 잘못)으로 인하여 내가 고통받거나 죽는 것이다.

신의 선함이란 정의를 표현한다. 왜냐하면 이 세상에서 권력과 부를 가진 범죄자, 암살자, 착취자, 고문하는 자들이 언젠가 그들이 저지른 죄에 따라 처벌받는 것이 정의롭기 때문이다. 그러나 신은 이 세상에서 드러나게 개입하거나 처벌하지 않는다. 그것은 인류의 공통적인 욕망에 반하는 것이고, 씁쓸한 불평을 늘어놓는 욥과 같은 인간을 하나 더 슬프게 만들고 그에게 충격을 가하는 것이다.

민간에 퍼져 있는 미신은 신의 개입의 징표를 곳곳에서 주목하고, 재난을 방지하거나 병을 치료하거나 복권 당첨을 도와주는 등 한마디로 우리의 행복을 주관하기 위하여 신이 개입하기를 원한다. 이것은 민간에 퍼져있는 미신이다.

이 세계는 거쳐가는 곳에 불과하며, 진정한 행복은 다른 세계에 있다. 이 세상은 영원한 삶과 신의 긍휼에 값하는 자들을 가려내기 위한 시련의 장소이다. 이 세상은 대자연과 인간의 세상이다. 이 세상은 대자연의 물질적인 일반 법칙을 따른다. 그렇지 않으면, 삶이란 불가능한 것이다. 이 세상은 인간이 만드는 대로 될 것이다. 게다가 신은 항상 정의의 승리를 위해 인간 세상에 개입하는 것을 즐기지 않는다. 왜냐하면 신의 현존의 표시는 너무 빛나기 때문에 인간은 선을 행하고 그의 법을 따르는 데 아무런 의미와 가치를 느끼지 못할 것이기 때문이다. (신의 빛나는 현존으로 인해) 인간은 사랑이 아니라 두려움과 이해 관계로 선을 행할 것이다.

성 토마스에 따르면, 신은 일단 세계를 창조한 후, 신의 영감을 받은 선지자들의 입을 통해 그리고 그리스도의 형태로 육화되어 나타나면서 그의 기다림을 인간에게 알리는 데 자신의 행동을 국한시킨다. 주요한 메시지가 계시로 전파되므로, 각자는 자신의 입장을 자유롭게 취할 수 있다.

법과 믿음에 의한 행복

카톨릭의 관점에서 볼 때, 이 세상은 시련의 장소이고 '눈물의 게곡'이므로, 그 안에서 인간은 어떤 행복도 맛볼 수 없지 않은가? 그러나 반드시 그렇지 않다. 한편으로 인간은 악을 위한 악을 원하지는 않고, 자연적으로 자신의 행복을 욕망한다.

인간은 단지 신을 생각함으로써, 그리고 플라톤이 말한 것처럼 절대와의 합일을 통해서 행복에 도달할 수 있는 것이다. 인간 각자의 욕망 깊은 곳에 선한 구석이 있고, 그것의 진실은 절대에 대한 욕망이다. 그러나 대부분의 사람들은 욕망하는 대상과 행복해지는 좋은 수단에 대해 잘못 생각한다.

악은 바로 이러한 오류에서 나타난다. 신의 율법은 많은 욕망의 충족을 금지시킴으로써 행복을 빼앗아 가는 것처럼 보이나, 그것은 겉보기에 불과하다. 신의 율법은 인간을 행복의 헛된 환상, 즉 부와 방탕과 범죄 등에서 발견할 수 있는 헛된 환상에서 벗어나게 한다. 사실상 인간의 본성이 나쁘지 않기 때문에, 인간이 신의 법에 복종하고 이웃을 더 사랑하고 이기주의를 극복함으로써, 인간은 행복과 충만감을 깊이 느낄 수 있다. 그리하여 인간은 채울 수 없는 욕망에 사로잡히지 않고, 대자연의 아름다움과 살아 있음 그 자체라는 경이로운 선물에 경탄하면서, (에피쿠로스의 현자처럼) 매우 적은 것에 만족하고 단순한 것에 기쁨을 느끼는 법을 배운다.

신의 메시지를 듣고 이해한 사람, 인간에 대한 신의 사랑을 깨닫고 신을 사랑하는 사람, 신의 피조물을 사랑하면서 그가 신의 창조적인 작업에 참여한다는 사실을 아는 사람이 신에게서 받는 힘은 무엇인가? 영원한 삶에 대한 희망은 지상에서의 삶의 비참함을 상대화하는가? 우주의 목적성에 대한 확실한 이해, 나의 나약함을 용서해주는 창조주의 선함에 대한 믿음, 나라는 존재의 본질적인 운명에

대한 자각 등은 삶의 우여곡절을 가벼운 마음으로 견디게 할 에너지
를 주지 않는가?

　새와 비슷한 삶 (내일을 걱정하지 않고 오늘 노래하는)을 요구하는 예
수의 말씀을 생각해 보자.

　　'공중의 새들을 보아라. 그것들은 씨를 뿌리거나 거두거나 곳간에 모아 들
　이지 않아도 하늘에 계신 너희의 아버지께서 먹여주신다. 너희는 새보다 훨
　씬 귀하지 않느냐? 너희 가운데 누가 걱정한다고 목숨을 한 시간인들 더 늘
　일 수 있겠느냐? 또 너희는 어찌하여 그렇게도 믿음이 약하냐? 오늘 피었다
　가 내일 아궁이에 던져질 들꽃도 하나님께서 이처럼 입히시거든 하물며 너희
　야 얼마나 더 잘 입히시겠느냐? 그러므로 무엇을 먹을까, 무엇을 마실까, 또
　무엇을 입을까 하고 걱정하지 말라. 이런 것들은 모두 이방인들이 찾는 것이
　다. 하늘에 계신 아버지께서는 이 모든 것이 너희에게 있어야 할 것을 잘 알
　고 계신다. 너희는 먼저 하나님의 나라와 하나님께서 의롭게 여기시는 것을
　구하여라. 그러면 이 모든 것도 곁들여 받게 될 것이다.'

　　　　　　　　　　　　　　　　　　　　　　　　　<마태복음 9장 26절~23절>

　이것은 걱정 근심없는 마음에 대한 예찬이다. 인간은 본질적인 것
을 깨달음으로써 하찮은 걱정과 근심에서 해방된다. 이것은 기독교
신앙의 좋은 점인 동시에 (인간으로 하여금) 지상의 삶에서 영원한 삶
의 충만한 행복감을 기대하게 한다.

절대선에 이르는 다양한 길들
　이웃에 대한 사랑은 생각보다 엄청난 요구가 아니다. 사실 인간은

유한한 존재이고 '모든' 인간을 사랑한다는 것은 이상에 불과하다. 그렇지만 모든 사람들을 존중하고 그들의 행복을 위해 노심초사한다는 것은 그렇게 어려운 일이 아니다. 인간 세계는 박애주의자들로 가득차 있다. 다만 어려운 점은 '자기 자신만큼' 타인을 사랑하는 일이다. 참으로 한 존재를 사랑한다는 것 자체가 아무도 사랑하지 않고 완벽한 이기주의자가 되는 것보다 훨씬 나은 것이다.

오늘날 많은 사람들처럼, 모든 인류를 추상적이고 관념적으로 사랑하기 전에, 자신의 이웃을 사랑하고 위험에 빠진 사람들을 돕는 행위가 더 구체적이고 현실적이며 그 자체로서 좋은 것이다. 절대선에 이르는 길은 다양하다. 아이들을 사랑하고 잘 가르치는 사람은, 영혼을 가르치고 고결시키는 사람처럼 이미 고결하고 너그러운 정신의 차원에 있다. 그러므로 테레사 수녀의 헌신적인 삶이 단 하나의 가치 있는 삶의 방식이고, 그녀의 삶을 모방하지 않는다면 벌을 받게 된다고 생각해서는 안 된다. 인간의 재능과 소명은 다양하기 때문이다. 중요한 것은 우리에게 맡겨진 바가 결실을 맺어야 한다. 그리고 절대선을 실현하기 위해, 우리의 성향과 능력에 따라 자기 나름대로의 방식으로 노력하고 일했다는 사실이 중요하다.

종교는 예지를 배제하지 않는다

우리는 이 장의 논의에서 섣불리 신의 존재를 합리적으로 증명하려 들거나, 여타의 종교에 반대하면서 유일신 숭배에 관하여 토마스 아퀴나스적이고 카톨릭적인 해석이 옳다고 주장하지도 않았다. 이 모든 것은, 그 결과를 미리 예측하고 확신할 수 없는 엄청난 형이상학적 분석을 필요로 한다. 필자의 주장은 매우 겸손한 것이다. (우리의 주장은) 단지 도덕적 근거를 제시하는 유일신의 존재에 대한 개념이 철학적, (더 정확히 말하여) 아리스토텔레스적 예지와 이상을 훼손하지 않는다는 점을 보여주는 데 있다. 그리고 앞선 논의를 통해 만들어진 (신의 개념을 포함시키는) 예지의 개념과 병립할 수 있는 신의 개념, 적어도 카톨릭 종교의 개념이 있다는 것을 인정해야 한다.

에피쿠로스와 불교
욕망은 채워질 수 없는 것인가

모든 희망을 잃어버린 사람만이 행복하다. 희망은
가장 고된 고문이고 절망은 가장 큰 행복이다.

기 원전 3세기경 에피쿠로스는 삶의 목적이 행복을 얻는 데 있
다고 생각했다. 그는 욕망의 만족을 통해 생겨나는 쾌락이 행
복에 도달하는 방법이라고 주장함으로써 현대인들과 비슷한 생각을
가졌다. 지금까지 그의 사상은 가장 일반적인 견해와 조금도 어긋나
지 않는다. 쾌락을 축적함으로써 행복을 얻을 수 있기 때문에 쾌락
을 추구해야만 한다. 이렇게 쾌락을 설파하는 입장을, 쾌락 hêdonê이
란 고대 그리스어 어원을 지닌 쾌락주의 l'hédonisme이라고 한다.

인간은 삶의 쾌락을 맛보고, 매순간마다 좋은 시간을 향유하도록
힘써야 한다. 이러한 삶의 태도는, 에피쿠로스의 유명한 가르침을 담
고 있는 격언 <까르페 디엠 Carpe diem>, 즉 '(열매를 따듯이) 하루하

루를 사시오'가 뜻하는 것이다. 바로 이것이 모든 현대인들이 공통 적으로 느끼는 점이다.

종교적 두려움과 미신의 극복

에피쿠로스에 따르면, 인간이 겪는 불안의 중요한 이유 가운데 하나는 종교적 두려움과 미신이다. 수많은 사람들이 여러 신들을 두려워하면서 살아간다. 사람들은 그들의 행동과 욕망이 신들(에피쿠로스는 유일신을 알지 못하였으나, 유일신을 믿는 사람들에게는 하나님을 뜻한다)의 노여움을 사지나 않을까, 그리고 신들이 인간의 부도덕하고 불경스런 행동을 하늘의 법에 따라 심판하지 않을까 두려워한다.

마침내 신들이 인간의 잘못을 엄하게 다스리기 위하여 태어날 때부터 인간에게 불행을 내리거나, 죽음 후에 그들을 벌할지도 모른다는 불안감이 늘 사람들의 마음을 지배하였다. 신들의 은총을 얻기 위해, 제신(諸神)들에게 지성 어린 경외심을 표하고, 기도를 올리고 청원과 예물을 헌정해야 한다. 왜냐하면 이에 민감한 신들은 조그만 일에도 노여워하고, 때로는 하찮은 인간의 단순한 행복에도 시기심을 느끼고, 그것을 즐겨 파괴하기도 하기 때문이다. 에피쿠로스의 관점에서 보면, 인간의 삶을 파괴하는 모든 종류의 신앙은 미신일 따름이며, 쓸데없는 짓거리에 불과하다.

이에 대해 확실한 논리적 근거를 확보하기 위해서는 사물의 근본에 대한 연구가 있어야 하고, 세계를 총체적으로 인식하는 학문으로서의 형이상학적 지식이 요구된다.[1] 형이상학은 모든 사물의 근본이

---

1) 형이상학이란 현실을 탐구하는 과학으로서의 철학을 일컫는다. 형이상학은 철학의 다른 분야들, 논리학(진리 탐구의 과학), 도덕 (선을 탐구하는 학문), 예지(행복에 관한 지식) 등과 비견

물질이고, 존재하는 모든 것은 물질로 이루어졌다는 것을 보여준다. 그럼으로써 과학은 세계에서 일어나는 모든 사건들과 대자연의 모든 현상, 마치 인간을 해치려는 의도와 다양한 의지를 지닌 신성(神性)이 배제된 채 물질적 메커니즘에서 생겨나는 것처럼 인간을 경악케 하거나 공포의 도가니로 몰아넣는 현상마저도 설명한다.

가령 악천후 때문에 재산을 날리고 파산했다면, 그것은 신이 당사자의 지난 날 과오를 처벌하고 복수한 것이라고 말할 수 없다. 그것은 단지 인간의 미래와 무관하고, 맹목적인 자연적인 힘이 초래한 결과이다. 바로 그것이 에피쿠로스의 로마인 제자 루크레티우스[2]가 저서 『사물 본질론De natura rerum』에서 완벽하게 정립하고 있는 이론이다.

루크레티우스는 자신의 책에서 여러 동일한 현상에 대해 많은 가능한 설명들을 하고 있으며, 중요한 것은 현상의 진정한 이유를 파악하는 것이 아니라, 자연 현상이란 의도성이 배제된 물질적 원인을 갖고 있다는 점을 아는 일이라고 주장하였다. 이것은 인간을 종교적

된다. 18세기, 라이프니츠의 제자인 볼프Wolff는 형이상학을 다음과 같이 네 분야로 분류했다.

−존재론 : 존재 일반에 관한 학문.
−우주론 : 세계에 관한 학문.
−심리학 : 영혼에 관한 학문.
−신학 : 절대적 존재에 관한 학문.

존재, 영혼, 세계, 신은 형이상학의 탐구 대상이다. <존재론적>이라는 형용사는 간단히 말하여 <존재에 관련되는>, 즉 존재 일반과 존재하는 것의 총체성과 관련되는 것을 뜻한다. 나는 형이상학이란 표현이 일반적으로 통용되는 것이기 때문에 이후에도 계속 사용하고자 한다.

2) (역주)로마의 시인(Titus Lucretius Carus, 기원전 98~55). 그의 리얼리즘적 상상력과 설득력있는 열정은 비르길리우스에게 영향을 끼쳤고, 로마 문화의 절정기를 이루었다.

불안에서 해방시켜 주기 때문에, 인간이 행복을 얻는 데 중요한 지식이 된다. 여기서 우리는 고대 그리스적 세계관이 현대 과학자들의 세계관과 얼마나 다른가를 알 수 있다.

죽음이란 아무것도 아니다

유물론적 형이상학은 가장 큰 두려움인 죽음의 공포로부터 인간을 해방하고자 한다. 인간은 죽음을 두려워하여, 죽음을 피하기 위해 모든 노력을 다한다. 그렇다면 인간이 죽음에서 두려워하는 것이 무엇인가? 죽는다는 것은 정확히 말하여 절대 미지의 세계로 뛰어드는 것이다. 인간은 죽은 후에 무엇이 기다리고 있는지 모르고, 지상에서 저지른 잘못에 대한 처벌로 끔찍한 고통을 겪지 않을까라는 막연한 두려움을 갖고 있다.

예컨대 기독교인들은 잘못된 행동으로 신의 용서를 얻지 못한 자는 지옥의 불속에 던져져 불태워질 것이라고 상상한다. 죽음에 대한 두려움은 종교적 미신과 밀접한 연관이 있으며, 인간은 유물론적 형이상학으로 인해 종교적 미신에서 해방된다. 게다가 우주 속의 모든 것은 물질로만 되어 있고, 살아 움직이는 모든 존재들처럼 인간도 원자의 집합체라면, 죽을 때 인간을 구성하고 있는 원자들도 분리되어 해체된다.

그리고 인간의 몸이 병들거나 다친다면, 어느 한 부분이 분해되기 시작하여 모든 부분으로 확산된다. 그 다음 인간이라는 존재 가운데 어느 것도 살아나지 못하고, 죽음 이후에는 아무것도 없으므로, '죽음은 인간에게 아무것도 아닌 것이다.' 육체의 생명, 사유, 감각, 움직임 등은 영혼에서 생겨나고, 육체가 죽은 후에도 이러한 영혼이 살아남을 것이라고 믿는 것은 그릇된 것이다. 왜냐하면 영혼 그 자체도, 보이지 않지만 분명 섬세한 물질로 되어 있기 때문이다.

그러나 영혼이 원자의 집합체에 불과하다면, 죽음이 찾아올 때 영혼 역시 분해된다. 일반적인 경험에 비추어 볼 때, 사람이 죽으면 즉시 생명, 감각, 생각, 움직임 등이 사라지는 반면, 육체의 많은 부분들은 거의 손상되지 않은 상태에 있다가 며칠 후 분해되기 시작하므로, 무엇보다 영혼이 먼저 분해된다고 생각해야 한다. 죽은 자에게 말을 걸거나, 만지거나, 꼬집어도, 그는 아무런 반응이나 감정을 보이지 않는다. 죽음의 첫번째 특징은 감각의 부재이다. 에피쿠로스는 "너는 죽음이 아무것도 아니라는 생각에 익숙해질 지어다. 감각에는 선도 악도 없고, 죽음은 감각의 부재이기 때문이다"라고 적고 있다.

사실상 인간이 몸으로 얻는 감각과 느낌, 그리고 몸을 통해 얻는 세계의 사물들에 관한 감각은 모든 지식, 쾌락, 고통의 원천이 된다. 쾌락만이 실제적인 선이고 고통은 악이기 때문에, 감각이란 모든 선과 악의 진정한 장소이다.

에피쿠로스 사상은 모든 내면적 삶이 감각에 바탕을 두고 있다는 일종의 감각주의로 여겨진다. 죽음이란 감각의 소멸이므로, 죽음에는 어떤 고통도 있을 수 없고, 특히 죽음 후에는 더욱더 그렇다. 그러므로 죽음 후에는 의식과 개인적 생각이 더이상 살아남지 못한다. 에피쿠로스는 '그리하여 악과 고통이 가장 공포스런 것이고, 죽음은 아무것도 아니다. 우리가 생존하는 이상 죽음은 아직 존재하지 않고, 죽음이 찾아오면 우리는 더 이상 살아 있지 않다'는 멋있는 말을 남기고 있다.

그러므로 나는 (신의) 어떤 처벌도 두려워하지 않고, 죽음 후에 나를 기다리고 있는 것에 대한 불안한 생각으로 삶을 망치지 않으면서, 이 세상에서의 쾌락을 마음껏 누리면서 살아갈 수 있다. 나는 지금 이 순간의 세상, 바로 내가 살아가는 삶에서 행복해야 한다는 것을 깨닫는다. 왜냐하면 다른 어떤 삶도 존재하지 않기 때문이다. 그러므로 지금의 삶 속에서의 나의 행복은 지체없이 추구해야 하는 진지하고 심각한 일이다. 이상은 유물론적 예지의 교훈이 말하고 있는 바이다.

욕망의 절제

우리는 지금까지 행복의 두 가지 부정적인 조건 ─ 삶을 향유하기 위해 제거해야 할 생각과 두려움 ─ 에 대해서 살펴보았다. 이제 우리는 어떻게 하면 행복에 도달할 수 있는가를 적극적으로 성찰해야 한다. 조금만 생각한다면, 불가능한 쾌락을 원한다는 것은 어처구니없는 일임을 알 수 있다. 그리고 지나친 식도락과 과식이 우리를 병들게 만들 듯이, 얻기 불가능한 쾌락은 좋지 않은 결과를 낳고 끔찍한 고통을 야기시킨다. 그러므로 욕망을 절제하고, 여러 욕망 가운데 선별해야 한다.

그런데 어느 정도까지 절제할 것인가? 에피쿠로스는 자연적이지 않은 욕망, 인간의 생존과 건강과 행복에 필요하지 않은 욕망은 모두 버리라고 말한다. 하지만 과연 인간의 여러 욕망 가운데 자연적인 것은 무엇인가? 특히 인간의 행복에 절대적으로 필요한 것은 무엇인가? 이에 대해 에피쿠로스는 정확한 답을 주지 않으나 매우 적은 것에 만족하라고 가르친다. 늘 좋은 음식만을 찾는 사람이, 돈이 없거나 다른 이유로 좋은 음식을 먹지 못할 경우, 또는 요리사가 음식을 망칠 경우, 그는 크게 실망하고 불행해질 것이다. 사치스런 욕망은 흔히 인간을 고통에 빠뜨린다. 그러므로 그런 욕망을 제거해야한다.

반대로 '자연적인' 음식 — 예컨대 약간의 빵과 물 — 만을 찾는사람은 쉽게 만족할 수 있고, 참으로 배고프고 목마를 때 생생한 쾌락을 맛볼 수 있다. 게다가 아무것도 원하지 않는 현자(賢者)라 하더라도, 향연에 초대받았을 때는 잘 차려진 성찬을 즐길 수 있다. 그러한 쾌락마저 금지된 것이 아니다. 다만 한 가지 조건은 그런 것에집착하지 않고, 욕망의 노예가 되지 말아야 한다는 것이다. 인간은자신의 욕망을 이성이라는 체로 쳐서 자연적이지 않거나 반드시 필요하지 않은 것, 인위적이고 과도하고 피상적이고 무용한 것은 과감히 버려야 한다.

그렇게 한다면, 우리는 현자가 될 수 있고 영혼의 동요가 없는 상태인 — 에피쿠로스의 말대로 — 아타락시아(寂靜, l'ataraxie), 즉 행복의 경지에 이를 수 있다. 실제로 인간의 영혼을 동요시키는 불안과열정과 과도한 욕망은 고통을 가져다 주며, 행복을 방해한다. 이 모든 것에서 벗어나는 것은 이미 행복에 한 걸음 다가가는 것이므로,쾌락이란 고통의 부재에서 생기는 것이라고 생각해야 한다.

에피쿠로스는 감각과 정신의 흥분 속에서만 쾌락을 느낀다는 일반적인 생각에 반하여 쾌락(이와 연관지어 행복)을 다시 정의하였으며,그로 인해 우리는 쾌락주의(에도니즘)의 본질이 무엇인가를 깨달았다.그러나 사람들은 에피쿠로스의 모럴이 무엇보다도 금욕과 욕망의절제(각기 목적은 다르지만, 수도사, 현자, 금욕주의자들이 추구하는 것들과 유사한)에 있다는 사실을 완전히 왜곡되게 해석하여 그의 모럴을 '성적 탐욕에 빠져 방탕에 몸을 뒹구는 돼지 같은 모럴'로 치부하여 하나의 굳어진 생각으로 만들었다.

에피쿠로스적 예지에 대한 비판

그렇지만 에피쿠로스의 예지는 적어도 세 가지 이유에서 만족스런 것이라고 볼 수 없다. 이미 언급했듯이, 에피쿠로스는 쾌락과 고통의 부재를 동일시하고, 행복과 적정의 상태를 같은 것으로 간주했다. 그런데 중립적인 상태와 현실적인 선(善) 사이, 그리고 제로(零)와 다른 숫자 사이에 차이가 있듯이, 이들 사이에는 차이가 있기 마련이다. 그의 철학은 인간에게 고통을 피하도록 하나, 진정한 행복을 주지는 못한다.

그런데 이것조차 의심스럽게 보인다. 사실 에피쿠로스는 수많은 욕망을 포기하도록 주문한다. 그러나 어떤 기준으로 욕망을 거부한다는 말인가? 단지 항상 많은 욕망을 채울 수 없는 생각, 그러한 욕망에의 예속이 언젠가 인간을 불행하게 만들 수 있다는 생각에서 욕망의 절제를 권하고 있다.

그러나 이러한 단순한 생각에서 나온 이유가 욕망을 제거할 힘을 지니는가? 그러한 이유로 해서 다가올 쾌락의 매력을 포기하고 행복의 약속을 깰 수 있는가? 그렇게 보이지 않는다. 인간은 금욕과 절제가 결국 욕망을 사라지게 할 것이라는 희망을 갖고 있으나, 단순한 의지적 행동으로 욕망을 제거할 힘을 스스로 가지고 있지 않으므로, 욕망의 만족을 포기하기 위해서 엄청난 노력이 요구된다.

이것이 의미하는 것은, 인간은 오랫동안 채워지지 않은 수많은 욕망 때문에 고통을 겪어야 하고, 이것은 행복과 배치되며 자신에게 끔찍한 행위를 저지르는 것이다. 세상과 쾌락을 멀리하고 정신적·도덕적 고통 속에서 은둔 생활을 하는 수도자는, 신의 뜻을 받들어 천국의 자리를 얻기 위해 신의 긍휼과 자비로움이 그의 고통을 보상해 주기를 원한다. 그런데 이러한 것을 전혀 믿지 않았던 에피쿠로스는 지상의 행복을 위해 수도승 같은 생활을 설파했다. 따라서 행복이란 많은 욕망을 거부함으로써 얻어질 수 없는 것처럼 보인다.

다른 관점에서 바라볼 때, 행복을 얻는 방법에 있어서, 에피쿠로스 철학은 단순한 만족 이상을 넘어서는 고결하고 고양된 목적으로 부터 등을 돌리게 한다. 그의 철학은 휴머니즘 정신에 바탕을 둔 행동이나 예술 작품 창작 계획과 같은 원대한 야망을 갖지 못하게 한다. 기아와 전쟁에 허덕이는 사람들을 구하려는 사람이나 숭엄한 예술 작품을 창작하려는 사람들은 실패할 가능성도 매우 높기 때문이다.

에피쿠로스는 이것을 비합리적이고 비자연적이고 필요치 않은 욕망이라고 말할 것이다. 그런데 그는 이렇게 주장함으로써 인간을 단순한 감각적인 존재, 순전히 이기적인 존재로 축소 환원시킨다. 달리 말하여 욕망의 절제를 가르치는 에피쿠로스적 예지는, 남의 것을 훔치거나 남을 속이는 것을 금지하여 타인에게 해를 입히지 않도록 하나, 다른 한편 에피쿠로스의 철학은 인간을 위대하거나 고귀하게 만들지 않는다. 그러므로 우리는 또다른 예지의 철학을 추구해야 한다.

불교 - 모든 욕망의 부정

불교는 에피쿠로스의 예지보다 훨씬 급진적인 예지를 제시한다. 부처의 가르침의 근본적인 세 가지 진리를 살펴보면,

첫째, 모든 삶은 고통이다.

둘째, 삶의 기원과 고통의 원인은 욕망이다.

셋째, 욕망을 제거함으로써 고통을 제거할 수 있다.

우리는 불교 사상을 다음과 같은 등식으로 설명할 수 있다.

삶 = 욕망 = 고통.

실제로 인간과 동물 등 모든 살아 있는 존재에서 볼 수 있듯이, 삶이란 살고자 하는 맹렬한 욕망, 다른 생물체로부터 자신을 보호하고, 스스로 먹이를 구하고자 살생을 하려는 욕망에 의해 지탱되는 것이다. 존재 안에 지속적으로 남아 있으려는 욕망, 세상과 떨어져 한 개체로서 남아 있으려는 욕망, 서구인들이 말하는 개인화의 욕망이 근본적인 욕망이다.

다른 한편, 욕망이란 결코 충족될 수 없고, 우리는 채워지지 않는 욕망으로 고통스러워한다. 게다가 살아 있는 생명체들은 자기 몫으로 지니는 병과 노쇠함으로 인한 육체적인 고통이 채워지지 않는 욕망에서 오는 고통을 배가시킨다.

간단히 말해, 사물을 명철하게 바라본다면, 삶이란 근본적으로 고통이다. 삶에 참다운 환희의 순간은 매우 드물다. 하지만 분명한 것은 인간은 모든 욕망의 만족을 통해서 언젠가 행복에 이를 수 있다는 희망을 갖는다는 점이다. 그렇지만 이것이 우리로 하여금 살아가게 하는 동인(動因)이긴 하나 헛된 환상에 불과하다. 그러므로 인간이 해야 하는 일은, 고통에서 벗어나는 것이다.

니르바나, 카르마, 환생

그렇다면 우리는 어떻게 해야 하나? 논리적 해법에 따르면, 살고자 하는 욕망, 행복하고자 하는 욕망을 포함한 인간의 모든 욕망을 제거하는 것으로 충분하다. 인간이 이 경지에 이른다면 욕망과 고통에서 해방될 것이다. 그리고 우리는 해방의 상태이자 무고통과 행복의 상태인 이른바 '니르바나'의 경지에 도달할 것이다.

불교에 따르면, 자신 안에 있는 모든 욕망을 제거해야만 한다. 자살 행위는 고통을 벗어나는 데 바람직한 해결 방법이 아니다. 현실적으로 사람은 채워지지 않는 과도한 욕망과 행복에 다다르지 못하는 절망감에 사로잡혀 자살하게 되기 때문이다. 자살하는 사람도 개인적 행복에 대한 열망으로 가득차 있다. 삶을 추동하는(타인과의) 차별화의 욕망 때문에 인간은 필연적으로 다시 살아야 하고 환생해야 한다. 이러한 차원에서 환생이라는 동양적 사고는 매우 논리적이다.

흔히 오해를 불러일으키는 '카르마'(운명, 업보)도 위와 상관적이고 유사하다. 서구인들과 동양의 민간 종교는 '카르마'의 교리를 계도적 형태로 받아들였다. 즉 어떤 사람이 삶 속에서 고통받고, 잔인한 운명으로 괴로움을 당한다면, 그가 전생에서 나쁜 짓을 하여 지금 그 대가를 치르고 있다는 것이다. 이러한 생각은 인간의 행위를 감시하고 처벌하고 보상하는 신의 존재(신성)를 전제로 한다.

그렇다면 이러한 생각은 또다른 삶을 기다리는가? 실제로 '카르마'의 철학은 그러한 신적인 심판자의 존재를 요구하지 않는다. 그것은 욕망에 고유한 논리로부터 도출되는 것이다. 인간이 회한, 탐욕 등 충족되지 않는 모든 욕망을 영혼 속에 지니고 죽는다면, 인간은 필연적으로 그러한 욕망을 가진 생물로 환생한다. '카르마'란 다름아니라 전생에서 자신의 욕망을 극복하지 못한 사람이 스스로에게 가하는 고통이란 뜻이다.

그래서 수많은 인간 존재는 두 가지 형태의 여정을 따라간다. 하나는 '하강적' 성격을 지니는데, 인간 각자는 자신의 삶 속에 점점 더 많은 욕망을 축적함으로써, 우리 각자는 점점 더 낮고 천박하고 욕심 많고 고통받는 존재로 환생하는 것이다. 그리하여 특별히 짐승과 같은 욕망으로 가득찬 사람은, 결국 사납고 색정적인 동물로 다시 태어나, 존재의 위계 서열에 따라 위에서 아래로 굴러 떨어질 것이다. 또다른 방향은 '상승적' 성격을 지니는데, 이것은 삶의 과정에서 욕망을 조금씩 극복하는 사람이 보여주는 것이다.

이러한 사람은 모든 욕망을 완전히 제거하고 절대적인 초월의 경지인 '니르바나'에 이를 때까지, 욕망과 고통을 줄여감으로써 점점 더 고귀하고 순수하고 현명한 존재로 재래(再來)한다. 삶의 이러한 순환이 끝나면, 그는 환생을 멈춘다. 독립된 개체로서의 욕망을 제거한다면, 인간은 '브라만'이라는 절대와 합치·혼융될 것이다. 왜냐하면 절대만이 존재하기 때문이다. 게다가 설명할 수 없는 존재론적 대이변으로 인해, 절대의 편린에 불과한 존재들은 절대로부터 벗어나 스스로 독립되고 세계의 중심 - 이기주의의 바탕이 되는 - 으로 생각한다.

그러므로 '초월적인 무지'는 개인적인 존재, 존재 속에 끈질기게 살아남으려는 욕망, 그리고 고통의 기원이 된다. 지식이란 무지를 걷어내고, '마야(세상을 존재하게 하는 우주적 환상)의 장막'을 찢고, 모든 존재 - 우리 자신과 주위의 존재 - 가 지니는 매우 환상적인 성격을 드러내야 한다.

불교 - 예지인가, 종교인가

이 모든 것은 기원전 5세기경에 살았던 부처의 가르침이었다. 그러나 부처는 명증하게 동양 종교 사상 - 미신의 낡은 옷을 벗고 힌두교의 다신교적 성격을 떨쳐버린 - 의 순수한 형이상학적 토대만을 설파했을 뿐이다. 부처 자신이 단순히 환상을 자각하고 예지의 길을 발견한 사람에 불과하다 하였으나, 힌두교는 이것을 자기화하여 부처를 제신의 반열에 올려놓음으로써 신격화 - 기도와 경외의 신적 대상 - 한 점이 역사의 아이러니이다.

왜냐하면 대중적 불교의 관점에서 부처 역시 하나의 신이라면, 학문적이고 진정한 불교[3]는 종교라기보다는 철학적 예지이거나, 아니면 적어도 신 없는 종교이기 때문이다. 사실 모든 개인적 존재가 허위적인 것이고 단지 절대만이 존재한다면, 생각과 의지를 지닌 기독교적 신이나 다신교의 제신들과 같은 개별적 존재는 가능하지 않다. '브라만'과 같은 절대는 엄격히 말해서 신이 아니라 비인격적 존재이다.

동양 종교의 심오한 원리가 지니는 형이상학적 국면에서 생겨난 부처의 가르침은, 철학적 논쟁을 피하고 개인적 구원에만 관심을 갖기 위해, 필연적으로 민간 불교의 잡다한 형태를 비판하기에 이르렀다.

그렇지만 근본적으로 형이상학적인 불교 사상은 철저하게 동양정신에 배어 들어갔다. 바로 이러한 사상은, 끔찍할 정도로 비참한 물질적 상황을 가볍게 견디게 하는 체념과 인종의 탁월한 능력을 힌두교 신자들에게 부여했다.

도미니크 라피에르는 극단적 가난으로 물든 캘커타 교외의 삶을

---

3) 진정한 불교 형태의 구분은 역사적 관점 또는 종교학적 관점에서 논의되었으나, 형이상학적 관점에서 이러한 구분은 정당해 보인다.

증언하면서, 아이러니를 사용하지 않고 그곳을 '환희의 도시'라고 불렀다. 분명히 힌두교도들도 다른 사람들처럼 여러 가지 많은 욕망을 갖고 있을 것이고, 그러한 욕망들은 가장 좋은 운명을 갖기 위해 간곡히 기원하는 다신교적 제신에 대한 신앙의 원천이다.

그러나 이 종교의 심오한 예지와 가르침은 그들로 하여금 욕망과 싸우고, 삶의 조건을 개선하기 위한 행위나 기도를 경멸하도록 했다. 이 경탄스러운 체념과 인종이 야기한 부정적인 반대급부는, 말할 것도 없이 변화를 위한 모든 투쟁을 방해하게 된 점이다. 행동할 것을 주장하는 사람은 다수의 비난으로 인해 숨죽여야 한다. 이러한 면은 동양 사회가 발전하지 않고 정체적인 국면을 지니거나, 외국의 정신을 수용하고 서구의 영향으로써만 변화할 수 있다는 점을 설명해주고 있다.

쇼펜하우어의 염세주의

불교가 예지나 신 없는 종교로 정의되는 것은, 불교의 주요 사상이 쇼펜하우어에 의해 서구 철학 안에 편입되었다는 사실에서 확인될 수 있다.

19세기 중엽 독일의 철학자 쇼펜하우어(1788~1860)는 무신론자였다. 그는 불교 사상에서 급진적인 결론, 즉 신이 존재하지 않는다면, 삶이란 부조리한 것이라는 결론을 끄집어낸다. 사실상 우리 인간이 살아가고 고통받고 노력하는 이 모든 것이 결국 죽음으로 끝맺게 되므로 헛되다고 볼 수 있다. 어떠한 파라다이스도 어떠한 보상도 우리를 기다리지 않는다. 게다가 삶이란 근본적으로 고통으로 이루어졌다. 우리가 삶의 경험을 거짓 희망에서 털어 내면서 명철하게 살펴보고, 선과 악을 계산해 보면, 고통의 합계가 삶에서 맛본 쾌락의 총합보다 훨씬 많을 것이다.

그렇다면 삶이란 살 만한 값어치가 없는 것이 된다. 우리에게 남겨진 일이란, 삶에 대한 욕망을 소멸시킴으로써 고통을 제거하는 일이다. 우리는 쇼펜하우어의 철학이 (여기서 상세한 논의를 할 수는 없으나) 칸트 철학의 수용에 따른 여러 가지 분석과 논의를 담고 있음에도 불구하고 불교 사상과 유사한 면이 있음을 볼 수 있다.

쇼펜하우어가 『삶의 예지에 관한 아포리즘』이라는 작은 책의 저자라는 점을 덧붙일 필요가 있다. 『삶의 예지에 관한 아포리즘』의 서문은 이 책이 전적으로 행복에 이르기 위한 전제들에 관한 것이라는 점을 명시하는 반면, 쇼펜하우어의 대작 『의지와 표상으로서의 세계』는 위 주장의 허위성을 증명해 보이고 있다. 그렇다면 그는 자신의 진정한 형이상학이 반박하고 있는 일반적 관점에서 이 작은 책을 쓰고 있는 것이다. 이것은 그가 죽음을 앞에 두고 생긴 문제가 아니라면, 이상야릇한 정신분열 증세이다.

「프랑크푸르트의 염세주의자」에서 보여주는 미묘하고 섬세한 문체의 한 예를 살펴보자.

'일반적으로 어느 시대에서나 현자는 같은 이야기를 하였으나, 어리석은 사람들, 달리 말해 대부분의 사람들은 항상 동일한 것 – 진리의 반대를 아는 것 – 을 하였고, 이러한 상황이 항상 되풀이될 것이다.'[4]

---

4) 『삶의 예지에 관한 아포리즘』, P.U.F. p. Ⅷ.

절망과 무상의 기쁨 - 앙드레 콩트 스퐁빌

우리는 앙드레 콩트-스퐁빌의 주된 생각이 불교에서 크게 영향 받았음을 재발견하게 된다. 그는 우리 시대의 이데올로기를 구성하는 유물론적 형이상학의 근본을 수용하고 있다. 그리고 이런 지적 기반에서 그는 에피쿠로스, 스피노자, 스토아 학파의 사상을 다시 분석 수용하고, 모든 철학 전통을 종합하여 우리 시대의 예지를 만들어 낸다.

그의 중심 사상에 따르면, 인간은 단지 절망을 통해서만 행복에 이를 수 있으며, 그것은 『절망과 무상의 기쁨에 관한 논고』[5]에 잘 드러나 있다. 인간은 희망과 환상과 욕망으로 가득 차 있으므로, 인간은 바라던 바가 실현되지 않거나 기대하는 것을 얻지 못할 때 고통받게 마련이다. 희망이 인간의 삶을 죽이는 것이다. 그러므로 희망을 제거하고, 모든 면에서 환상을 깨는 것이 중요하다.

간단히 말해서 불교 신자들이 말하는 것처럼 인간은 자신 안에 있는 욕망의 씨앗을 죽여야 한다. 단지 인간은 완전한 절망감에 휩싸일 때만, 삶의 환희를 맛보게 되고 무상의 기쁨에 도달하는 것이다.

콩트-스퐁빌은 자신의 논문(모순된 부분도 있으나 매우 논리정연한)에서 힌두교 철학서인 『삼키아 수트라Samkhya Sutra』의 한 구절을 인용한다.

'모든 희망을 잃어버린 사람만이 행복하다. 희망은 가장 고된 고문이고 절

---

5) 제 1권 『이카르 신화』, 제 2권 『살아가기』는 『커다란 덕목에 관한 작은 논고』(이 책은 전통적 철학의 분석과 소개에 더 관심을 기울이고 있다)보다 훨씬 더 심오한 사상을 전개하고 있다.

망은 가장 큰 행복이다.[6]

서양의 여러 사상가들은, 부처와 동양 종교의 가르침과 같은 근본
적인 직관을 인정하고 있다. 서양 사상가들은 이러한 직관을 각각의
개성에 따라 여러 모습으로 변용시킨다. 가령 염세주의자인 쇼펜하
우어는 행복에 별다른 가능성을 부여하지 않는다. 인간은 삶의 의지
를 없앰으로써 고통에서 벗어날 수 있다. 보다 낙관주의자인 콩트 ─
스퐁빌은 대다수의 종교처럼 무상의 기쁨인 '니르바나'를 저 세상으
로 미루는 것이 아니라, (우리가 살고 있는) 이 땅과 이 세상에서 실현
시키고자 했다. 그러나 이렇게 서로 다른 두 사상가들도, 불교의 현
명한 가르침에 가해진 비판을 어느 정도 받게 되었다.

불교 ─ 무(無)의 예찬

우리는 에피큐리즘에 대해 가했던 비판을 불교에도 가할 수 있다.
사실 불교가 가져다 준 것은 긍정적인 행복이 아니라, 고통의 멈춤
이다. 그런데 이 둘은 동일한 것이 아니다.

사람들은 절대와의 융합이 환희나 무상의 쾌락이 아닌가라고 반
박할 수 있다. 그렇지만 무상의 쾌락과 환희는 개인적 의식의 제거
를 통해서만 생겨나기 때문에 그러한 반박은 성립될 수 없다. 내가
의식을 지닌 개인이 아니라면, 나는 아무것도 느끼지 않을 것이다.
때문에 이런 상태에서 나의 행복에 관해 말하는 것은 아무런 의미를
지니지 않는다.

---

6) 『살아가기』, 292쪽.

그런데 불교가 요가의 수련을 통해서 추구하는 것은 자기의 무화(無化), 일종의 정신적인 자살이다. 요가적 명상에 있어서 육체와 사고의 자제력이 요구되는 고도의 수련법 가운데 하나는 더이상 아무것도 생각하지 않고, 자신의 생각(왜냐하면 인간은 근본적으로 생각하는 존재이므로)과 존재를 무화시키는 데 있다. 게다가 존재를 소멸시키는 절대 그 자체는 무 이외에 다른 것이 아니다.

동양인들이 '브라만'에 관해 말하는 데 다소 어려움을 겪는 까닭은, 이에 대해 말할 것이 아무것도 없기 때문이다. 아무것도 없음, 무는 어떤 것도 의미하지 않기 때문이다. 그러나 개인적 존재가 환상과 악이라면, 불교적 절대는 하나의 개인이 될 수 없다.

불교적 절대는 유태교와 기독교적 신과 다르다. 유태교와 기독교의 신은 의지와 사고를 지닌 인격체로서, 자발적인 사랑으로 세계와 그와 다른 존재들을 창조한다. 그리고 신은 '나'라고 칭하면서 피조물들에게 말을 건넨다.

헤겔이 말했듯이, 불교의 특징은 무에 대한 예찬이다. 불교의 가르침은 인간을 고통에서 벗어나게 하는 대가로 존재와 행위와 진정한 기쁨을 거부하는 것이다. 사실 불교는 제행무상(諸行無常)을 설파한다. 예컨대 불교의 현자는 그것을 흥미로운 방식으로 가르친다.

가령 한 제자가 현자의 명성에 현혹되어 그를 찾아와 커다란 배움과 천계(天啓)를 기대하고 떠나지 않을 경우, 그는 찾아온 제자가 스승에게서 아무것도 배울 것이 없고, 아무것도 할 일이 없다는 것을 스스로 깨닫고 떠날 때까지, 그에 아무말도 하지 않고 가만히 내버려 둔다.

그러나 이러한 불교적 예지와 가르침은 우리를 만족시키지 못한다. 인간은 자신의 존재를 포기하지 않고, 진정한 행복을 원하며, 단순히 자신이 무화되는 것을 바라지 않기 때문이다.

의지를 다스려 행복에 이른다

네가 원하는 대로 사건들이 일어나기를 요구하지
말고 그것들이 있는 그대로 생겨나도록 원해야만 한다.
그렇게 하면 너의 삶이 행복해질 것이다.

에피쿠로스적 욕망의 절제, 모든 욕망의 불교적 해법 가운데 그
어떤 것도 내게 실제로 행복을 줄 수 있는 만족스런 예지나
가르침처럼 보이지 않는다. 그러므로 나는 이제 또다른 예지를 추구
해야 한다. 나는 스토아 철학자들을 본받아 논리적 반박의 여지가
매우 적은 다음의 세 가지 기본적인 주장에서 새로운 분석을 시도
하고자 한다.

행복이란 내가 원하는 모든 것을 갖는 것이고, 자유란 내가 원하
는 모든 것을 하는 것이다. 욕망의 노예인 인간은 행복도 자유도 없
다. 이러한 주장은 플라톤에 의해 충분히 증명되었다.

욕망의 광기

그렇다면 왜 이런 논리가 가능한가? 내가 원하는 모든 것을 갖고, 바라는 모든 것을 행한다는 것은 나의 능력 밖에 있다. 모든 것을 얻는다는 것은 나와 상관없이 외적 상황, 타인의 협조, 행운 등 한마디로 우주 전체와 관련을 맺고 있다. 예를 들어 사랑받는다는 것은 스스로 명령하여 되는 일이 아니다. 그것은 타인의 감정 상태에 달려 있는 것이다.

내가 (어떤 이성을) 유혹하기 위해서 엄청난 노력을 기울이더라도, 노력의 결과에 의해 과연 사랑이 생겨날 것인지 그리고 그것이 얼마간 지속될 것인가는 장담할 수 없다. 전투에서 이긴다는 것은 적의 힘과 상대적인 연관성을 지니기 때문에 나 혼자만의 결정과 무관하다.

나의 단순한 욕망만으로 많은 재산을 모을 수 있는 것은 아니다. 내가 복권을 사더라도 복권을 당첨시킬 수는 없다. 그것은 우연에 의해 결정될 것이다. 내가 창업하더라도, 사업은 경제 상황의 모든 불확실성에 노출되어 있다. 나는 사랑, 영광, 부, 권력 등을 추구하면서, 나의 의지와 능력을 넘어서는 것들을 원하나, 이 모든 것은 우주의 일반적 법칙과 원리에 관련되어 있다. 그러므로 여기에 행복을 기대하는 것은 어리석은 짓이다. 특별히 운명의 여신이 돕는 경우를 제외하고, 나는 그 모든 것을 얻지 못하고 좌절하여 불행해질 가능성도 매우 크다.

슬기로운 삶의 태도란 자신이 할 수 있는 일, 얻을 수 있는 것에 욕망을 제한하는 태도일 것이다. 바로 이러한 삶의 태도는 스토아 철학자들이 설파하는 것이다. 그러나 과연 나의 의지와 능력으로 얻을 수 있는 것, 내가 할 수 있는 것은 어떤 것인가?

내가 할 수 있는 것

나의 행동을 성취하려는 힘은, 자연의 법칙과 법제도에 의해 매우 제한되어 있다. 나는 행동을 성공으로 이끄는 데 있어서, 거의 힘과 능력을 가지고 있지 않다. 왜냐하면 그것은 세상사의 흐름과 운에 의해 좌우되기 때문이다. 곰곰이 생각해 보면, 인간은 내일 아니 바로 몇 시간 후에도 살아 있을지 전혀 알 수 없으며, 수많은 일들이 생길 수 있다. 길을 횡단하는 동안 악덕 운전자가 나를 칠 수도 있고, 폭탄이 터지고, 가스가 새어나오고, 동맥의 응혈로 인해, 나의 의지와 무관하게 죽을 수 있다. 그러므로 내가 강인한 신체적인 힘을 자랑하거나 다른 사람들에게 명령할 때, 실제로 내가 갖고 있는 힘이 미약하다는 사실을 염두에 두고 매우 겸허한 자세를 가져야 한다.

반대로 내가 마음대로 절대적인 힘을 발휘할 수 있는 것이 있다면, 그것은 바로 나의 의지이다. 나는 원하는 것을 스스로 결정할 수 있다. 가령, 내가 어느 장소로 가는 것을 원하지 않는다면 아무도 나로 하여금 자발적인 욕망을 야기시키지는 못할 것이다. (예외적으로 군대의 경우를 제외하고) 누군가가 나의 몸의 위치를 바꿀 수는 있을지 몰라도 나의 의지를 변화시킬 수는 없을 것이다.

어떤 사람들이 모진 고문에 시달리고 오랫동안 영어(囹圄) 생활을 할지라도, 아무것도 그들의 의지를 꺾지 못한다. 내가 의견을 바꾸고, 타인에게 영향받고 매료당하고 설득당한다고 하더라도 그것은 여전히 내가 원하기 때문이다. 이러한 추론 과정을 통해, 나도 모든 사람들처럼 완전히 자유로운 의지나 (철학자들이 말하는 바와 같이) 자유의지를 지님을 알 수 있다. 그러므로 나는 완전히 자신의 내면에 있는 힘과 자유를 마음대로 사용할 수 있다.

행복의 비밀

나는 이러한 관찰로부터 다음과 같은 추론을 할 수 있다.

'분명히 내게는 원하는 모든 것을 할 수 있는 힘이 없다.

─그러나 나는 원하는 것을 자유롭게 선택할 수 있다.

─그러므로 나는 할 수 있는 것이나 지금 하고 있는 것만을 원해야 한다(달리 표현하여, 나는 의지를 나의 힘에 제한하고 종속시킬 수 있다).

─이제부터 나는 원하는 것을 정확히 할 수 있다.

─그러므로 이론상 나는 완전히 자유롭다. 그러므로 나의 의지가 지니는 내적 자유는 (그것을 잘 사용한다는 전제하에) 나의 존재의 외적 자유를 보장할 수 있다.

나는 가지고 있는 것에 관해서도 마찬가지로 추론해 볼 수 있다.

─원하는 모든 것을 가지고 있지 않으므로 나는 불행하다.

─그러나 나는 가지고 있는 것만을 원할 수 있다.

─이제 나는 원하는 모든 것을 갖는다.

─그러므로 나는 행복하다.'

바로 이것이 행복과 자유의 비밀이며, 그것은 매우 작은 것 속에 깃들어 있다. 즉 행복과 자유에 이르는 비밀은 나의 의지를 현명하게 사용하는 일과 내가 갖고 있는 것, 내게 생기는 것만을 원하는 것과 같은 작은 것에 존재한다. 달리 말하여 나의 힘과 능력을 넘어서는 것을 원하지 않는 것이다. 그러한 행복의 비밀은 많은 사람들이 무심코 지나치는 매우 단순한 것에 있다.

의지의 고양과 동양인들의 오류

우리는 행복에 이르는 길이, 불교 신자나 거의 모든 동양인들이 생각하는 것처럼 개인적인 의지를 소멸시키는 데 있지 않고, 오히려 의지를 마음껏 펼치는 데 있다고 생각한다. 우리에게 알맞는 것만을 원하도록, 우리는 의지의 커다란 힘을 가져야 한다. 악과 고통의 근원과 원칙으로 여겨지는 개인적 의지를 죽이지 말고, 오히려 자신을 다스리기 위해 그것을 강화하고 고양시켜야 한다. 인간은 자신의 소멸이나 존재의 거부로 자신을 현명하게 다스릴 수 있는 것이 아니라, 자신의 다스림은 개인적이고 도덕적인 힘의 함양을 통해서 이루어지는 것이다.

동양인들의 오류는 욕망과 의지라는 두 가지 완전히 다른 것을 혼동한 데 있다. 더 엄밀히 말해서 동양인의 사유적 오류는 그들이 (두렵게 생각하여) 비합리적인 욕망으로 치부하는 것에서 합리적 의지라는 독창적인 실체를 변별해 내지 못한 데 있다. 동양인들은 인간에게 진정한 정체성(가치와 존엄성)을 부여하는 것과 인간을 위대하게 만드는 것을 깨닫지 못하고, 그것을 동물적 욕망(순전히 욕망의 존재)의 차원으로 격하시킨다.

그렇게 생각하기 때문에 동양인들은, 동일한 영혼이 환생의 법칙에 따라 인간이나 동물의 몸으로(구별 없이) 다시 태어난다는 생각에 대해 아무런 거부감을 느끼지 않고 반박도 가하지 않는 것이다. 그런데 고대 그리스의 사상가들, 그 가운데 스토아 철학자들은 인간의 인간됨의 원칙, 즉 인간은 자유롭고 합리적인 의지의 소유자임을 명증하게 밝혀 놓았다.

사유의 다스림

이제 나의 행복이란, 의지와 생각과 표상(의지의 힘에 직접적으로 영향받는 사물에 대한 표상)에 대한 나의 성향에 좌우된다. 이것은 바로 에픽테토스[1]의 주장과 상통하는 것이다.

'너는 기억할지어다. 네게 욕하고, 때리고, 모욕하는 자가 아니라는 점을. 그것은 네가 그들에 대해 갖고 있는 생각, 즉 그들을 너를 모욕한 자들로 바라보게 하는 너의 생각이다. 누군가 너를 슬프게 하고 괴롭힐 때, 그 사람이 너를 괴롭히는 것이 아니라, 그에 대한 너의 생각이 너를 괴롭히는 것이다. 그러므로 무엇보다도 너는 상상에 몸을 맡기지 않도록 힘쓸지니라.'[2]

실제로 내가 어떤 사람이 한 말에 모욕감을 느꼈다면, 그것은 내가 그 사람에 대해 어떤 가치를 부여한 셈이다. 그러나 내가 그 사람을 하찮고 어리석은 자로 취급한다면, 그의 말은 내게 상처를 입히지 않을 것이다. 마찬가지로 내가 사고로 장애인이 된다면, 내 스스로 부당한 운명의 희생자라고 생각해 그러한 상태를 벗어나길 바랄 것이므로 이로 인해 고통받을 것이다. 그러나 내가 그러한 상태를 인정하고 아무것도 바라지 않는다면, 나는 불행하지 않을 것이다. 나의 의지, 생각, 욕망을 현명하게 다스리는 것은 에픽테토스가 우리에게 강하게 권하는 삶의 근본적인 규율과 원칙이다.

---

1) (역주) 에픽테토스(Epiktêtos), 55?~135?. 그리스의 노예 출신 스토아 철학자.
2) 에픽테토스, 『개요 Manuel』 중 「사색」 20.

'누군가 너의 몸을 먼저 만나는 사람에게 인도한다면, 너는 화를 낼 것이다. 그러나 네 스스로, 그 자로 하여금 너의 영혼을 뒤흔들게 하면서 너를 모욕하는 자에게 영혼을 넘긴다면, 너는 이에 대해 수치심을 느낄 것인가?' [3]

자신의 운명을 사랑하기

그럼에도 불구하고 어떻게 나의 욕망을 완전히 지배할 수 있을까? 나의 의지는 항상 욕망을 지배할 정도로 강한 것인가? 이 대목에서도 사물에 대한 올바른 비전과 현실에 대한 튼실한 형이상학적 지식이 우리에게 도움을 줄 수 있다.

스토아 철학자들은 생기고 일어나는 모든 일은 필연적이라고 주장한다. 모든 일이(지금 일어나는 모습과) 달리 생겨나고 일어날 수 없다는 것이다. 사실 각 사건은 여러 원인의 긴 연쇄의 결과이다. 동일한 원인 또는 원인의 동일한 총체에서 다른 결과가 나올 수 없으므로 인과 관계는 필연적이다. 모든 것은 필연적이므로 생기고 일어나는 사건 이외의 것들을 원하거나 지금 존재하는 것에 대한 저항은 쓸데없는 짓이다. 그렇게 한다면 인간은 하릴없이 불행해질 뿐이다.

세상의 모든 사상(事象)을 지배하는 필연에 대한 올바른 형이상학적 사유는 나의 욕망을 제거하는 데 유용하다. 스토아 철학의 현자는 사랑하는 여인을 잃고 눈물을 흘리는 사람에게 '뭐라고, 너는 네 아내가 자연의 법칙에서 벗어나 항상 살아 있기를 바란다고? 너 지금 제정신이야!'라고 말할 것이다. '대자연이 그녀를 만들어 네게 주었던 것이고, 지금은 대자연이 그녀를 다시 데려간 것이야. 그러므로 너나 너의 욕망이 그녀가 죽는 시간을 정하는 것이 아니야.'

---

3) 위의 책, 「사색」 28.

고통을 받지 않으려면, 우리에게 일어나는 일이 필연적이라는 점을 인정하자는 것이 삶의 위안의 근본 원칙이다. 그러나 스토아 철학자들의 눈에는, 많은 사람들이 끊임없이 지금 있는 것보다 다른 것을 원하므로 어린아이나 미친 사람처럼 스스로 불행을 자초하는 사람처럼 보인다.

에픽테토스는 다음과 같이 정리해서 말한다.

'네가 원하는 대로 사건들이 일어나기를 요구하지 말고 그것들이 있는 그대로 생겨나도록 원해야만 한다. 그렇게 하면 너의 삶이 행복해질 것이다.'[4]

그것은 인간이 현명해지기 위해 도달해야 하는 운명에 대한 사랑 amor fati이다. 데카르트[5]는 스토아 철학의 예지를 "세상의 질서를 변화시키기보다도 인간의 욕망을 변화시켜야 한다."[6]고 멋있게 다시 표현했다. 스토아 철학의 예지는 그렇게 표현됨으로써 좀더 용이하고 합리적이 되었다.

신의 의지

스토아 철학자들은 사물의 질서에 대해 훨씬 깊이 성찰했다. 그들은 인과 관계의 절대적인 필연성에 관한 단순한 견해 ― 현대 과학을 세운 모든 학자들이 과학을 '결정론의 원칙'으로 공감하는 생각 ― 에 매달리지 않았다. 그것은 맹목적인 필연성에 불과하다.

---

4) 위의 책, 『개요』, 「사유」 8.
5) (역주) 르네 데카르트(René Descartes, 1596~1650). 프랑스 철학자.
6) 『방법서설 Discours de la méthode』 II.

스토아 철학자들은 대자연이란 신성과 지적 능력을 지닌 존재이 므로 무용한 것을 만들지 않을 것이라고 생각했다. 모든 만물은 무 언가를 위해 만들어졌고, 목적을 지니고 있으며, 궁극적인 쓰임새를 지니고 있다. 거의 범신론적인 성격을 지닌 이러한 생각은 항상 인 간의 정신 속에 깃들여 있으며, 오늘날에는 서구 과학의 기계적인 입장(16세기부터 형성된)을 비판하면서 다시 강한 설득력을 얻고 있다.

대자연이 추구하는 궁극적인 목적은 분명 절대선(善)이다. 하지만 여기서 말하는 절대선은 삶이자 모든 만물과 대자연의 절대선이지 만, 대자연을 구성하는 각 피조물의 절대선은 아니다. 각 개인은 거 대한 우주적 메커니즘의 부속품일 따름이다. 그러나 각 개인은 오만 하고 건방진 태도로 스스로 세계의 중심이고, 모든 것이 자신의 행 복을 위해 존재한다고 생각한다. 반대로 세계는 신성에 의해 움직이 고 각 사건은 모든 만물을 위해 절대선으로 귀착된다.

적은 부분을 구성하고 있는 인간이 그것을 깨닫지 못할지라도, 이 러한 생각은 단순한 필연성 (인간의 의지가 생겨나는 현상을 원하는 필연 성)보다 훨씬 더 강하다. 이것이 바로 행복을 맛보는 현자의 태도이 다. 그러면 각 인간은, 신의 의지가 각자에게 지상에서의 역할을 맡 겼다는 점에 대해 확신을 가져야만 할 것이다. 개인은 맡은 역할과 주어진 조건을 바꾸려 하지 말고, 자신의 역할을 충실하게 수행하도 록 노력하면 되는 것이다.

'너는 다음의 것을 기억할지어다. 너는 연극에서 연출자가 부여한 역할만 을 할 따름이다. 연출자에 따라 그 역할이 길어지거나 짧아질 수 있다. 연출 자는 네게 거지 역할을 원하는가? 그렇다면 너는 그 역할을 완벽하게 해내야 한다. 그 역할이 절름발이거나 정치인이거나 평범한 개인 경우에도 마찬가지이다. 왜냐하면 네가 할 일은 맡은 역할을 충분히 해내는 것이다. 그러나 그 역할을 선택하는 것은 다른 사람의 일이다.'[7]

에픽테토스와 마르쿠스 아우렐리우스

사실상 기원전 3세기경에 제논Zénon de Citium, 클레안테스Cléanthe, Kleanthês, 크루시포스Chrysippe, Khrusippos에 의해 나타난 스토아 사상은 로마제국의 모든 사회 계층에 퍼져나갔다. 에픽테토스와 마르쿠스 아우렐리우스(121~180)는 (이들의 사회적 신분의 차이에도 불구하고) 삶의 이상은 운명에 자신을 맡기는 것이라는 점을 잘 보여주었다. 사실 에픽테토스는 노예였고, 반면 아우렐리우스는 로마의 황제였다.

에픽테토스는 자신의 운명을 완전히 받아들이고, 한 잔인한 주인 (역주 : '에파프로디테스'라고 불리는)의 핍박을 참아내야만 했고, 마침내 그 주인은 에픽테토스를 자유롭게 풀어주었다. 그 주인은 오랫동안 자신의 노예인 에픽테토스를 매질하였으나 그의 행복을 막지는 못했다. 노예인 에픽테토스의 명성이 로마제국 곳곳에 퍼져 자신보다 더 많은 명예를 얻고 더 많은 방문을 받게 되었으니 말이다. 적어도 그 노예 철학자는 자신의 생각을 실천에 옮겼던 것이다.

게다가 에픽테토스는, 철학이란 커다란 이론이나 주장보다는 현자가 삶의 모범을 보임으로써 더 설득력을 지닌다고 생각했다. 그는 어떤 책도 쓰지 않았는데, '그의' 저서 『어록』은 한 제자가 질문에 대해 스승 에픽테토스가 대답한 것을 생생하게 받아 적은 것이다.

---

7) 에픽테토스, 위의 책, 「사유」 17.

필자가 즐겨 인용한 부분도 바로 그 제자가 스승의 말씀 가운데 진수(眞髓)를 뽑아 엮은 『개요』이다.

한편 마르쿠스 아우렐리우스는 역사상 가장 위대한 제국의 황제였고, 그 당시 세상에서 가장 큰 권력을 지닌 자였다. 그가 처한 상황, 즉 광대한 제국을 경영해야 한다는 힘든 책무는 결코 가볍게 여길 수 없는 것이었다. 그는 끊임없이 야만인들과 게르만족이 침공하는 전선에 나아가 싸워야 했다. 아우렐리우스는 다뉴브 강가 진흙밭에 막사를 치고 병영생활을 하면서 사람들을 부리고 병사들의 반발을 막는 동시에 시와 예술만을 사랑했다.

그가 로마로 돌아왔을 때, 해결할 문제들이 산적해 있었다. 그는 황제의 신성을 인정하지 않으려는 기독교도들의 소요를 잠재우기 위해, 그들을 체포하여 사자의 먹이가 되게 하여 백성들을 즐겁게 해야 했다. 이 얼마나 어처구니없는 삶인가! 마르쿠스 아우렐리우스는 철학적 명상을 통해 자신의 역할을 감당할 힘을 키웠다. 그는 틈만 나면 형이상학적 내면 일기인 『명상록』을 썼으며, 죽음과 세계의 질서에 대한 명상을 통해 임무가 지니는 의미를 고고하게 천착했다.

'인간이 살아가는 기간은 하나의 점이다. 물질은 유장(悠長)한 흐름이며, 감각은 희미하고 어두운 현상이다. 몸의 여러 부분은 부패하는 덩어리이며, 영혼은 회오리바람이다. 운명은 수수께끼이며 명성은 판단이 결여된 것이다. 간단히 말해서 몸의 모든 것은 흐르는 강이고, 영혼의 모든 것은 한낱 꿈과 연기에 불과하다. 삶이란 전쟁이고, 나그네가 머무는 곳이며, 사후의 명성은 잊혀지기 마련이다. 그러면 인생의 안내자는 누구인가? 그것은 단 한 가지, 철학뿐이다.'[8]

스토아 철학자들은 인간은 각자 삶의 조건과 환경의 차이에도 불구하고 의지의 다스림으로 행복을 맛볼 수 있다고 했다. 그들은 '현자는 '팔라리스의 황소'[9] 안에서도 행복할 수 있다'고 말한다. '팔라리스의 황소'란 커다란 솥과 같이 생긴 고문 기구로서, 사람을 그 안에 집어넣고 뚜껑을 덮은 다음 불을 지펴 천천히 익히는 데 쓰였다. 그러한 삶의 조건에서 행복해질 수 있다는 것은 과장된 주장이다. 그러나 실제로 스토아 철학의 현자들이 잔혹한 고문을 겪었다는 역사적 기록이 남아 있으며 프랑스어 '스토아적 stoïque'이란 형용사의 의미도 거기에서 연원한 것이다.

스토아 철학 비판

스토아 철학은 분명 인간 의지를 고양하는 것이지, 불교나 에피큐리즘처럼 인간적 가치와 존엄성을 파괴하는 것은 아니다. 반면 스토아 철학은 매우 이상야릇한 의지를 설파하고 있다. 그것은 아무것도 원하지 않거나 적어도 그냥 존재하는 것 이상을 원하지 않는 의지이다. 그것은 헤겔이 말한 것처럼 텅 비고 공허하고 관념적인 의지이다. 인간 의지의 본질은 존재하지 않는 것, 대자연의 질서에 배치되는 것을 원하는 데 있는 것이 아닌가?

스토아 철학의 입장은, 사물의 변화와 개선을 위한 일체의 쟁투나 기술 발전의 도모 등 인간에게 고유성과 위대함을 부여하는 모든 행위를 배제한다. 스토아 철학은 자포자기의 태도이며 결국 에피큐리즘과 불교와 마찬가지로 인간의 가치를 절하시키는 것이다. 진정으

---

8) 『명상록』 II 17.
9) taureau de Phalaris : 아그리장트의 폭군(기원전 570~557간 통치)이 고안한 고문 기계.

로 인간이 되는 것을 거부하는 태도는, 그것이 행복을 위한 것이라 할지라도 받아들이기 힘든 대가이다. 그러므로 그것은 여전히 바람직하지 않은 예지인 것이다.

게다가 그것은 '효용성이 높은' 예지가 아니다. 사실상 스토아 철학자들은 인간이 자신의 의지를 통해 욕망을 다스릴 수 있다고 주장한다. 그런데 나는 모든 것을 경험할 수 없으나, 내부에서 욕망과 의지 사이의 갈등을 경험할 수 있다.

가령 약속한 것을 성취하려는 나의 의지는 게을러지고 싶어하는 욕망으로 인해 꺾일 수 있다. 이것은 개인이 매일 겪는 일상적 경험이다. 욕망과 의지의 적대적 대립은 상대적인 힘의 대결 양상을 띤다. 항상 합리적인 의지가 승리하는 것이 아니라 욕망이 이기는 경우도 더러 있기 때문이다.

스토아 철학의 현자들은, 인간이 어떻게 해야 의지를 강화시킬 수 있는가에 대해 가르쳐 주지 않는다. 그들은 단호한 의지가 항상 승리할 수 있다고 믿으나 (현실에 있어서) 항상 그런 것은 아니다. 간단히 말해서 스토아 철학자들이 다른 사상가들보다 욕망과 의지를 더 잘 구별할지라도, 여전히 그들도 욕망을 의지에 지나치게 종속시키고 있으며 욕망을 의지의 힘 안에 귀속시키려 한다. 그러므로 우리는, 욕망과 의지라는 두 가지 차원을 공유하는 인간 존재의 현실을 충분히 고려하여 삶의 철학과 예지를 발견해야 한다.

게다가 스토아 철학이 만족스럽지 못한 점은 사유 체계 내의 난점들과 연관성이 있다. 사실 스토아 철학의 사유 체계는, 대자연이란 전적으로 합리적이고 온당한 방식으로 질서정연(인간의 의지가 이러한 질서를 인정해야만 하기 때문에)하다는 생각에 기반을 두고 있다.

우리는 인간의 욕구와 욕망이 자연적으로 좋고 온당하다고 여겨야 한다. 욕구와 욕망은 인간에게 생존과 세계 경제에의 참여를 보장하기 때문에 그것을 확실한 것으로 인정할 수 있다. 그렇다면 우리가 어떻게 욕망과 열정을 과도하고 나쁜 것으로 취급할 수 있을까? 여기에 엄청난 모순이 존재하고, 불만족스러운 이론의 징표인 현실을 고려하지 못하는 사유의 한계가 드러난다.

데카르트
인간의 열정은 불행을 야기한다

행복은 열정을 극복하고 의지를 다스리는
과정에서 느끼는 정신적인 환희에서 생겨난다.

우리는 지금 인간 존재의 한 수수께끼인 욕망과 의지의 이중성
을 밝혀야만 한다. 사실상 나는 내적으로 자주 욕망과 의지의
갈등을 느낀다. 욕망은 마치 외적 요소에 의해 결정된 것처럼 다가
오며 게다가 나는 욕망의 주인도 아니다. 나의 의지는 욕망과 맞서
지 못하고 욕망을 없애지도 못한다. 이러한 점은 스토아 철학의 예
지를 무용하게 만드는 데 충분하다.

욕망과 의지가 내 안에서 서로 갈등을 일으키는 것이 어떻게 가능
한가? 이러한 현상이 나의 존재가 내적으로 이중성을 지닌다는 징표
가 아닐까? 그런데 어떤 의미에서 나는 내가 이중적 존재라는 사실
을 주목할 수 있다. 나는 육체인 동시에 정신이며 영혼(예전에 사람들

이 말했듯이)이기 때문이다.

영혼과 육체

사실상 나의 육체와 생각은 같은 것이 아니다. 사람들은 나의 육체를 가둘 수 있으나 정신을 구속할 수 없고, 그것은 다른 사람들의 견해로부터 자유롭다. 어느 생물학자가 나의 몸을 해부할 수 있으나 나의 생각을 알 수는 없을 것이다. 매우 탁월한 신경정신과 의사라도 뇌세포를 통해 나의 생각을 읽어낼 수 없다.[1] 다른 한편 영혼은 나의 진정한 정체성을 뜻하며, 그것은 간단한 사유의 경험으로 입증될 수 있다.

가령 나의 정신이 소멸되고 몸만 살아남아, 컴퓨터나 다른 피조물에 의해 조종되어 이전처럼 살아가고 행동하고 말한다는 상황을 가정해 보자. 이 경우 여전히 내가 행동한다고 말할 수 있을까? 그렇지만 어떤 경우에도 그것은 불가능하다. 몸이 살아남는다고 하더라도 사유 작용이나 생각이 사라진다면, 나는 더이상 존재하지 않는다. 거꾸로 나의 몸이 파괴되었으나, 영혼이 모든 생각과 사유 작용, 모든 기억과 욕망과 함께 고스란히 살아남을 경우를 가정해 보자.

물론 나의 주요한 부분이 남았으므로 나는 살아 있다고 말할 수 있다. 두번째 가정은, 공상과학소설에나 나올 법한 첫번째 가정처럼 순전한 관념적 환상은 아니다. 사실상 거의 모든 문명은 인간의 영혼이 육체와 분리될 수 있음을 전제로 하고 있다.

---

1) 신경생물학자 장 피에르 샹죄의 연구 작업 (『L'Homme neuronal』 저널에 발표된) 과 같이 어떤 사람들은 언젠가 그것을 실현하기 위해 이러한 생각을 연구의 전제로 삼고 있다. 그러나 현재로선 그러한 작업들이 불가능하며 어떤 것도 그 연구 작업의 타당성을 보장하지 못한다.

죽음 - 영혼과 육체의 분리

죽음의 순간에 일어나는 것은 바로 영혼이 육체를 떠나고, 영혼이 육체에 더이상 생명을 주지 않는 것이다. 그러나 영혼 그 자체는 순전히 정신적인 생존을 유지한다. 최근 이러한 생각은 뜻밖의 신빙성을 얻게 되었는데, 그것은 거의 죽은 인간들을 회생시키는 의학 기술의 발전으로 가능해진 개인적 경험에서 나오는 것이다. 물론 의학적으로 죽음 판정을 받았던 사람이 회생한다는 것은 기적 같은 일이다.

그런데 회생한 사람들은 불안감을 감추지 않고 이구동성으로 거의 같은 이야기를 하고 있다. 그들은 자신의 몸을 거리를 가지고 보았으며, 주위에 의사들이 분주하게 움직이는 모습을 목격했다는 것이다. 마치 정신이 실내에 떠돌고 있는 것처럼, 그리고 그들은 눈 이외의 다른 것을 통해서 보는 것처럼 말이다. 그들은 의사들의 대화를 들었으나 어떠한 육체적 고통도 느끼지 않았다는 것이다. 대부분의 종교나 플라톤, 데카르트와 같은 철학자들이 주장하는 바처럼, 그들의 영혼은 몸과 유리되어 살아 움직인 것이다.

유물론 논쟁

물론 이러한 것들이 절대적인 증언이라고 볼 수는 없다. 그 까닭은 우리는 이러한 현상을 그들의 뇌세포가 감각의 부스러기들에서 만들어낸 꿈과 같은 이야기로 해석할 수 있기 때문이다. 그리고 신경학자들은 유사한 상황이 비슷한 꿈을 만들어낼 수 있다며, 위와 같은 불안정한 이야기를 설명한다.

서구 현대 과학은 24세기 전 데모크리토스(기원전 460~370, 그리스 철학자)와 에피쿠로스에 의해 창시된 유물론이라는 또다른 형이상학 전통에 서 있다. 이에 따르면 모든 것은 물질에 불과하고, 생각도 물질에서 나온 것이며 뇌세포의 전기화학적 활동의 결과일 따름이다. 마찬가지로 뇌세포가 작동하지 않는다면, 생각도 사라지게 된다. 육체가 죽을 경우, 인간의 존재도 돌이킬 수 없이 부서져 내린다.

16세기 이후부터 기계주의적 유물론 사상은 시나브로 물질적 본질과 삶을 이해하고 지배하는 데 커다란 역할을 했다. 오늘날 신경생물학자들과 신경정신과 의사들은 이러한 사상을 학문에 적용시켜 새로운 과학을 만들고자 하나 아직은 걸음마 단계에 있다. 비록 뚜렷한 결과를 얻지 못하고 있더라도 그들의 열의는 대단하다. 이러한 작업의 전제와 가정이 인간 정신의 비밀을 꿰뚫을 수 있을지 역사가 그 가능성을 말해줄 것이다.

철학적 성찰은 우리의 생각을 도와 이러한 논쟁을 가르는 근본적인 해답을 줄 수 있으나, 지금 이 글의 계획에 절대적으로 필요한 것은 아니다. 우리는 욕망과 의지라는 이중성의 기원이 몸과 영혼을 지닌 인간 존재의 이중성에 있을 가능성을 추적하고 있다.

그런데 유물론자라면 영혼에 대해 말하기를 꺼려할 것이다. 왜냐하면 영혼이란 단어는 살아 있는 실체를 떠오르게 하므로, '정신현상구조psychisme'라고 명명한다면, 육체와 사유를 더 잘 구별할 수 있을 것이다. 물질과 뇌세포의 활동이 생각과 사유를 만들어 낸다면, 생각, 의식과 뇌세포의 활동을 혼동해서는 안 된다. 생각과 의식이란 뇌세포나 신경조직에 있는 전기의 흐름과는 별개의 것이기 때문이다.

지각의 메커니즘

이러한 중요한 구분이 이루어졌다면, 나는 자신의 내부를 좀더 명료하게 들여다볼 수 있다. 의지란 정신의 행위인 반면, 욕망이란 마치 외부에서 오는 것처럼 정신에 부과된다. 욕망은 의지와 관계없이 영혼을 움켜쥔다. 그런데 정신의 밖에 있는 것, 그러나 끊임없이 정신에 힘을 미치는 것은 (정확히 말해서) 몸과 육체이다. 나의 욕망은 정신이 육체에 미치는 영향력에서 생기는 것이므로, 그렇기 때문에 욕망은 나의 의지에 예속되지 않고 저항하는 것이다. 바로 이것이 데카르트가 주장했던 이론이다.

데카르트는 『형이상학적 성찰』(1641)에서 이러한 생각을 분석하고 심화시켰으며, 특히 『정념론 Les passions de l'âme』(1649)에서 자신의 주장의 정당성을 확보하는 데 주력하면서 훨씬 더 자유롭게 사유의 영역을 개척해 나갔다.

17세기 언어에 따르면, 인간의 '감동 les émotions'(기쁨, 슬픔 등)과 '욕망'(현대적 의미에서의 '열정'과 같은 증오, 과도하고 과격하고 심지어는 헤게모니적인 욕망)이 '열정 la passion'이란 주제적이고 대변성을 지니는 말로 지칭된다. 이로 인해 데카르트는, 영혼의 수동성이 드러나는 모든 것을 바로 '열정'이라고 명명한 그 당시 프랑스어의 우월성을 간파했다.

그러나 영혼이 육체의 영향력을 수동적으로 겪고 있는 두 가지 경우를 살펴보아야 한다. 하나는 육체의 내부에서 고통스럽거나 기분 좋은 '느낌'을 가질 때이고, 다른 하나는 어떤 대상을 '지각'할 때이다. 대상은 나의 감각기관(피부, 귀, 눈, 코 등)에 힘과 영향을 미치고 나의 신경에서 뇌세포까지 전달되는 과정에서 수정을 거친 다음, 뇌세포는 결과적으로 정신에 영향을 끼친다. 이러한 수정과 변화의 과정은 일종의 감각이며, 사물에 대한 지각이기도 하다.

이 대목에서 우리는 지적 혼동에 빠지지 말아야 한다. 가령 열을 느끼거나 눈에 보이는 초록색은, 신체의 감각기관, 신경조직, 뇌세포에 포착되고 감지되는 대로 나타나지 않고, 나의 정신(또는 의식, 심리, 영혼 등은 정신과 거의 동의어로서 동일한 현실을 지칭한다) 속에 포착되는 대로 나타난다. 나의 몸과 신경 속에서 느끼는 감각과 상통하는 것은 특별한 변화의 움직임이고, 이러한 움직임은 정신적인 감각의 물질적 기호체계를 구성한다(마찬가지로 텔레비전의 이미지와 소리는 헤르츠의 파동, 자력을 지닌 띠나 디스크에 의해 운반될 수 있도록 코드화되어야 한다).

현대의 신경생물학자들은 데카르트의 주장과 설명에 동의한다. 정신의 위상과 기원 외에, 그들 사이의 유일한 차이점은 신경뇌세포 기호 체계의 본질과 연관된 것이다. 데카르트 시대의 사람들은 전기가 무엇인지 몰랐으며, 전기는 국부적인 움직임이나 충격 파장이 초인종의 줄처럼 팽팽히 긴장된 신경조직을 따라 순환한다고 연상했다. 알렉산드로 볼타[2] 이후 생물학자들은 그것이 전기의 흐름이라고 알고 있다. 그럼에도 불구하고 전기의 흐름은 다른 것이 아니라 파장적인 본질을 지닌 전자의 움직임이다.

게다가 신경생물학자들만이 운용할 수 있는, 전달되는 것과 기호 체계에 관한 세밀한 연구는 유기체를 변화시키거나 치료하기 위해 애쓰는 의사나 기술자들에게 중요하다. 데카르트가 주장한 원칙들은 오늘날에도 여전히 정확성을 지닌다. 인간 존재를 구성하는 영혼과

---

2) (역주) 알렉산드로 볼타(Alessandro Volta), 이탈리아 물리학자. 1745~1827.

육체의 교묘한 결합을 이해하려는 사람에게 중요한 것은 물질적인 세목들이 아니라 바로 데카르트 철학의 원칙이다.

열정과 육체의 기원

자, 이제 우리의 주관심사로 되돌아오자. 육체가 영혼에 미치는 힘과 영향은 세 가지가 있다. 그 중 두 가지인 감각과 지각 현상을 통해서, 나는 정신이 외부에서 영향을 받을 수 있다는 점을 의식한다. 즉 나의 정신은 몸이나 지각 대상에서 영향을 받을 수 있다. 그러나 모순되게도 그것은 17세기 언어가 '열정'이라고 일컫는 것 안에서 내가 의식하지 못하는 점이다.

나는 욕망이 정신에서 나오고, 의지와 마찬가지로 욕망은 정신의 행위라는 느낌을 갖고 있다. 그런데 그것은 나의 욕망이 의지와 상반되며, 그러므로 욕망은 외부에서 부과되는 것처럼 보이는 사실에 대한 단순하고 소박한 성찰이며 환상에 불과하다. 그것은 욕망 속에 육체의 결정적인 역할과 기능에 대한 생각을 암시하기에 충분하다.

욕망이 생물적인 욕구에서 그 연원을 찾는 경우, 그것은 분명해 보인다. 가령 육체 안에 객관적인 결핍 현상이 생기면, 이내 배고픔과 먹고 싶은 욕망이 생기게 마련이다. 마찬가지로 성적 욕망도 육체의 객관적인 계획, 즉 생식의 계획에 부합하는 것으로 해석할 수 있다.

그러나 데카르트처럼, 어떻게 이러한 설명 방식을 모든 인간의 감정에 일반화시킬 수 있을까? 데카르트는 어떤 좋고 나쁜 소식이 인간의 기분을 설명할 수 없을 경우, 인간은 이유 없이 기쁨과 슬픔에 잠길 수 있다는 점을 주목했다. 그는 이러한 현상에서 육체가 눈에 보이지 않게 영향을 미친다는 징표를 읽었으므로, 다음과 같은 설명이 가능하다.

가령 동맥이 팽창하거나 피가 잘 순환할 때, 인간은 기분이 좋고, 그와 반대로 동맥이 수축되거나 피의 순환이 순조롭지 못할 때, 인간은 까닭 없이 슬퍼진다는 것이다. 인간 신체의 화학적 체계를 더 잘 알고 있는 현대 생물학은 이에 대한 (물론 데카르트보다 덜 우연적이고 덜 환상적인) 신체적 이유를 명확히 밝히고 있다. 그러나 현대 생물학은 데카르트의 원칙과 설명 체계를 따르고 확인할 따름이다.[3] 그리고 그것은 해가 밝은 날 우리가 왜 기분 좋아하는가를 설명한다. 우선 밝은 햇살은 인간의 몸에 영향을 미치고, 그 효과가 감정의 형태로 인간 정신 안에 메아리치기 때문이다.

두려움의 열정

마찬가지로 데카르트는, 맹수를 만났을 때처럼 큰 위험에 처한 인간의 두려운 감정과 같은 더 복잡한 감정을 설명하고 있다. 여기서 우리는 정신이 암시하는 이론 ― 이른바 주지주의적 intellectualiste 이론을 거부해야만 한다. 그 이론에 따르면 인간이 사자를 만났을 때, 정신이 그것을 보고 위험하다고 판단하였기 때문에 두려움이 생긴다고 설명한다.

그런데 이러한 해석은, 인간이 맹수와 마주쳤다는 사실이 왜 인간 정신에 상반된 두 가지 감정을 유발시키는가에 대한 이유를 설명하지 못하고 있다. 그 상반된 두 가지 감정이란, 공포로 인해 도망치려

---

3) 장 디디에 벵쌍 Jean-Didier Vincent, 『열정의 생물학 Biologie des passions』, Odile Jacob.

는 욕망과 맞서 싸우려는 욕망이다. 맞서 싸우려는 욕망이 생기는 것은, 타인의 눈을 의식하여 자신의 위신을 추락시키지 않기 위해서가 아니라, 그렇게 함으로써 생존의 기회가 더 커진다고 판단할 때이다. 데카르트의 이원론적 생각은 우리의 정신 안에서 일어나는 갈등을 설명한다. 즉 싸우려는 의지는 지적 판단에서 나오는 것이나, 두려움은 지적 판단에서 기인하는 것이 아니라, 인간의 영혼에 영향을 끼치는 육체에서 비롯된다는 것이다.

반사적 행위

육체가 영혼에 미치는 영향을 더 잘 이해하기 위해서는, 인간의 육체란 완전히 수동적이거나 의식의 질서에 완전히 예속된 것이 아니라는 점을 상기할 필요가 있다.

데카르트는 살아 있는 몸은 일종의 기계라고 했다. 인간의 몸은 존재하는 모든 기계 가운데 가장 완벽하고 훌륭한 것이다. 정확히 말해서 몸이란 메커니즘의 총체이다. 이것은 특별히 의식의 도움 없이 이루어지는 반사적 행위에서 잘 나타난다.

가령 내가 무심코 뜨거운 판에 손을 댄다면, 나는 상황을 의식하기 전에 거기에서 손부터 뗄 것이다. 마찬가지로 말이나 트럭이 내게 돌진해 온다면, 몸은 의식의 명령을 기다리지 않고 돌진해 오는 물체를 피하려고 재빨리 움직일 것이다. 그러므로 몸은 상황에 대한 총체적 반응 – 이미 머릿속에 프로그램되어 있는 반응 – 을 갖고 있다. 그것은 다음을 의미한다. 즉 인간의 뇌세포는 감각이 신경 조직을 '통해서' 보낸 코드화된 자료들을 분석하여 코드화된 정보가 이미 분류된 위험한 상황과 유사하다면, 뇌세포는 의식의 판단과 숙고를 기다릴 필요 없이 미리 프로그램된 적합한 근육의 반응을 만들어낸다.

데카르트는 이러한 정보 처리 과정을, 수력 회로와 압흔(壓痕)과 같은 그 당시의 기술적 지식으로 설명하려고 했다. 물론 그가 기술적 지식을 동원한 세세한 설명은 현대 과학에 의해 낡은 것이 되었다고 하더라도, 그의 설명을 떠받치고 있는 원칙들은 아직도 여전히 유효한 것이다.

상황이 덜 위급하거나 상황이 훨씬 더 복잡할 때, 뇌세포는 정보를 정신에 전달하고, 자신에게 되돌아 온 결정을 실행한다. 이 경우 뇌세포는 의식에 감각적 자료들만 전달하고, 의식에 감성적인 영향을 행사한다. 그렇게 함으로써, 이성이 우리에게 어떤 위험도 없다고 말할지라도, 뇌세포는 어느 정도 단순하고 이전 경험의 한 기준으로 위험하다고 판단한 상황 — 가령 절벽 앞에서, 길들여진 야수 앞에서, 공포영화를 볼 때처럼 — 앞에서 두려움의 감정을 유발시킨다. 이성이 우리에게 아무것도 아니다라고 말하고 의지가 상반된 태도를 보일 때일지라도, 우리는 두려움과 공포심을 갖게 된다.

열정의 자연적 기능

그렇다면 왜 이런 것일까? 데카르트에 따르면, 대자연의 체제가 커다란 예지 안에 있기 때문이다.[4] 거기에는 '몸이 스스로 준비하는

---

4) 이러한 생명의 메커니즘은 어디에서 오는가? 대답은 여러 가지이다. 현대 유물론적 사상을 주장한 찰스 다윈은 순전히 기계적이고 맹목적인 과정 (지성과 목적성이 결여된 진화와 자연 도태의 과정)을 통한 생명의 창조를 설명하려고 한 반면, 데카르트는 <신-엔지니어 dieu-ingénieur>가 만든 지적인 창조로 보았다.

한편 앙리 베르그송은 위의 두 가지 설명 방식을 거부하고 생의 철학을 주장하였으나,

것을 영혼이 원하도록 독려'하는 열정의 자연적 기능이 있기 때문이다. 이를 이해하기 위해서 인간이 쾌락이나 고통과 같은 감각을 상실하고 몸은 객관적인 정보만을 영혼에 전달한다고 가정해 보자.

그러면 내가 불 위에 손을 대면, 나는 어떤 고통도 느끼지 않을 것이다. 대신 나는 '흥미로운 현상으로, 섭씨 450도의 온도가 섬유질을 태울 것이라는 것' 등을 머릿속에 떠올릴 것이고 ‒ 그럴 만한 이유나 동기가 없더라도 ‒ 나는 손이 타버리도록 내버려 둘 수 있다. 그것은 마치 타인들 앞에서 구경거리를 제공하는 것과 마찬가지이다. 그러나 영혼이 몸을 돌보기 위해서, 우리가 고통받을 때 저주스런 고통과 같은 감각의 존재가 매우 유용하다고 볼 수 있다.

데카르트는 '선박의 조타수처럼, 우리가 우리의 몸 안에 있는 것이 아니다'라고 말한다. 즉 선체에 생긴 구멍에 대해 고통을 느끼지 않는 선원과 달리 우리는 몸과 순전히 지적 관계를 맺는 것이 아니다. 감각과 감정의 관계를 맺고 있다. 즉 몸이 다쳤을 때 정신은 고통을 느끼기 때문이다.

열정을 정당화하는 것은 감각을 정당화하는 것과 마찬가지이다. 위험 앞에서 어떠한 두려움도 갖지 않는다면, 나는 타인에게 깊은 인상을 남기려는 욕망만을 갖고 머리 숙여 그 위험한 곳으로 돌진할 수 있다. 비록 나의 몸이 보다 현명한 본능에 따라 도피를 준비할 경우라도 말이다. 영혼·육체의 복합체의 생존을 보장할 목적으로, 그리고 자유의지가 육체의 메커니즘과 협력이 가능하도록, 나의 몸이 영혼 안에서 감정적 상태를 만드는 까닭이 바로 거기에 있다. 그

이러한 형이상학적 논의는 또다른 본격적인 연구 작업을 필요로 한다.

리고 데카르트의 말처럼 열정이란 자연적으로 유용하기 때문에, 열정이 '거의 모두 좋은 것'인 이유도 여기에 있다.

나쁜 열정 - 분노

그럼에도 불구하고 열정과 욕망이 항상 좋은 것만은 아닌 경우가 더러 있다. 그러한 경우 기분을 좋지 않게 만들고 불행을 불러일으킨다.

예를 들어 상황을 정리해 보자. 가령 내가 카페에서 팔꿈치를 바텐더에 기대고 있을 때, 누군가 등뒤로 다가와서 내 몸을 흔든다고 하자. 이내 나의 몸은 공세를 취한다. 심장 박동은 점점 가빠지고, 혈액 순환이 빨라지며 근육은 긴장하고, 소화 기능은 정지되며, 몸은 고통에 무감각해진다. 이 모든 것은 몸 안에 있는 아드레날린과 같은 화학 물질이 생산되고 방출됨으로써 나타나는 현상이다. 동시에 그것은, 나의 의식이 방어의 임무 ― 내 몸이 준비하는 ― 와 협력하기 위해서 정신 속에서 화를 치밀게 한다.

공격하는 사람이 사과하고, 나의 지적 능력도 그가 적대적인 의도 없이 우연히 몸을 건드렸다고 생각하더라도, 나는 그 자를 때려주고 싶은 마음을 가질 것이다. 나의 지적 능력은 다음과 같이 생각하게 한다. 즉, 하찮은 일로 모든 것을 다 깨버리는 것은 헛된 일이고, 누군가를 병원에 입원시키거나 아니면 내가 입원하거나 하는 위험을 무릅쓴다는 것도 무용한 일이라는 것을. 그런데 이러한 생각은 나중에 후회하는 순간이 되어서야 나의 정신에 분명히 다가온다. 하지만 지금 당장은 치미는 분노와 폭력을 휘둘러서라도 무례함을 고치고자 하는 마음 때문에, 이성적인 생각은 맥을 추지 못한다. 그러한 상황 속에서 우리는 어느 정도 육체의 희생자라고 볼 수 있다.

열정의 타락

많은 사람들은 지속적으로 과격하게 행동하곤 한다. 어느 정도 삶의 경험이 있는 사람은 인간 존재란 얼마나 비합리적이면서도 스스로에게 해가 되는 방식으로 행동하는지 잘 알고 있다.

얼마나 많은 사람들이 나중에 개탄할 만한 일을 저지르고 그로 인한 분노와 괴로움을 참지 못해 후회하는가? 얼마나 많은 사람들이 현재의 만족을 누리지 못하고, 미래의 행복을 준비하지 않으며, 잃어버린 행복이나 겪은 피해로 지난 과거의 사건을 괴로워하며 살아가는가? 누구나 사랑을 나누면서 삶을 풍요롭게 누릴 수 있으나, 이 세상에는 얼마나 많은 사람들이 자신의 공격성을 억제하지 못하여, 배우자와 눈물과 원망 어린 싸움을 하여 결혼 생활을 여지없이 망가뜨리고 지옥으로 만드는가?

철학자 알랭[5]은 『행복론』에서 심리학자들이 연구한 '슬픈 마리, 즐거운 마리'의 경우를 환기시키면서 동시에 기막히게 데카르트의 이원론을 강화시키고 인간 조건에 독특한 빛을 던져주고 있다.

'이 여자 아이는 시계처럼 규칙적으로 일주일 동안 유쾌하고 다른 한 주는 슬퍼한다. 그녀가 기분 좋을 때는 모든 것이 잘 돌아간다. 이때 그녀는 비를 해처럼 좋아한다. 조금이라도 친한 표시를 하면, 그녀는 자지러지게 좋아한

---

5) (역주) 프랑스 철학자. 본명 : Emile-Auguste Chartier, 1868~1951. 알랭은 독창적인 사유 체계를 만들지 않은 드문 대철학자들 가운데 하나이다. 그는 데카르트나 헤겔 같은 철학자들을 정신적인 선배로 생각하고, 특히 『행복론』(일간 신문에 연재했던 짧막한 글들을 테마 별로 취합한)에서 이들의 사상을 삶의 문제에 적용시켰다.

다…… 그녀는 권태를 느끼지 않고 그녀의 조그만 생각도 즐거운 빛을 발한다…… 그러나 한 주 후에는 모든 것이 바뀐다. 그녀는 절망적인 우울함에 빠지고, 아무것도 그녀의 흥미를 자극하지 못하며 그녀의 시선은 모든 것을 시들게 만든다. 그녀는 행복을 믿지 않으며 따뜻한 온정을 느끼지 않는다. 아무도 그녀를 진정으로 사랑하지 않았다. 다른 사람들은 옳은데, 그녀는 스스로 어리석고 지겨운 존재로 생각한다. 그녀는 이에 대해 생각하면서 상황을 더욱 악화시킨다. 그녀 자신도 그것을 알고 있다. 그녀는 끔찍한 방법으로 자신을 찬찬히 죽여 간다. 그녀가 말하기를 '아 당신이 내게 관심 있다는 점을 믿게 하려고 하시는군요. 그러나 나는 당신의 코미디 연기에 속지 않습니다.' 칭찬은 나를 조롱하는 것이고, 좋은 일을 베푼다는 것은 모욕하는 것이다. 비밀은 매우 검은 모함과 공모이다.'

우울의 논리

심리학자들은 편집광적이고 침울한 조울증의 상태, 특히 피해망상증을 '파라노이아 paranoïa'라고 진단할 것이다. 극단적인 경우가 아니더라도, 얼마나 많은 인간의 삶이 그와 유사한 기분 (정도에 따라 다양하거나 지속적이기는 하지만)을 갖고 살아가는가?

그렇지만 이러한 현상에 대해 설명하는 방식이 특이하다. 즉 의사는 '혈구의 양을 입방 센티미터의 단위로 측정했고 그 법칙은 분명했다. 환희의 순간 끝에 혈구는 희소해지고, 슬픔이 끝나면, 혈구는 증식한다는 것이다. 피의 적고 많음이 모든 상상이라는 환영(幻影) 효과의 이유였던 것이다.' 이 대목에서 알랭은 '피의 양적 변화가 기분 변화의 원인이나, 그것이 기분 변화의 결과는 아니라'고 하면서 데카르트적인 이원론자(또는 유물론자)처럼 사유한다.

210

일반적으로 우울증에 걸린 사람은, 자신에게 이러저러한 불행한 일이 일어났고 세상은 끔찍하다고 생각하고 자신이 항상 불행한 이유를 갖고 더이상 살고 싶지 않은 이유를 설명한다. 문제는 다른 사람들도 똑같이 겪었으나 그만큼 불행하지 않다는 데 있다. 그러므로 그 동기 때문에 우울에 빠지는 것이 아니라, 그 자신이 우울하기 때문에 동일한 동기라 할지라도 그를 더욱 짓누르는 것이다.

심리적인 것과 신체적인 것 – 갈등과 화합

이 대목에서 신경증적 우울에 관한 두 가지 설명이 서로 상충한다. 심리학자들, 특히 정신분석학자들은 정신주의적 함의가 담긴 이론을 받아들인다. 즉 정신분석자들은 정신적 우울증의 원인이, 환자가 말하는 것보다 훨씬 근본적이고, 무의식 안에 오랫동안 억압된 정신적 외상 le traumatisme에 있다고 보았다. 그러므로 병리적인 상흔을 중화시켜 상처를 의식의 표면 위로 떠올리는 언어와 분석적 치료방법으로 환자를 치유해야 한다.

신경과 의사와 정신 의학자는 데카르트적인 이원론에 따라 유물론자들처럼 사고한다. 즉 이들에 의하면, 깊은 멜랑콜리 la mélancolie noire의 원인이 육체적이고 뇌세포적 차원에서 나타나는 무질서이므로 화학 물질로 만들어진 항우울제를 사용하여 그 무질서를 바로잡아 그 증상을 치료해야 한다는 것이다. 오랫동안 정신병적 우울을 해석하고 치료하는 데 있어서 상반된 두 가지 방식과 두 가지 다른 사유 체계가 공개적으로 싸움을 벌여왔다.

데카르트의 이원론은 두 가지 상반된 입장을 화해시키는 하나의 가정을 내세운다. 즉 정신병의 첫번째 원인이 심리적 상처일지라도,

그러한 심리적인 상처가 우선 육체에 영향을 미쳐야만 방해 요인이 될 수 있다. 심리적인 상처는 우선 육체 안에서 교란을 꾀하고 한참 뒤에 육체적 교란이 정신적 장애를 일으키게 되는 것이다. 우울증을 치료하기 위해서 육체와 정신을 모두 다뤄야 한다.

우선 약물로 쉽게 효과를 얻을 수 있는 육체를 먼저 치유하고, 그 다음 단계로서 근본적인 이유를 제거하여 재발을 방지하기 위해서 정신을 치유해야 한다. 이러한 입장은 학문적 분파주의로 인한 편협성을 거부하는 일군의 심리치료학자들이 최근 취하고 있는 태도이다. 데카르트의 이원론은 좀더 세련된 신체심리의학la médecine psychosoma-tique을 위한 이론적 기초를 마련하고 있다. 신체심리의학이란, 정신의학자들처럼 육체가 정신에 미치는 영향과, 정신분석학자들이 말하는 바처럼 (극단적인 정신분석학자들은 모든 육체의 병은 심리적이라고 주장한다) 정신이 육체에 미치는 영향만을 고찰하는 것이 아니라, 정신→육체→정신의 내적 상호 연관성을 연구 대상으로 삼는다.

열정의 다스림과 총체적 과학이론

인간의 열정은 불행을 야기시키므로, 우리는 열정을 다스려야만 한다. 이원론적 사고는 육체를 열정의 진원지라고 주장하므로, 열정을 화학적으로 치료해야 한다는 생각이 가능하다. 이것은 인간의 자유와 존엄성에 상처를 주더라도, 개인의 생명이 위급할 경우 ─ 심한 정신적 우울증처럼 ─ 에 취해야 하는 치료 방법이다. 데카르트는, 인간을 자신의 삶을 포함한 '대자연의 주인이자 소유주'로 만들기 위한 총체적 과학 이론의 정립 과정 끝에 그러한 가능성을 엿보았다.

사실 17세기 초 갈릴레오와 동시대에 살았던 데카르트는, 과학을 통해 확고한 진리를 추구하려는 아리스토텔레스 철학에 반대하면서 새로운 사유 체계, 새로운 철학을 정립하려 했다. 고대의 모든 지식이 오류와 혼동으로 가득찬 시도에 불과하다고 비판하는 현대 과학은 바로 데카르트와 갈릴레오와 함께 태어났으며, 갈릴레오의 육체 운동의 법칙과 데카르트의 광학 법칙은 여전히 오늘날에도 받아들여지고 있다.

데카르트는 자신의 초기 과학적 발견에 도취한 나머지, 조수들의 도움을 얻어 살아 있는 동안 총체적 과학이라는 기획을 실현할 수 있다고 믿었다. 그는 우선 생물학과 의학 이론을 먼저 완성하면, 이로 인해 500년 정도까지 수명을 연장할 수 있으며, 나머지 학문들도 완성할 수 있다고 생각했다.

대자연을 완전히 지배하려는 데카르트의 프로메테우스적 계획 — 병을 정복하고 수명을 연장하려는 계획 — 은 오늘날 사람들에게는 광기 어린 무모함으로 보일지 모르나, 중요한 것은 바로 이러한 데카르트의 야망이 4세기 동안 현대 서구 사회를 집단적이고 점진적으로 추동해 온 힘이라는 사실이다. 데카르트는 세상사가 그렇게 단순하고 쉽지 않다는 것, 그리고 대자연을 인간의 욕망에 완전히 예속시키는 것이 인간에게 행복을 가져다 주지 않는다는 사실을 깨달았다.

이것은 비단 데카르트에 국한된 것만이 아니라 우리 현대인에게도 해당되는 것이다. 어떤 약들은 어려운 시기에 인간에게 유익하나, 약에 종속된다는 것은 곧 노예와 소외의 상태를 낳게 한다. 게다가

화학 물질과 마약은 끔찍한 부작용을 불러일으키며 인간의 자유와
정체성마저도 파괴할 수 있다.

좋은 행동을 위한 올바른 판단

우리는 열정과 욕망과 감정을 다스리고 행복을 얻기 위해서, 화학
적이고 테크닉한 방법이 아닌 다른 길을 찾아야 한다. 문제는 화낼
경우처럼 열정이 나를 사로잡을 때, 모든 사유 작용에도 불구하고
열정은 이에 저항하는 의지보다 더 강하고, 정신을 눈멀게 만들며
이성과 의지를 열정의 노예로 종속시킨다. 그 다음 나는 모든 이성
의 힘, 이미 구겨지고 짓밟혀진 정신의 힘을 빌어 감정에 흘렸던 행
동을 정당화하려고 한다. 결국 나는 열정이 사라지고 후회의 순간이
돼서야 모든 사유 기능을 회복하는 것이다.

그렇다면 나는 이성을 강화하고, 맹목적인 열정에 대항하기 위해
서 이성을 원칙으로 무장해야 한다. 데카르트는 열정의 노예가 되지
않기 위해, 마땅히 해야 되고 그렇지 않은 일에 대해서 ― 즉 선과
악에 대해서 ― 확고한 판단으로 열정에 맞서야 한다고 주장한다.
그것은 열정을 없애버리는 것이 아니고, 열정이 나를 지배하는 것을
막기 위한 것이다.

가령 화가 치밀고 상대방을 때리고 싶을 때, 나는 약한 존재나 사
람에게 폭력을 휘두르지 않을 것을 생각해야만 한다. 그리고 결투에
앞서 두려움이 생길 때, 나는 비겁한 모습을 보여 자신의 명예를 실
추시키지 말아야 한다(여기서 '나'는 데카르트의 생각을 대변하고 있다).

내가 그렇게 정확한 판단을 말로 표현하지 않는 것은, 내가 열정
에 예속되거나 좌우되지 않고, 끓어오르는 분노가 식을 때까지 기다

214

리며 행동을 유보하는 일반적인 행동 규범을 알고 있기 때문이다. 왜냐하면 이러한 현상은 나의 영혼 속에 열정을 불러일으키는 일련의 신체적인 변화들이기 때문이다. 신체 안에서 일어나는 무질서는 일정한 시간 동안만 지속된다. 유기체의 기계적인 법칙에 순응하는 이러한 무질서는 금방 진정되고, 열정 역시 바로 식기 때문이다. 그러므로 열정이 식어가기 때문에 올바른 판단력과 진정한 자유가 생길 때까지 나는 행동을 자제할 수 있다.

개인적 경험

열정에 휩싸이지 않고 올바른 행동을 위해서는 우선 정확한 판단과 아울러 행동의 일반 원칙과 잠언(箴言, maxime)이 필요하다. 그러면 이에 이르는 방법은 무엇인가? 물론 진정한 선과 자유에 대한 철학적인 글과 이에 대한 성찰이 도움을 주는 것은 사실이다. 더군다나 그것은 개인적 경험에 속하는 일이다. 우선 삶 그 자체와 젊은 사람들이 저지를 수 있는 잘못들을 통해 우리는 열정으로부터 거리 두는 방법과 올바른 행동 양식을 간접적으로 배운다.

옛 사람들의 경험이 젊은 사람들에게 직접적으로 전수될 수 없으므로, 젊은이들은 앞의 사람들이 저지른 잘못을 반복하고 동일한 환상 속에 빠져들 수 있다. 아무도 나의 삶을 대신 살아 줄 수 없기 때문이다. 그것은 선조들의 훈계 admonstrations와 철학적 성찰이 쓸데없다거나, 그 효과가 즉각적이지 않다는 것을 뜻하지 않는다. 그것은 좋은 결실을 거두기 위해 개인적 경험이라는 부식토(腐蝕土)가 요구되는 씨앗과 같다. 선조들의 잠언이나 철학적 성찰은 문제 의식을 낳게 하며, 문제 의식이 없으면 시련을 통해 얻어진 삶의 경험은 몰

이해 속에서 아무런 의미없이 멸실되고 만다.

치정범죄에 대한 관용

열정의 기원(어느 정도 정신과 독립된)에 관한 데카르트의 이론은, 프랑스 사법 제도가 지나친 열정에 사로잡혀 저지른 치정 범죄에 대해서 그토록 관용적인 까닭을 잘 설명해 주고 있다. 이와 반대로 프랑스 사법부는 사전에 세운 치밀한 계획에 따라 침착하게 저질러진 '냉혈적'인 범죄에 대해서는 엄중하게 다루고 있다('냉혈적'이란 일반적 표현은 데카르트적 생리학 - 적어도 여기에서 생겨나지 않았다면 - 을 잘 반영하고 있다. 왜냐하면 이 '냉혈'이란 말은, 데카르트의 분노의 격정에서 그 기원을 찾는 '온혈', '뜨거워서 끓는'이란 말과 상반되기 때문이다).

그 까닭은, 열정이 인간을 맹목적으로 만들어 생각을 못하게 하는 반면, 사전 모의 시간 동안 정신은 사건의 결과를 예상할 수 있고 행동의 윤리적 가치를 알려주므로 그것은 (사전모의 시간은) 생각하는 시간이기 때문이다. 가령 자신의 아내가 외간 남자와 동침하는 장면을 목격한 즉시 총으로 쏴 죽인 사람은 용서받을 수 있는 가능성이 큰 반면, 동일한 사람이 그 자리에서 행동을 취하지 않고 냉정하게 복수의 칼날을 갈아 살인할 경우 동일한 결과일지라도 그는 20년 또는 30년 징역형을 선고받을 수 있다.

이 점에 대해서 데카르트 철학이 딱히 일반적이고 공통된 인식(적어도 프랑스적인 인식)을 그대로 반영하는지, 아니면 그 반대로 강한 침투력과 영향력을 지니고 있는 데카르트 철학이 일반적인 인식을 만들었는지에 대한 질문은 여전히 남아 있다.

열정의 제거

선한 것과 해야만 하는 것에 대한 분명하고 명증한 생각으로 인해, 나의 의지는 열정에 저항하는 힘을 갖는다. 그럼에도 불구하고 나는 두려워하고 화를 내는 등 열정을 끊임없이 경험한다. 나는 흔히 시간을 벌고 모든 행동을 유보함으로써 열정에 사로잡힌 상태에서의 행동을 자제할 수 있다. 그러나 그것은 최소한의 악일 뿐이고, 상황에 따라서 정확하고 빠른 행동을 취해야만 한다. 물론 나는 어떤 상황에서는 어떤 행동을 취한다는 것을 미리 정해 놓음으로써 긍정적인 규칙들을 만들 수 있다. 효율적이고 선한 행동을 위해서는 두려움, 불안, 슬픔, 분노 등 나쁜 열정들을 제거하는 것이 최선이다. 그런데 어떻게 나쁜 열정들만을 솎아내어 행동과 열정을 다스릴 수 있을까?

게다가 대자연의 법칙은 열정을 육체와 뇌세포의 변화에 연계시킨다. 그런데 데카르트는 예시를 통해 이러한 상관 관계가 수정될 수 있다고 한다. 일반적으로 보기 좋은 고깃덩어리는 식욕을 돋우고 욕망을 자극한다. 그렇지만 우연히 상한 고기를 먹고 탈이 난다면, 적어도 그 다음 얼마 동안 고기 냄새를 맡거나 고기만 보아도 역겨움을 느낄 것이다. 바로 이 대목에서 우리는 영혼에 미치는 육체의 영향력이 갑자기 변화함을 볼 수 있다. 따라서 똑같은 욕구나 자극이라 할지라도 유쾌하지 못한 경험으로 완전히 상반된 결과를 낳을 수 있는 것이다.

훈련과 언어

또다른 시사적인 예는 자연의 메커니즘을 뒤엎는 개 훈련의 경우이다. 개는 본능에 따라서 총소리와 같은 격한 소리를 들으면 놀라서 황급히 도망간다. 개는 속성상 산토끼가 도망치는 것을 보면 달려가 잡고, 잡은 산토끼를 맛있게 먹기 위해 조용한 장소로 가지고 간다. 그런데 잘 훈련된 개는 사냥감을 보고도 가만히 매복해 있거나 첫번째 총성에도 놀라 도망치지 않는다. 더욱 놀랍고 반(反)자연적인 것은 개가 피묻은 사냥감을 그 자리에서 먹지 않고 유순하게 그것을 주인에게 가져다 주는 것이다.

하지만 훈련을 통해 동물의 신경조직 메커니즘과, 자극과 반응의 관계를 변화시킬 수는 있으나 영혼을 변화시킬 수는 없다. 왜냐하면 데카르트에 따르면, 동물은 영혼에 의해 움직이는 것이 아니라 순전히 신체적인 메커니즘으로 움직이는 것이기 때문이다. 데카르트는 동물이란 마치 감각과 같은 감정과 열정이 없는 것처럼 행동한다고 믿었다. 논란의 여지가 많고 사실 논박을 많이 받았던 '동물 - 기계론'으로 인해, 데카르트는 동물이란 단지 영혼 없는 몸에 불과하다고 주장할 수 없음을 명백히 밝혔다. 왜냐하면 데카르트는 신이 그렇게 만들었다는 환상을 가졌는지 알 수 없었기 때문이다. 그럼에도 데카르트는 동물이란 '마치' 단순한 메커니즘처럼 움직이고 동물의 모든 행동은 기계에 의해서 만들어질 수 있다는 주장을 굽히지 않았다. 바로 이것이 현대 로봇 공학과 인공지능의 연구자들이 감추고 있는 비밀인데, 이들은 인간을 데카르트가 동물을 환원시킨 상태, 즉 기술적으로 재생산될 수 있는 메커니즘의 총체로 환원하고자 한다.

데카르트의 마지막 예는 언어에 관련된 것이다. 언어는 소리의 총합에 단어와 의미가 결합하는 규범을 정립하려는 인간의 발명품이다. 인간의 뇌세포가 소리의 진동을 기록하고 그것을 정신으로 전달한다. 거기서 소리의 진동은 청각으로 변하고 곧바로 생각이 영혼 안에서 깨어난다. 구체적이고 신체적인 자극은 인간이 자발적으로 정립하려는 사상을 만들어낼 수 있다. 그러나 이러한 외관상의 즉각성은 오랜 언어 습득을 통해 얻어진 습관의 열매이다.

그렇다면 나는 영혼에 미치는 육체의 영향을 변화시킬 수는 없을까? 나는 그러한 영향이 열정을 일으키지 않도록, 마약이 아니라 의지와 실천으로 뇌세포의 메커니즘을 변화시킬 수 없을까? 그러한 희망은 현실로 나타날 수 있다. 동물과 달리 인간은 지적 능력과 의지를 지니고 있기 때문에 스스로 훈련할 수 있다.

열정에 반(反)하는 습관

사실 인간이 조금이라도 두려움의 노예가 되길 거부한다면 두려움을 없애기 위해 위험한 상황에 익숙해져야 한다. 그것은 바로 병사가 전쟁터에서 겪는 일이다. 병사가 전선에 도착하면 그는 두려움과 공포에 시달린다. 그가 이에 굴복하여 도망치고 탈영한다면, 그 두려움과 공포는 피할 수 없다. 그러나 겁내지 않고 도망치지 않으면 그는 두려움과 공포에 맞서 전선에서 한 발자국 앞으로 나아갈 수 있다. 공포심을 느끼더라도 초반에 제어할 수 있게 된다. 결국 그는 총알이 날아다니고 동료의 몸이 찢겨 피가 흐르더라도, 옆에서 편안히 식사하고 농담을 할 정도로 어떠한 감정도 생기지 않으며 주위환경에 익숙해진다.

마찬가지로 인간은 고통을 덜 느끼며 덜 '유약해지고' 심지어는 안락하고 편안하고자 하는 욕망마저 없애버릴 수 있다. 유사한 방법으로 무술과 전투는 우리로 하여금 감정을 다스리게 하여, 초심자처

럼 분노에 빠지거나 제어력을 상실하거나 이성을 잃지 않도록 해준
다.

그러므로 우리는 올바르게 판단하고 열정에 굽히지 않고 따라서
좋은 행동 습관을 얻는다는 것이 결국 열정을 다스릴 줄 알게 한다
는 것을 깨닫는다. 스토아 철학자들이 조금 지나치게 생각하는 것처
럼, 그 결과는 단순한 의지적 행동으로 즉각 얻어지는 것이 아니라
꾸준한 연습과 습관을 통해 얻어지는 것이다.

행복과 영혼의 내적 감정

나는 의지와 훈련으로 열정을 다스릴 수 있다. 그런데 이것과 나
의 행복은 어떤 연관이 있는가? 나는 열정을 다스림으로써 (좋지 않은
결과로 후회를 가져오는) 나쁜 행동을 피할 수 있다. 마찬가지로 나는
낙관적인 생각으로 행동하도록 노력함으로써 삶을 병들게 만드는
무거운 기분, 회한, 불안 등을 떨쳐버릴 수 있다. 그러나 자신에 대한
이러한 지속적인 노력으로 인해, 나는 욕망에 몸을 맡기면서 휴식을
취하고 영혼의 적정(寂靜)에 침잠할 때 느끼는 부드러운 쾌감 – 이
것 역시 행복을 맛보는 것이 아닌가! – 을 향유하지 못할 수 있다.
데카르트는 다음과 같이 답한다.

"우리의 선과 악은 원칙적으로, 영혼 안에서 영혼 그 자체에 의해 생겨나
는 내적 감정의 상태에 따라 좌우된다."

무슨 뜻인가? 데카르트는 자신의 표현을 사용하여 열정과 감정
상태를 구분짓는다. 그는 감정과 욕망의 본질이, 육체가 미치는 힘

에 의해 생겨난 영혼의 열정에서 나오는 것임을 주장한 다음, 분석의 단계에서는 순전히 정신적인 감정 (즉 어떠한 육체적 메커니즘의 개입 없이 영혼 자체에 있는 생각에 의해 영혼 안에서 촉발된 감정) 또한 존재한다는 점을 인정했다. 그는 이것을 '감동의 상태 les émotions'[6]이라고 지칭했다. 그런데 이러한 감정 상태가 행복을 맛보는 데 근본적으로 기여하므로 이것의 본질을 파악해야만 한다.

열정과 감동의 상태 – 악처를 잃은 홀아비의 경우

대부분의 경우 열정과 감동은 쉽게 구별되지 않고 혼동되며 공존하는 개념이다. 그러나 열정과 감동이 상반될 경우, '감동 l'émotion'이 무엇인가 분명히 할 필요가 있다. 데카르트는 재미있는 예를 들어 설명하고 있는 데 그 첫번째는 다음과 같다. 어떤 남자가 지독한 악처를 잃었다고 치자. 이 경우 그는 해방과 자유의 기분을 만끽할 것이고, 이때 느끼는 순수하고도 정신적인 기쁨이 바로 감동의 상태이다. 그러나 장례의식, 검은 천으로 장식된 교회, 검은 상복을 입은 친지들, 죽음의 전조들, 관, 레퀴엠의 코러스, 이 모든 것이 감각으로 느껴지면서 뇌세포에 영향을 주고 영혼 속에 열정을 자극함으로써 슬픈 느낌이 들게 만든다. 이 경우 아내를 잃은 남편은 흉내가 아닌 진정한 눈물을 흘리는 한편, 마음 깊은 구석에서는 희열과 비탄의

---

6) (역주) '움직임 le mouvement'이라는 어원에서 유래한 프랑스어 <l'émotion>은 몸과 마음 전체를 동요의 상태로 몰아넣는 것을 뜻한다. 인간이 삶에서 겪는 진한 감정의 상태를 모두 지칭한다. 쉬운 예로 인상 깊은 소설이나 영화를 통해 얻는 감동이나 부모나 사랑하는 사람의 불행을 보고 느끼는 격정의 상태를 들 수 있다. 그러므로 번역자는 문맥에 따라서 '감동(의 상태)', '격정(의 상태)', '흥분(의 상태)' 그리고 상당히 약화된 의미로 '감정(의 상태)' 등으로 옮기고자 한다.

감정이 교차할 것이다.[7]

비극의 이상야릇한 쾌락

한 정신 안에 모순된 감정이 동시에 존재한다는 사실(겉으로 보아 하찮은 경우이긴 하지만 인간 존재의 이중성을 뒷받침한다)에 대한 분석은 연극에서 느끼는 쾌락(데카르트의 두 번째 예)에 대한 설명을 가능케 한다.

사실상 우리가 비극(또는 오늘날 관람석을 메우는 폭력과 공포영화)에서 느끼는 쾌감보다 더 모순된 것이 있을까? 주인공이 겪는 위험과 불행과 야만적인 것으로 가득찬 장면은 관객을 공포와 연민과 슬픔의 도가니로 몰아넣는다. 그런데 그러한 감동을 통해 어떠한 쾌락을 느끼는가? 여기에는 잘 이해되지 않는 마조히즘(被虐症)이 도사리고 있는 것은 아닌가? 데카르트가 구별한 열정과 감동의 차이를 통해 이해할 수 없는 현상들을 설명할 수 있다.

앞에서 언급한 감정은 육체의 영향으로 영혼 속에 야기된 열정이다. 그리고 영혼은 무대 위에서 벌어지는 모든 것을 (현실과 허구의 구별 없이) 인식하는 능력을 갖고 있다. 그러나 영혼은 현실과 허구를

---

7) 이 이상야릇한 예는 르네 데카르트의 성공적인 부부 생활에 의구심을 자아내게 한다. 역사가들은 데카르트가 결혼을 하지 않고 하인과의 관계에서 딸을 하나 얻었다고 전한다. 그러나 이로 인해 그가 그녀를 사랑하지 않았다고 주장할 근거가 아무것도 없다. 왜냐하면 그 당시 데카르트와 같은 귀족들은 지체가 낮은 하인과의 혼인은 불가능한 것이었기 때문이다. 오히려 같은 역사가들은 데카르트가 딸이 죽었을 때와 마찬가지로 그 딸의 어머니인 하인이 죽었을 때 매우 슬퍼했다고 전한다. 그러므로 데카르트는 결코 '차가운 괴물'이 아니라, 사랑과 삶의 시련과 절망을 몸소 체험한 사람으로서, 인생의 황혼기에 쓴『정념론』에서 주장하고 있는 예지의 덕목을 자신에게 구체적으로 실험하고 있는 것이다.

변별하는 지적 능력을 갖고 있다. 육체적 메커니즘을 통해 공포를 자극하는 이러한 장경(場景) 앞에서, 영혼은 두려워할 것이 전혀 없다는 것을 알고 있다. 영혼은 스스로 공포나 사건보다 훨씬 강하다고 느끼면서, 우월하고 힘있는 감정을 달콤하게 즐긴다. 바로 이것이 우리가 비극을 보면서 느끼는 이상야릇한 쾌감이다.

정신적 고결함 또는 자유의지

이와 마찬가지로 삶에서도 행복은 좋은 조건을 지닌 외부적 사건이나 유쾌한 열정에서 오는 것이 아니라, 열정을 극복하고 의지를 다스리는 과정에서 느끼는 깊은 정신적인 환희에서 생겨나는 것이다. 중세시대에는 '자신의 의지를 자유로이 다스리는' 덕목(데카르트가 '정신적 고결함 la générosité'이라고 명명함)이 꽃을 피웠으나 오늘날에는 그 의미가 퇴색하였다.

이러한 도덕적 가치로 인해 중세에는 용맹스럽고 고결한 정신의 소유자 (피에르 코르네이유의 『르 시드』의 주인공 로드리그가 보여주는 것처럼)를 용감하고 '용기 있는' 자라고 불렀다. 게다가 스토아 철학의 현자들한테서 볼 수 있듯이, 우리는 조그만 철학적 성찰을 통해 부와 아름다움, 육체적 힘의 소유는 잠정적인 것이고, 의지만이 전적으로 내게 속함을 알 수 있다.

더군다나 나의 존재 가치를 이루고 있는 것은 우연이 아니라 바로 의지의 특성이다. 그것은 내가 마음대로 사용할 수 있는 강인한 의지, 이성에 복종하며 올바른 행동을 유도하는 힘센 의지를 갖고 있다는 사실을 드러낸다.

그리고 그것은 오늘날 낡아버린 표현으로 미덕 la vertu이라고 한다.[8] 이 말이 오늘날 낡아빠진 모습을 지니고 있더라도, 그것이 지니는 함의는 여전히 유효하며, 적절한 다른 표현이 없다면 그것은 '전형'이라고 말할 수 있다. 이것은 바로 오늘날 텔레비전 영화의 일반적인 주인공들이 지니는 주요 특성이다. 예컨대 개인적 이익을 챙기지 않고 과부나 고아를 보호하고 사회 정의를 실현하고자 자신의 부와 건강, 생명의 위험을 무릅쓰는 주인공들이 지니는 미덕과 특성을 말한다.[9]

미덕과 행복

데카르트에 따르면, 내 스스로 부나 영광이 아니라 선을 위해 의지를 올바르게 사용하려고 노력했다는 사실을 깨닫는다면, 나의 영혼은 '내적으로 만족할 것'이다. 내 스스로가 최선을 다했다고 느낀다면, 자신의 고결한 정신에 대해 자긍심을 지닐 것이고, 운명의 장난, 불운 등 사회적이고 외부적인 실패 때문에 고통받지 않을 것이다.

나 자신이 추구하는 가치에 대한 만족은 순수한 기쁨과 매우 정신적인 감동을 줄 것이고, 정신적인 감동은 내게 행복을 선사할 것이다. 내가 자유 의지를 지닌다면, 외부 세계의 공격성과 이에 따른 열정은 더이상 나를 동요시키지 않을 것이며, 그러한 열정은 나의 고결한 정신과 힘과 완벽성을 경험할 기회를 부여하므로 나의 기쁨은 한층 더 커질 것이다.

---

8) (역주) '미덕 la vertu'이란 원래 라틴어 '남성적 힘 virtus'에서 유래했다. 17세기는 영혼의 힘, 도덕적 에너지, 용기있는 행동 등으로 사용되었다.

9) 그러나 이러한 형태의 주인공은 모호한 성격을 지닌다. 그는 개인적인 폭력 사용 방법으로 일반 대중의 공격 본능을 부추기면서 원시적이고 불완전한 윤리적 이상만을 구현하기 때문이다.

모든 인간의 욕망은 성적(性的)이다

물건에 대한 소유욕과 성취 욕구 뒤에 감춰진
근본적인 욕망은 남에게 인정받고자 하는 욕망.
존재의 욕망. 존재론적 욕망이다.

정 신분석학의 창시자인 프로이트는 인간 심리의 본질에 관해 흥미로운 정보를 제공한다. 명백한 것은 여러 인문과학의 목소리를 듣기 위해 엄격한 철학적 사유의 영역을 벗어난다면, 우리는 더이상 순수한 이성의 몸짓만을 따를 수 없고, 이성의 연역적 추론 끝에 분명히 드러나는 것만을 참다운 것으로 인정할 수 없다.

그러나 우리는 인간의 일반적이고 공통된 차원에서 얻어질 수 없는 개인의 구체적인 경험에 바탕을 둔 학자들의 말에 귀를 기울여야 한다. 간단히 말해서 우리는 명성과 과학자들의 학문적 권위와 이들 사이에서의 합의(인간과학의 경우 합의 도출이란 거의 없는 것이지만)를 토대로 하여, 사람들이 종교와 선지자의 말을 믿듯이, 과학을 '믿어야'

한다.

반면 철학은 우리의 정신이 과학적 진리를 스스로 판단하도록 내버려두어야 한다. 그럼에도 불구하고 심리학자들이 제공하는 정보마저도 공인받기 위해서 합리화되고 논리적인 형태를 갖출 필요가 있다. 필자는 이러한 종류의 논리 전개를 펴나가는 데 있어서 미리 독자들의 양해를 구하고자 한다.

프로이트는 인간에게 있어서 파괴적인 욕망을 제외시킨다면, 어린아이들의 욕망을 포함하여 거의 모든 인간의 욕망이 성적(性的) 성격을 지닌다고 했다. 그리고 여러 대상에 투자되는 리비도는 승화 과정 la sublimation을 통해 보다 수월(秀越)한 목적으로 고양될 수 있다. 그렇다면 단순한 양식(良識)에 상반되는 주장을 이해할 수 있을까?

어린시절의 욕망

어린아이의 최초 욕망은 생존 유지의 필요성에서 나오는 먹는 욕구라고 생각할 수 있다. 이러한 욕구는 젖을 빠는 행위(심지어 아이는 엄지 손가락을 빨면서 만족감을 느낀다)에서 느끼는 감각적 쾌락에 의해 더욱 강화된다. 이것이 인간의 본성이다. 이러한 생존 유지의 활동은 그 수행 과정에서 느끼는 쾌락과 맞물리며, 본능이 쾌락을 충분히 가져다 주지 못할 경우 나타나는 모습이다. 아마도 이러한 활동은 본능적 메커니즘에 의해 작동되는 것이 아니라, 자유로워지려는 의식에 의해 움직이는 것이기 때문에 인간과 동물을 구별짓는 특성이기도 하다.

그런데 프로이트는 그러한 생각에 빠져들지 않고, 젖먹기에서 느

226

끼는 아이들의 쾌락을 성적 욕망, 더 정확히 말하면 그것은 '감각적 쾌락의 욕망'으로 설명한다. 프로이트의 이러한 표현에 대해 다른 사람들은 이해하지 못하고 조롱하고 분노했다.

프로이트는 초기의 욕망도 장차 성인이 되어 갖는 성적 욕망과 동일한 구조에 순응하고 있다고 생각했다. 말하자면 전자가 후자의 조상인 셈이다. 사실 생물의 종(種)에서 번식이란 매우 중요한 것으로서, 인간마저도 종족 보존 의식이 아니라 쾌락의 욕망으로 인해 번식하는 것이다.

프로이트에 따르면 어린 아이는 두 번째 근본적인 욕망(첫번째 근본적인 욕망은 젖먹기의 욕망이다)을 지니는데, 그것은 자신의 욕구를 채우려는 욕망, 더 정확히 말해서 욕구 충족으로 인한 쾌락의 욕망이다. 그런데 새로운 욕망이 나타나는데, 그것은 첫번째 욕망 실현의 조건인 어머니(아마도 단순한 대상으로서)의 현존에 대한 욕망이다. 이러한 욕망은 어머니도 하나의 인간, 즉 그녀도 감정을 느끼고 그에 따라 행동하는 인간이라는 인식과 함께 조금씩 풍부해진다. 그러므로 어린아이의 욕망은 어머니에 대한 사랑의 욕망이 되고, 그 욕망은 더 '심리적학적' 성격을 지니면서 쾌락이나 소유할 대상과 연계되는 것이 아니라 타인의 감정과 연계된다.

교육과정

아이의 교육은 청결성을 터득하는 과정에서 시작되고, 그 동인은 어머니의 분노와 사랑을 잃을지도 모른다는 두려움에 있다. 바로 이러한 교육의 원칙은 아이의 욕망을 억압함으로써 아이의 행동을 변화시키려는 데 있다. 교육이란 (비록 오늘날 그러한 생각이 많은 비판을 받더라도) 요컨대 일종의 제약이다. 그러나 그것은 책임감 있고 자유로운 성인을 만들려는 의지와 사랑에 의한 제약일 뿐, 개인을 파괴하려는 폭력적인 제약이 아니다.

우리는 쾌락에의 욕망이 사랑받으려는 욕망으로 변화하고, 원래의 목적을 거부한다는 사실을 알았다. 프로이트에 따르면, 특히 처음 원하는 바가 거부되었을 때, 그 욕망의 대상을 바꾸는 것은 리비도의 근본적인 특성 가운데 하나이다.

사실상 분석가들에게 정신병 환자들이 시달리는 증후군이나 끈덕지게 압박하는 욕망과 이상한 행동이란, 억압된 욕망, 그러나 무의식 속에 항상 살아 있는 욕망의 상징적이고 대체적인 만족으로 해석된다. 억압이 더 성공적으로 수행된다면, 욕망이란 새로운 대상을 찾을 수 있다.

오이디푸스 콤플렉스

프로이트에 따르면, 이것이 바로 그 유명한 오이디푸스 콤플렉스(한 인간이 한 살에서 여섯 살까지 겪는 심리 과정)에서 나타나는 것이다. 여자 아이보다 더 단순한 경우인 남자 아이에게서 여러 적대적 욕망들이 공존한다.

남자 아이가 아버지를 존경하고 모방할 경우, 그 사내 아이는 어머니를 전적으로 소유하고 자신의 생각의 유일한 대상으로 삼으려한다 - 불륜의 사랑에서 동일한 야망을 발견할 수 있다 - 는 의미에서 어머니에게 '사랑을 느낀다'고 볼 수 있다. 그러므로 사내 아이는 아버지를 장애물로 여기고 증오하게 된다. 사내 아이는 자신이 죽음을 생각하는 만큼, 아버지가 죽기를 바라거나 아니면 적어도 사라지기를 원한다(사내 아이에게 먼훗날에 대해 물으면 "내가 크면, 나는 엄마랑 결혼할 거야. – 그러면 아빠는 어떻게 하고? – 아빠는 없을 거야"라는 대답을 듣는다는 것은 그렇게 드문 경우가 아니다).

반면 사내 아이는 아버지가 그러한 욕망을 야단칠 것이고, 자신을 싫어할 것이란 생각을 하게 됨으로써 아버지의 처벌에 대해 불안해한다. 이러한 지속적인 공포로 인해 그에게 삶이란 극히 참을 수 없이 괴로운 것이 되고 만다. 결국 사내 아이는 그가 그러한 욕망을 계속 갖는다면 아버지에게 끔찍한 처벌을 받는다고 믿기 때문에, 아버지의 의지에 의해 금지된 위험스런 욕망을 제거하는 것 이외에 다른 방법이 없다는 것을 깨닫는다. 그러면 어떻게 대처할 것인가? 아이는 자신의 세계를 구성하고 있는 핵심이 부모이므로, 관심을 다른 데로 돌린다.

성적 억압과 금지

그 사내 아이의 정신이 발견한 방법은 이러한 욕망을 억압하는 것이다. 욕망은 의식의 영역에서 금지되고 의식의 영역 밖으로 내던져지지만 금지된 욕망은 그의 심리 속에서 살아남아 의식의 영역 곁에서 무의식의 부분을 형성한다. 그 가운데 의식 안에 살아남는 것은 무엇보다 아버지나 타인 살해의 금지이다. 비록 그것이 살해에 대한 단순한 욕망일지라도, 왜냐하면 그 사내 아이는 자신이 부친 살해를 욕망했다는 사실을 기억하지 못하기 때문이다.

다음으로 의식 안에 잔존하는 것은 근친상간의 금지, 즉 가족 구성원에 대해 독점적인 사랑의 소유를 금지하는 것이다.

이 두 가지 금지는 인간 세계 어느 곳에서나 나타나는 보편적 윤리 규범이며, 그것은 개인의 초자아와 초자아가 지니는 검열과 억압의 힘(부친의 금지의 형태로 내재화된 힘)이 지니는 의식적 모습을 형성한다. 그것이 바로 윤리 의식의 배아(胚芽)이다. 그리고 이로 인해 자신의 어머니나 가족의 구성원이 아닌 다른 사람을 사랑할 가능성(육체적·성적으로 구체화되는 소유에 대한 욕망의 의미에서)이 생겨난다.

그럼에도 불구하고 그것은 여전히 어머니에 대한 사랑으로서, 무의식의 심연에 웅크리고 있으면서 모친에 대한 불륜의 사랑을 불태우는 욕망이다. 성인 남자가 사랑하는 여인에게서 어머니의 대체적 모습을 찾고자 하는 것도 그런 이유이다. 그는 근친상간의 금지를 거스르지 않고 무의식적 욕망도 채우기 위해 자신의 어머니와 닮은 여인과 사랑에 빠진다. 그리고 더 분명한 것은 한 여자가 사랑하는 남자에게서 부친의 대체적 모습을 찾는다는 점이다.

게다가 오이디푸스 콤플렉스에서 벗어난 사내 아이에게서 아버지와 동일시하려는 욕망은, 대체적 만족을 주는 무의식의 두 가지 욕망(아버지처럼 되기와 어머니를 독점하기)에서 생기는 에너지를 자원화(資源化)하면서 스스로를 강화시킨다. 여기서 아버지처럼 되는 것이란, 부친의 자리를 차지하여 그를 없애고 어머니를 독차지하는 것을 의미한다.

프로이트에 따르면, 이것이 바로 사내 아이가 아버지에게 품고 있는 사랑의 비밀스런 모티프이고, 아버지처럼 많이 알고 독립적인 존재가 되며, 그리고 일하며 돈을 벌어 여자를 소유하고자 하는 욕망의 동기들이다. 그것은 어린아이가 성인이 되고자 쏟는 엄청난 노력과 교육의 동인이다. 그것은 어머니에 대한 사내 아이의 사랑을 금지함으로써, 그가 평생토록 '어머니의 치마 폭에 휩싸여' 지내지 않고 다른 사람을 욕망하게 하는 아버지의 금지이며, 어쨌든 이것은 바람직하지 않은가?

사랑의 사회적 억압

사랑에 대한 사회적인 억압은 사춘기와 심지어 성인이 되어서도 계속된다. 사실 프로이트가 살았던 청교도적 윤리의 시대에는 혼전에, 그리고 가정을 꾸리기에 충분한 수입과 직업을 지니기 전에 성적 관계를 갖는다는 것은 거의 불가능했다. 게다가 종교가 성이란 생식적인 목적을 위한 것으로만 여김으로써 그것을 수치스런 것으로 만들었고 그로 인한 쾌락은 금지되었다. 여자들은 이러한 이데올로기의 희생물이 되었다. 남성들은 창녀들에게서 쾌락을 맛보았으며, 이를 위해 남성들은 일을 하고 돈을 벌어야 했다. 에로티시즘을 상업적인 목적으로 이용하였다.

그리고 성에 대해 개방적인 것처럼 보이는 오늘날에도 성적 억압은 엄연히 존재한다. 가족 사이에서 성에 관한 이야기는 금기시되고 젊은이들은 저녁 늦게 외출하거나 자신의 방에 혼자 있거나 친구와 함께 있는 것을 못마땅하게 여기는 부모(부모는 자주 바깔로레아[1]를 통과하고 공부를 끝마치라고 말한다)와 오랫동안 함께 살아간다.

그리고 이성과 사랑을 나누기 위해서 젊은이들은 부모와 같이 지내는 것을 혐오하고 더 많은 은밀함과 비밀을 필요한다. 그들은 이를 위해 개인의 아파트와 일자리, 그리고 이에 충분한 돈을 가져야만 한다. 게다가 사람들은 일하기 위해서 매일 아침 원기왕성해야

---

1) (역주) 프랑스의 대학입학자격시험.

한다. 일은 스트레스와 근심을 야기시킨다. 궁극적으로 기업은 전적으로 일에만 전념하고 회사를 위해서 개인적인 삶을 포기하는 사람들을 선호하기 때문에 정신병자들을 양산할 가능성이 크다.

어쨌든 사회는 사람들이 서로 사랑하는 것을 구조적으로 허용하지 않는다. 개인적인 욕망의 에너지는 이러한 성에 대한 도덕적, 경제적인 억압에 맞서서 노동이나 사회적 성공, 지적, 예술적 창조와 같은 다른 목적을 위해 투자된다. 이것이 욕망의 승화 현상이다. 성적 억압은 리비도(성적 에너지)를 한층 더 고양된 사회적 목적으로 향하게 한다. 이것은 개인의 자연적이고 즉각적인 만족의 희생과 아울러 인류 진화를 추동하는 양가적(兩價的) 현상이다. 그러나 이러한 양가적 현상이 없으면 인간은 매력적이고 감정적이면서도 어리석은 동물로만 남을 것이다.

프로이트 정신분석학의 한계

그렇지만 프로이트의 이러한 이론과 분석이 인간의 교육 과정을 설명할 뿐, 욕망의 승화가 어떻게 가능한가, 그리고 대상에 의해 정의되는 욕망이 어떻게 변형되고 대상을 바꾸는가를 설명하지 못한다. 게다가 전형적으로 유물론적 관점(오귀스트 콩트[2]가 제시하는 일반적인 의미에서)이다. 그리고 열등한 것을 우수한 것으로 설명하는 방식은 이상주의적인 반면, 우수한 것을 열등한 것으로 설명하는 방식, 물질적인 요소로 형태를 설명하는 방식은 유물적 성격을 지닌다. 아마도 더 만족스런 이상주의적 설명 방식이 있음직하다.

---

2) (역주) 오귀스트 콩트(Auguste Comte), 프랑스 철학자. 1798~1857.

왜냐하면 프로이트의 이론과 분석 방식은 성적 욕망만이 으뜸이 되는 '진정한' 욕망이라는 주장을 암묵적으로 인정하는 약점을 갖고 있으며, 승화된 욕망이란 어느 정도 위선적이고 허위적이며, 육체적 욕망을 채우지 못하는 사람들에게 일종의 대체물에 불과한 것이기 때문이다. 어쨌든 이것은 오늘날의 이데올로기가 프로이트 사상을 이해한 방식이다.

현대의 이데올로기는 고급 문화나 자신에 대한 노력에 반하여 자연적인 것과 원시적인 것에 가치 부여하는 것으로 프로이트를 이해했다. 매우 천박한 욕망의 '공통적인 주물' 안으로 편입되기를 거부하는 사람들(고급 문화나 자기에 대한 노력을 경주하는 사람들)을 상처입히기 위해서 '성적 억압'의 범주가 함부로 사용되고 있다는 점이다.

결론적으로 프로이트의 이론에서 흥미로운 점은 인간 욕망의 고양과 승화 과정인데, 이것도 욕망의 여러 결들에 대한 묘사의 차원이지, 그의 이론이 결정적인 설명의 틀을 제공하는 것은 아니다.

욕망의 존재론

지금까지의 분석을 보면 욕망의 다른 차원들이 다소 소홀히 다루어졌다. 사실, 지금까지 몇몇 대사상가의 발자취를 따라간 필자의 논리 전개 과정은 몇 가지 전제에 바탕을 두고 있다. 필자는 항상 욕망이란 육체적이고 자연적인 기원을 가지고 있는 것으로, 그리고 과잉된 열정의 형태로 나타나는 생물학적 기본 조건인 욕구, 충동으로만 여겨 왔다. 그러나 이러한 생각은 한계를 지니므로 비판받을 소지가 있다.

욕망은 문화나 개인에 따라서 매우 다양하지 않은가? 욕망은 순수히 육체적(데카르트류의 이원론적 사고에 따른)이라기보다 많은 심리적 요인을 지니는 것처럼 보인다. 바로 이것이 지금까지 논의의 논리적 근거를 어느 정도 약화시키고 욕망이 지니는 가치와 본질에 대해 다시 물어야만 하는 이유이다.

미메티즘과 인정받고자 하는 욕망

새로운 욕망을 자극하는 억압만 있는 것이 아니라, 타인의 욕망을 모방하려는 더 즉흥적이고 자발적인 원인이 존재한다. 남이 욕망하는 것을 내가 욕망하게 되는 것이다. 사실상 나는 타인이 어떤 대상을 욕망할 경우, 그 대상이 가치를 지니며 탐욕을 부채질할 만하다고 생각하게 된다.

가령 한 서클 안에서 여러 명의 젊은 여자들이 한꺼번에 어떤 '정말 멋있는' 젊은 남자를 좋아할 때, 다른 여자도 덩달아 그 남자와 데이트하고 싶어진다. 마찬가지로 어떤 특정 상표의 옷을 일반 대중이 선호한다고 광고한다면 (라블레 소설에 나오는 주인공 판뉘르쥬와 양떼의 이야기처럼)[3] 수많은 사람들이 그 옷을 얻으려고 달려들 것이다. 바로 이것이 유행을 이끄는 동인이다. 어떤 특정한 물건을 갑자기 일시적으로 높이 평가하는 현상, 그러나 동일한 물건이 얼마 안가서

---

3) (역주) 프랑수아 라블레(François Rabelais 1494?~1553), 르네상스 시대의 소설가. 해학과 골계가 넘치는 대작들을 썼으며 흔히 르네상스 인문주의 정신의 대표자로 꼽힌다. 대표작으로는 『팡타그뤼엘』(1532)과 『가르강튀아』(1534) 외에 다수가 있다. 20세기 후반 프랑스 소설가 밀란 쿤데라(Milan Kundéra 체코 출신으로 1980년에 프랑스인으로 귀화.
대표작 『참을 수 없는 존재의 가벼움』은 프랑스어로 쓰여진 그의 평론집 『소설예술』에서 프랑수아 라블레의 '카니발적 세계관'을 높이 평가하면서 그를 세르반테스와 함께 근대 유럽 소설의 비조라고 했다. G. 루카치도 그의 소설세계를 높이 평가하여 그에 대해 본격적인 연구서를 낸 바 있다.

인기가 사라지는 현상이 바로 그것이다. 이 얼마나 변덕스런 결과인가! 스피노자는 처음으로 저서 『에티카』[4]에서 욕망의 미메시스적 기원 가능성을 입증했다.[5] 조금 현학적인 입장을 취한다면, 그것은 단순한 주체와 대상의 관계가 아닌, 동일한 대상에 대해 제3의 매개를 통한 타자의 주된 욕망이 지니는 삼각 관계이다.

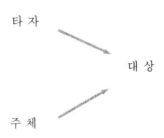

이러한 욕망의 미메시스의 첫번째 결과는 인간을 즉각적으로 경쟁적 관계에 놓이게 하는 것이다. 모든 사람이 한정된 숫자의 동일한 것(가치 있는 것은 드물기 때문이다)만을 원한다면, 모든 사람이 충분히 가질 수 있을 만큼 양이 부족할 것이고, 그것은 인간을 갈등의

---

4) (역주) Baruch Spinoza (1632~1677). 네덜란드에 정착한 포르투갈 출신의 유태인. 데카르트의 영향을 받은 그는, 『에티카 l'Ethique』에서 대자연과 동일시된 새로운 신의 개념을 정립했으며 인간의 열정과 열정의 노예 상태, 영혼, 그리고 자유와 충만감을 얻는 방법에 대해 분석했다. 『에티카』에 나오는 각 주장은 마치 기하학 연구서처럼 정의와 명제와 전제에 의해 논리정연하게 전개된다. 엄격한 논리전개로 인하여 그의 책을 읽어내려 간다는 것이 쉽지 않다. 게다가 사고와 물질의 관계에 관한 그의 사상은 매우 독창적이고 이에 대한 이해를 위해서는 많은 전문적 지식이 요구된다. 그의 관점이 동시대의 학자들에게 너무 충격적이었기 때문에 그는 유대교회 Synagogue로부터 파문당하고 저서 『에티카』도 사후에 출간했다.
5) Cf. 『에티카』, 제 III 부, scholie de la prop. 27.

상태로 몰아갈 것이다.

욕망의 전염

두 번째, 특별한 어떤 욕망은 타고나는 것이 아니라, 타자를 모방함으로써 얻어지기 때문에 사회적이고 문화적인 성격을 지닌다. 단도직입적으로 말한다면, 사랑이란 책이나(오늘날에는) 영화로 배우는 것이다. 성적 행위의 진실을 담고 있는 이러한 현상이 달콤한 문학적 예시로 드러난다.

동물과 달리 인간에게서 성행위의 방식은 본능적 지식의 대상이 아니다. 어른들이 어떻게 성행위를 하는지를 모르는 아이들은 많은 질문을 던진다. 마침내는 누군가가 그들에게 가르쳐 주어야 한다.

이것은 고대 그리스 작가 롱구스의 소설 『다프니스와 클로에』에 일어난 일이다.[6] 어린 티를 갓 벗어난 한 매력적인 목동과 아름다운 여자 목동은 서로에게 거역할 수 없는 충동을 느끼면서 안으로 사랑의 불길이 타오르는 것을 경험한다. 그러나 사랑의 감정도 책으로 배우는 것이다. 돈 키호테는 기사들의 영웅담을 읽고 영웅적인 욕망에 사로 잡히고, 엠마 보바리[7]는 사춘기 때 탐닉했던 연애소설에 나타난 사랑의 감정과 유사한 불타는 사랑의 열정을 꿈꾼다. 아마도 이와 관련하여 단테의 『신곡』이 가장 좋은 예가 될 수 있다.

주인공은 지옥을 통과하면서 불행에 빠진 프란체스카 다 리미니

---

6) (역주) 롱구스(Longus 또는 Longos), 그리스 소설가. 생존시기가 2세기 말에서 3세기 초로 추정됨. 대표작 『다프니스와 클로에 Daphnis et Cloé』는 장경(場景)적인 요소를 배제한 순수하고 목가적인 사랑의 이야기로 내면의 깊이를 얻고 있으며 대중적이고 지속적인 인기를 누렸던 작품이다.

7) (역주) 프랑스 소설가 G. 플로베르의 소설 『보바리 부인』(1857)에 나오는 여주인공.

Francesca da Rimini를 만난다. 그런데 이 청순한 여인은 지옥에서 무엇을 하고 있을까? 왜 그녀의 영혼이 저주를 받은 것일까? 프란체스카는 그 작품에서 가장 아름다운 노래로 그것을 노래한다.

이야기는 다음과 같다. 프란체스카는 롬바르디아(북 이탈리아)의 부드러운 풍경이 내다보이는 창이 있는 탑의 꼭대기 다락방으로 은신하여 파올로와 함께 책을 읽곤 했다. 어느 날 프란체스카와 파올로는 아서왕의 원탁의 기사 이야기[8]에서 랑슬로와 여왕 게니에브르가 사랑에 빠지는 이야기를 읽는다. 조금씩 그들의 마음이 두근거리기 시작하고 숨결은 거칠어지며 두 사람의 입술이 서로 마주치는 가운데 그들의 몸은 소설의 주인공들처럼 서로 뒤엉키게 된다. 결국 그들은 혼인이라는 신성한 관계를 떠나서 결합한 것이다.

그 당시의 엄격한 도덕에 따르면 이러한 행위는 죄를 지은 것이고 저주를 받아 마땅하다. 단테는 이러한 생각에 가슴 졸인 것 같다. 그러나 이것은 독서와 연극 상연이 (독자나 관람자들에게) 간혹 위험할 수 있고, 욕망도 전염될 수 있음을 보여주는 것이다. 우리는 이러한 불명예스런 이야기를 읽자마자, 채워지지 않은 욕망은 그만큼 정신을 엄습하여 우리를 불행하게 만들 것이다. 아마도 우리 인간이 저항할 힘이 없다면, 영혼을 타락시키는 어떤 영향력으로부터 영혼을 보호하는 것이 온당할지도 모른다.

결국, 욕망이란 타인을 모방함으로써 생기는 것이라면, 욕망이란 나의 존재에 대한 고유성의 표현이자 나의 깊은 본성의 표현이라는

---

8) (역주) 아서왕과 원탁의 기사 이야기는 중세 프랑스 브루타뉴의 전설 가운데 대표적인 이야기이다. 프랑스 중세 대표작가 크레티앙 드 트루와 Chrétien de Troyes (1135~1183)가 아서왕과 원탁의 기사 이야기를 소재로 하여 여러 편의 서사시를 창작했다.

현대 이데올로기의 어떤 설득력 있는 주장이 여지없이 무너지고 만다. 현대 이데올로기의 주장이란 다음과 같다.

나는 나의 욕망으로 구성되어 있고, 태어날 때부터 욕망은 영혼의 심연에 기재되어 있다는 것이다. 욕망은 신성불가침한 것이고, 나는 그것을 실현할 권리를 갖고 있으며 욕망의 실현은 나의 완성을 뜻하는 것이다.

이러한 주장은 일거에 무너지고 만다. 공정을 통해 수없이 많이 복제된 물건들을 얻음으로써 채워지는 욕망, 이 욕망의 고유성을 운운하다니! 물론 오늘날 소비 사회는 광고와 유행을 통해 상품 생산과 구매 욕구마저도 표준화하고 있으며, 사람들에게 엄청나게 많은 물건을 제공함으로써 교묘하게 소비 사회의 특성이라는 환상을 일구어 내고 있다.

사회적 집단의 차원에서 나타나는 특징을 살펴보면 다음과 같다. 사람들은 정교한 테크놀로지를 받아들임으로써 스스로 모더니스트라고 주장하는 한편, 자연에의 회귀를 주장함으로써 스스로 전통주의자라고 일컫는다. 현대 프랑스의 지성 르네 지라르René Girard가 그의 저서 『낭만적 거짓과 소설적 진실』에서 이와 비슷한 분석을 한 바 있다. 르네 지라르가 말하는 낭만적 거짓이란, 정확히 말해서 욕망의 선천성과 독창성에 관한 이론과 주장이고, 소설적 진실이란 세르반테스나 플로베르가 소설을 통해 삶의 환상을 밝혀내는 방식이다.

인정받고자 하는 욕망

그렇지만 아직 해결되지 않은 질문은, 어째서 욕망의 모방이 존재하는가이다. 왜 사람들은 타인이 욕망하는 것을 욕망하는가? 사실 타인이 원하는 대상 그 자체를 내가 소유하고자 하는 것은, 그로 하여금 나를 부러워하고 존중하게 하기 위함이다.

바로 이러한 이유 때문에 내가 그 대상을 욕망하는 것이지, 대상의 가치, 대상이 주는 쾌락 등 그밖의 이유 때문이 아니다. 나의 진정한 욕망은 타인의 사랑을 욕망하는 것이다. 거의 모든 인간의 욕망은 사실상 이러한 목적을 가지고 있다. 이것이 바로 헤겔이 분명하게 밝힌 바이다.[9] 인간의 근본적인 욕망은 물건을 소비하려는 욕망이나 쾌락의 욕망, 육체적 환희의 욕망 등 동물적인 욕망이 아니라, 타인에게 존경과 찬사와 사랑을 받고 싶어하는 욕망, 헤겔의 용어에 따르면 인정받고 싶어하는 욕망, 타인의 욕망에 대한 욕망이다. 즉 타인에게 가치 있는 인간, 그 자신이 욕망의 대상이 되는 존재로 인정받고 싶어하는 욕망이다.

그리고 그것은 대상의 욕망을 매개하며, 그 대상을 소유한다는 것은 대상에 대한 타인의 욕망을 자신에게 가져오게 하는 것에 불과하다. 내가 많은 물건을 가지고 싶어하는 것은, 그 물건 자체가 주는 쾌락 때문이 아니라, 타인이 인정하는 물건의 가치를 포착하고 그것을 내게 귀속시키는 하는 것이다.

어떤 사람들은 이런 생각으로 인해 정신이 혼란에 빠지고, 그것을 쉽게 용인하지 않으려 하나, 자신과 타인에 대해 명철한 사람들은 그것을 당연한 것으로 인정한다. 위의 생각을 인정하지 않으려는 데

---

9) 헤겔(G.W. Hegel, 1770~1831), 독일 철학자인 헤겔은 저서 『정신현상학』에서 '절대 지식'이라는 거대한 사상 체계를 구축하려 함과 동시에 하나의 접근 방법을 제시했다. 『정신현상학』은 주로 인간이 욕망하는 의식의 대서사시를 분석했다.

는, 통찰력 부족으로 인한 맹목적인 태도 외에도 여러 다른 이유가 있다. 우선 그것은 타인에 비해 자신을 더 가치 있는 존재로 생각하기 때문에 인정하고 싶지 않은 진실이다. 왜냐하면 그것을 인정한다는 것은 자신의 약점을 고백하는 것이기 때문이다.

인간은 타인에 대해서 독립적이며, 타인의 견해에 신경쓰지 않고 자신의 목표 추구를 끊임없이 주장함으로써 자신의 힘을 과시한다. 물론 어떤 사람들은 이러한 논리에서 벗어나려는 욕망을 가질 수 있으나 그 숫자는 많지 않을 것이다. 솔직히 말해, 내가 항해중 난파당해 황량한 섬에 홀로 남을 경우, 유명 브랜드의 유행하는 우아한 옷을 입거나 멋있는 자동차와 저택을 소유한들 무슨 소용이 있겠는가? 아무도 나를 쳐다보지 않는다면, 나는 이 모든 물건이 지니는 미학이나 명성보다는 그것이 주는 실용성과 안락만을 추구할 것이다.

스포츠와 경쟁의 의미

사람들은 남보다 뛰어나기 위해 비교하고, 남과 겨루려는 강한 욕망을 지닌다. 그러한 마음은 사업, 공부, 유희에서 나타나고, 특히 스포츠 경기에서 두드러진다. 왜 사람들이 매일 라켓을 가지고 손과 발로 연습을 하고, 뛰고 기어오르고 던지고 달리는가? 이러한 운동들은 사람들의 관심을 끄는 정치적 활동이나 매우 고귀한 지적 활동에 비해서 다소 바보 같은 행동으로 보인다.

그러나 오늘날의 패러독스는 인간의 존엄성을 위한 행동은 부정적이고 위험한 것으로 의심받는 반면, 스포츠는 만인이 이의없이 따르는 것으로 여겨지는 현상이다. 사람들은 생명을 구하고 정신을 고양시키기보다 공을 잘 다루어서 많은 돈을 벌고 스포츠 영웅이 되기 위해 골몰한다. 바로 이것이 이 시대가 직면하고 있는 가치관의 혼란이다.

우리는 스포츠맨이 좋은 경기를 보여주고 휴식의 즐거움을 준다는 점에서만 고마울 따름이므로, 그에게 더이상의 것을 원하지 않는다. 왜냐하면 스포츠 행위는 인류가 추구하는 가장 고귀한 열망이 아니기 때문이다.

다시 논의의 중심으로 되돌아 온다면, 스포츠맨은 한 쪽으로만 치우친 편집광적 스포츠 활동을 어떻게 정당화시킬 것인가? (물론 타인과의 관계도 중요하지만 건강을 위해 일요일 조깅하는 사람은 예외로 치더라도) 이런 사람들은 '나는 지금 상태보다 나아지기 위해서 이것만 해야 한다'고 주장할 것이다. 이런 말은 하나마나한 상투적인 이야기이다. 물론 존경과 찬사를 받기 위해서 남보다 나아지려고 한다는 점을 말하면 안 된다. 그것은 자신의 약점을 고백하는 것이 되기 때문이다.

그렇지만 그러한 경우가 아니라면, 왜 경주용 초시계를 가지고 경쟁을 벌이겠는가? 그리고 스포츠맨이 고독하고 위험한 경기를 할 경우, 그가 도취감을 느끼면서 목적하는 바는 자신의 용기와 교묘함과 용맹함을 남에게서 얻으려는 것이 아니겠는가? 물론 이러한 마음을 될 수 있으면 드러내지 않는 것이 좋을 것이다. 아이들과 어리석은 자들은 자신의 성공담을 자랑하길 좋아하나, 오히려 자랑함으로써 그들의 성공담의 효과는 상당히 줄어들게 된다. 이에 반해 어른들은 이에 무관심한 척하나 보다 교묘한 술책을 사용할 뿐이다.

타자의 현존
분명하고 중요한 사실은 '남이 나에 대해서 어떻게 생각하는가'이다. 간단한 예가 그것을 증명해 보일 수 있다. 열차의 한 좌석이나 병원의 대기실에 혼자 앉아 있다고 상상할 때, 나는 남의 시선을 의식하지 않고 자유롭게 생각하고 마음대로 자세를 취할 것이다.

그런데 생면부지의 사람, 일견 나의 인생에 어떠한 영향도 미치지 않을 사람, 아마도 그 순간 이후에도 전혀 만날 가능성이 없는 사람이 나타난다고 치자. 그럼에도 불구하고 나는 자세를 고치고, 나의 겉모습과 남이 나에 대해서 어떻게 생각하는가에 관심을 가질 것이다. 나의 생각은 자유롭지 못하게 되고 나 자신과 타자와의 관계만을 신경쓸 것이다. 옷이 구멍나거나 얼룩지면 매우 신경이 쓰이게 될 것이다.

마찬가지로 얼굴이 잘 생기지 못하거나 옷을 잘 입지 못해도 마음이 쓰인다. 이 모든 경우 남의 판단에 신경을 곤두세운다. 이 부분에 대해서 어린아이들이 분명한 태도를 보인다. 아이들은 남이 관심을 보이면, 자발성을 잃고 이를 의식하여 짐짓 꾸미고 자신을 자랑한다. 가령 어려운 일을 해냈을 때 그러한 행동을 한다. 그리고 합당한 행동에 대한 정확한 판단이 없는 아이들은 바보 같은 짓을 하기 일쑤이다. 성인들도 남이 자신을 어떻게 생각하는가에 대해 눈치 보면서 더욱 세련된 겉치레에 신경을 쓴다. 이 경우 으뜸가는 미덕은 남의 시선에 자연스럽고 무관심해 보이는 것이다.

남에게 인정받고자 하는 욕망을 한계짓는 두 가지 요소는 다음과 같다. 우선 주변 사람들 사이에서 그러한 욕망이 감소되는데, 그 까닭은 나의 주변 사람들이 나를 잘 알고 있으며 이미 나에 대해 어떠한 판단을 내리고 있기 때문이다. 나에 대한 인식과 판단이 그렇더라도 스스로의 가치를 떨어뜨리지 않고 좋지 않은 평판을 개선하려는 노력을 게을리할 수 없다.

한편, 나는 스스로 속하고자 하는 집단, 그리고 내가 어떠한 행동 양식과 의상 습관(이것은 동질성과 유대의 징표이다)을 받아들일 수 있는 사회 집단으로부터 인정받는 것에만 만족할 수 있다. 한 사회 집단은 다른 집단에 대해 경멸하는 경향이 있으므로, 나는 내가 속한 집단 구성원들의 지지에 힘입어 다른 사회 집단을 인정하지 않는 태도를 보일 수 있다. 그렇지만 남에 대해 무관심한 태도를 보이고, 타협을 거부하고, 문제를 일으키는 사람들, 부정적인 판단을 자극하고 유도하는 사람들은 또한 다른 사람들의 견해에 매우 쉽게 종속될 수 있다. 왜냐하면 이들은 남에게 충격을 가하고 또 그런 종류의 인간으로 취급될 경우에만 문제를 일으키는 공격적인 사람으로 남을 수 있기 때문이다. 거기에는 흔히 고착되고 제도화된 다수 군중의 행동으로 선회하려는 '반타협주의적' 타협주의가 존재한다(예컨대 다른 의상보다 청바지를 입는다는 것은 반타협적인 태도로 보이나 이미 그것은 고착되고 지극히 일반화된 현상이다).

대자적 존재, 무, 그리고 자유

왜 나는 남의 판단에 그렇게 신경을 쓰는가? 왜 그토록 타인한테 인정받거나 칭찬받거나 사랑받기 원하는가? 그것은 사르트르[10]나 헤

---

10) 사르트르(Jean-Paul Sartre, 1905~1980), 사르트르는 작가(소설가, 극작가)이자 신문기자였으며 정치적으로 참여한 지식인이었다. 그리고 다른 한편 그는 많은 비판을 받았을지라도 커다란 철학자였으며, 후설과 하이데거의 현상학을 계승하면서 자신의 독특한 철학 체계(그의 존재론은 『존재와 무』에 잘 나타나 있다)를 수립하려 했다. 그렇지만 다른 많은 일 때문에 그의 도덕철학과 정치철학은 완성되지 못했다. 참고 알랭 르노 Alain Renaut의 『사르트르, 최후의 철학자』(그라세 출판사).

겔의 말대로 내가 의식적이고 자유로운 존재, 비결정적 존재이기 때문이다. 이러한 표현들을 어떻게 이해할 것인가?

가령 테이블 하나가 있다고 치자. 그것은 있는 그대로 존재하는 이미 결정된 존재이다. 그것은 다른 것이 될 수 없고 자유롭게 바뀔 수도 없다. 그것은 자신의 정체성에 대해 어떤 의문도 제기하지 않으며 이에 대한 의식도 없다.

사르트르는 사물의 이러한 특성을 요약·제시하기 위해 사물을 헤겔의 즉자(卽自 être-en-soi) 개념으로 지칭·설명하고 있다. 그러나 인간인 나도 역시 하나의 즉자인 몸을 지니고 있으나, 나는 근본적으로 의식적인 존재이다. 나는 스스로 생각하고 자신을 드러내며, 부분적으로 내가 존재한다고 생각하는 것이다. 나는 하나의 대자적 존재 être-pour-soi이다.(헤겔의 개념을 차용한 독일식 어법에 따르면 'für sich', 즉 프랑스어로 정확하게 말한다면 '나, 너, 제 3자 등을 위한 존재'이다).

나는 나의 존재의 변형을 결정할 수 있으므로, 나는 자유롭다. 지금의 나 자신은 나의 결정과 개인적 노력에 달려 있다. 그러나 이러한 자유의 반대급부는 비규정성과 우연성이다. 나는 결정적으로 그리고 어떤 의미에서는 실제적으로 있는 그대로의 내가 아니다.

가령, 나는 본성적으로 용기 있거나 비열하지 않다. 다시 말하면, 나는 태어날 때부터 결정적으로 영원히 용기 있는 자이거나 비열한 자가 아니다. 사실상 내가 한번 용기 있는 행동을 했을 때, 다른 사람들은 내가 용기 있는 성격과 본성을 지녔고 항상 그러하리라고 판단한다. 그러나 나는 의식의 깊은 곳에서 그렇지 않을 것이라는 것을, 내일 나는 두려움을 가질 수도 있다는 것을, 누군가를 구하기 위해 물이나 불 속에 뛰어들지 않을 수 있다는 것을 잘 알고 있다. 나는 절대적으로 용기 있는 자이거나 비열한 자가 아니다. 그러나 나는 상황에 따라 그리고 노력 여하에 따라 용기 있게 보일 수도 있고 비열하게 보일 수도 있다. 나는 자신이 아무것도 아니고 결정된 존재도 아니며, 간단히 말해서 나는 존재의 무(無)이며 완전한 결핍이나 결핍 상태일 뿐이라는 점을 잘 알고 있다.

바로 이것이 자유의 대가이다. 모든 인간의 실존적 상황이기도 한 이런 실존적 상황은, 일반적으로 말해 '나는 무엇인가 되고 싶다.', '나는 누군가 되고 싶다.'라는 불안을 낳기 마련이다. 이러한 대자(對自)적 상태는 즉자적 상태에 대해 향수를 갖는다. 나는 자신의 정체성과 가치에 대해 확신을 갖고 싶어 한다. 나는 남의 판단으로부터 자신의 존재를 확인하길 원한다. 바로 타인의 견해와 판단이, 본성적으로 부족한 정체성과 성격을 내게 부여한다. 나는 다른 사람이 부여한 존재의 의미만을 갖고 있으며, 나는 남에게 인정받은 바 이외의 것은 아니다. 그러므로 나의 존재는 완전히 (타인과의) 관계적 성격을 지닌다.

물건에 대한 소유욕과 성취 욕구 뒤에 감춰진 근본적인 욕망(모든 인간의 욕망이기도 한)은 남에게 인정받고자 하는 욕망, 존재의 욕망, 존재론적 욕망이다. 그것은 인간에게 근본적인 약점을 부여하는 것처럼 보인다. 그것은 각 개인이 겉으로는 자신의 독립성과 힘을 나타내 보이려고 애쓰면서도 속으로는 감추려는 약점이다.

하지만 우리는 각 개인이 타인에게 갖는 이러한 욕망을 인정하는 데 수치심을 가질 필요가 없다. 그것은 바로 인간 조건이며 자유의 대가이기 때문이다. 그리고 그것은 한 개인이 타인의 눈을 통해 자신을 돋보이게 하고, 자신을 수월(秀越)하게 만들어 어떠한 가치를 얻고자 하는 인간적 노력의 기본 원칙이기도 하다. 인간이 즉자적 존재라면, 어떠한 가치나 창조성이나 위대함을 지니지 않고, 양과 같이 자족적이고 평온한 동물적 상태에 머무는 데 만족할 것이다.

소유보다 존재와 사랑

행복에 관한 이러한 분석을 통해, 나는 소유 욕구란 피상적이며 삶의 진정한 목적을 추구하는 데 있어서 우리를 잘못 인도할 수 있음을 깨닫게 되었다. 왜냐하면 나는 이런저런 물건들을 소유함으로써 행복해질 수 있다고 믿었으나, 마음속 깊이 원하는 것은 남에게 사랑과 존경을 받고 싶어하기 때문이다. 그러므로 존경과 사랑을 받으려면, 물적 재산을 모으기보다도 자신을 수양하여 완성하는 데 힘써야 할 것이다. 그리고 소유보다 그대로 있는 것, 좋은 인간이 되도록 노력해야 할 것이다.

일반적으로 관계적 욕망을 감추고, 무관심하고 차가운 마음(인간은 항상 타자를 추구함에도 불구하고)으로 부와 물건을 소유하는 데 몰두하는 사람들이 갖는 강하고 독립적인 태도를 지양하는 것이 필요하다. 그와 반대로 여러 가지 태도를 절충하고 절합하는 것이 중요하다. 다시 말하면, 물질적 소유로 인한 허위적 특권에서 벗어나기, 스스로에게 존재와 진정한 가치를 부여하기, 동시에 타인에 대한 욕망을 감추지 않는 힘을 갖기 등을 절충하고 절합하는 일이다. 스스로 타인과 관계에서 개방적이고 남을 따뜻하게 받아들이고, 남에 대한 존중을 중시하는 사람들을 선별적으로 사귀어야 한다. 결국, 나는 다른 어떤 것보다도 사랑받기 원하기 때문에, 나 또한 먼저 남을 사랑할 줄 알아야 하며 베풀 줄 알아야 한다.

이에 도달하기 위해, 나는 더이상 어느 누구의 판단에 전적으로 종속되면 안 된다. 나는 자신의 행동을 통하여 남에게 존중받도록 해야 한다. 그리고 나는 내 스스로 가치를 인정하는 사람들로부터 그러한 존중을 인정받아야 한다. 더 깊이 생각해 볼 때, 나는 어느 정도 스스로를 존중하는 마음을 가져야 한다.

그러한 자긍심을 지님으로써, 다른 사람 의견의 자의성에서 자신을 보호할 수 있을 것이다. 그것은 나를 강한 존재로 만드는 것이다. 강한 사람은 항상 다른 사람에 예속 상태에 놓이지 않고, 다른 사람에게 모든 것을 기대하지 않으며, 남이 그에게 모든 것을 주는 것을 요구하지 않는다. 강한 사람은 다른 사람을 돕고 사랑을 베풀 수 있는 강점을 지니고 있다.

이상이 없는 사람은 불행하다

행복이란 정신적인 기쁨을 향유할 수 있는
사람들만의 것이다.

종교와 예지가 완전히 상반되지 않고, 도덕적 근거를 제공하는 신의 존재 가능성이 지상의 모든 행복을 파괴하지 않는다는 확신을 가짐으로써, 우리는 진정한 예지에 대한 탐구를 재시도할 수 있다.

물론 진정한 예지는 어느 정도 잠정적인 성격을 지닐 수밖에 없다. 그 이유는 진정한 예지에 대한 확실한 정의가 우선적으로 신의 존재 문제와 같은 커다란 형이상학적 문제 해결에 걸려 있기 때문이다. 내가 신의 존재(신의 부재)나 본질, 이로부터 도출되는 진정한 도덕에 관하여 어떠한 지식을 갖고 있을 경우에만, 이 세상을 살아가면서 취할 행동 규범에 관하여 어떤 결정적인 진실을 말할 수 있을 것이다.

그러나 그러한 지식을 얻는 것이 매우 어렵고 많은 시간을 요구하고, 확고한 대답을 얻는 것이 확실하지 않으며, 게다가 삶의 요구 조건들이 강하고 나를 기다려주지 않기 때문에, 내가 어떤 특정한 예지(그것이 잠정적인 예지일지라도)를 추구하는 것은 잘못된 바가 아니다.

이 주제에 관하여 아리스토텔레스는 몇 가지 깊은 생각을 제시하였는데, 어떤 면(엘리트주의나 그것이 지니는 정치적인 함의)에서 그것은 다소 불안케 하는 요소를 갖고 있다. 그에 따르면 행복이란 인간의 본질을 계발하는 행위(가령 명상적 사유와 같은 행위) 안에 내재한다.

그렇다면 오늘날 그러한 생각들이 갖는 의미와 가치는 무엇인가? 바로 그것이 지금 내가 하고자 하는 논의의 화두이다.

두 개의 상반된 관념 사이의 갈등

우선 이러한 인간 개념, 특히 고대의 인간 개념은 오늘날 시대에 갈등을 야기시킬 소지가 있다. 현대의 지배적인 이데올로기에 따르면, 인간이란 본질적으로 감각과 욕망의 존재이다. 인간은 욕망에 따라 자유롭게 행동할 수 있으며, (현대인들에게) 자유는 권리이다. 인간은 자신의 욕망을 존중할 권리를 지닌다(그러므로 욕망을 비판한다는 것은 인간의 존엄성을 훼손시키는 것이기 때문에 욕망에 대한 비판을 삼가야 한다).

인간은 행복을 가져다 주는 욕망을 실현할 권리도 가지고 있다. 그러므로 집단, 사회, 국가는 욕망의 충족을 위해 힘써야 한다. 세계는 이를 위해 있는 것이고, 모든 것이 개인적 욕망에 따라 움직인다. 욕망의 만족에 중심을 두고 있는 자유주의 경제가 정치적 조직의 형태로서 어디서든지 강한 설득력을 얻는 이유가 바로 여기에 있다.

욕망을 충족시키는 모든 것은 돈으로 환산되고 팔 수 있으며 가치를 지닌다. 나는 그것을 즉시 살 수 있다. 그것은 모든 것을 지배하고 조절하는 지고의 법이다. 그러므로 욕망은 항상 좋은 것이 아니고 절대적인 가치도 지니지 않는다는 주장은 (현대인들에게) 충격적으로 들릴 수 있다.

인간이 매우 나쁜 욕망을 극복하기 위해서 스스로 자신에 대해 노력해야 하고, 교양을 쌓아야 하며, 좀더 지적으로 현명해져야 한다고 믿는 사람들의 말은 오늘날 우스꽝스럽고 고리타분하게 여겨진다. 현대 문명은 인간에 대한 두 개의 상반된 관념, 즉 고대적 관념과 현대적인 관념의 갈등을 경험하고 있다. 왜냐하면 오늘날 오로지 학교에서만 아이들에게 (욕망을 억제하는) 도덕적 규제를 강요하고 있기 때문이다.

오늘날 사회 전체가 학교 교육과는 정반대의 것을 부추기고 있는 현상을 주목한다면, 우리는 교육(특히 도덕 교육)이 위기를 맞고 있다는 점을 이해할 수 있다. (전통적인) 도덕적 가치는 살아남아 명맥을 유지하면서 상품 가치와 정면으로 부닥친다. 그러나 이러한 상태가 얼마나 지속될 것인가? 게다가 모든 자유와 개인적 욕망의 존중에 대한 요구가 도덕적 규율과 뒤섞이고 있는 마당에 진정으로 도덕적인 것이 무엇인지 더이상 알 수 없게 되었다. 이기주의와 절대적인 자유도 악의 가능성을 담고 있기 때문이다.

삶에 대한 존중과 삶의 모순들

그렇지만 욕망의 숭배는 그 안에 자기 파괴적 요소를 담고 있다. 욕망과 감각으로 인간을 정의한다면, 인간과 동물의 경계선은 희미해진다. 사실상, 오늘의 사람들은 과거 인간에게 주었던 사랑을 동물에게 쏟고 있다. 가령, (지구) 한 쪽에서는 어린아이들이 굶어 죽어가고 있는 동안에, 다른 쪽에서는 동물들에게 비싸고 달콤한 음식을 주고 있다(그리고 동물들에게 부드럽고 달콤한 음식들을 준다는 것은 그들을 위하는 것이 아니라 망치는 것이기도 하다).

이러한 현상은 도덕적으로 혐오스러운 것으로 여겨지지 않으면서 행해지고 있다. 게다가 욕망과 감각이 지고의 가치를 지니고 존중되어야 한다면, 동물들도 인간과 마찬가지로 느끼고 욕망하므로 이러한 원칙은 동물들에게도 적용되어야 한다.

논리적으로 생각해서 인간을 죽이지 말아야 한다면, 한 마리의 동물도 죽이지 말아야 한다. 그리고 이러한 추론을 모든 살아 있는 존재나 식물들에게 연장시킬 수 있다. 식물들도 살기를 욕망하므로 살 권리를 지닌다. 모든 생명 또는 대자연은 인간이 존중해야 하는 지고의 가치이다.

그렇다면, 인간은 어떻게 될 것인가? 인간이 생명의 모든 형태를 존중해야 한다면, 인간은 어디서 영양을 공급받을 것인가? 그러므로 위의 입장이 모순됨을 알 수 있다. 대자연과 모든 생명에 대한 절대적인 존중은 인간의 죽음을 의미할 수 있다.

이러한 입장은 또다른 면에서 파악할 수 있다. 생태주의자들은 지구상에 너무 많은 사람들이 살고 있다고 생각한다. 인간이 대자연, 즉 생태계를 존중하고 과학 기술에 의한 대자연의 변형과 파괴를 중단시키려면, 지구상의 전 세계 인구가 (지금의 오십억 명 대신에) 수억 명으로 제한되어야 할 것이다.[1]

그렇다면 잉여 인구는 어떻게 할 것인가? 욕망과 온생명과 대자연

에 대한 찬양이 결국 인간의 멸종을 야기시키는 것 아닌가? 여기서
이해해야 할 것은, 이해 관계에 따른 물과 공기의 오염을 방지하는
것, 이를 위해 근시적이고 천박한 상업주의와 광분하는 자본주의의
전횡에 맞서 저항하여 싸우는 것은, 항상 인간 자체를 목적으로 삼
는 합리적인 생태주의 사고이고 선의의 행동이다. 그러나 대자연을
지고의 가치로 삼고, 모든 과학 기술과 인간의 생명마저도 정죄한다
면, 그것은 새롭고 끔찍한 형태의 광기이고 이러한 생각으로 인해
언젠가는 나치즘이 '아마추어리즘'[2]으로 다시 나타날 수 있다.

인간존중의 근본바탕

한편 현대 이데올로기의 많은 경향들은 각 개인의 존엄성과 절대

---

1) '자연의 수호'를 위해 싸우는 사람들은 대자연 La Nature과 온생명 La Vie의 개념에 대해
혼동하고 있다. 대자연이란, 모든 우주를 말한다. 사막도 자연적이다. 그러나 사람들은
사막의 확장을 위해 운동하거나 싸우지 않는다. 그러므로 보호해야 할 것은 생명이다.
위의 생각 뒤에는, 생명을 잉태하는 대자연이란 모든 사물을 조화롭고 균형있게 생산하
는 힘이므로, 대자연은 지적 능력을 지닌 신적인 실체라는 생각이 짙게 깔려 있다. 현대
과학은, 이와 정반대의 생각(대자연이란 맹목적인 메커니즘의 총체)에 기초하고 있다. 사실,
대자연은 불균형 상태를 야기시키고, 생명체가 이에 더이상 잘 적응하지 못할 경우 무참
히 파괴한다. 그렇다면 왜 모든 악으로 인간을 고발하는가? 태양이 노바(nova 新星)로 변한
다면 지구는 새까맣게 타버릴 것이고, 모든 생명은 필연적으로 그리고 완전히 자연적으
로 (자연의 법칙에 의하여) 파괴될 것이다. 천문학자들은 수십억 년 후에 이러한 현상이
일어날 것이라고 예견하고 있다.
2) 뤽 페리Luc Ferry, 『생태학적 새로운 질서 Le Nouvel Ordre écologique』, Grasset.
(역주) 히틀러는 1933년 11월 24일 동물과 자연을 보호하는 법 Tierschutzgesetg을 공표하였
는데, 이는 생태적 관심을 최초로 정치적으로 표현화한 것이다. 독일 나치의 생태계 보존
의지는 독일 낭만주의 이념에 뿌리내리고 있다. 야생적인 자연 보호(루소적 의미)와 종(種)
의 잡종화 방지가 '최초 생태계' 보호법이 담고 있는 내용이라면, 이는 유럽의 극우파
이데올로기와 밀접한 관련을 맺고 있다. 따라서 본문의 내용에서 말하고 있는 '아마추어
리즘'이란 아마도 극우적 생태주의 관점이 아닐까 한다.

적인 가치를 소리 높여 주장한다. 인간을 욕망과 감각적인 존재로만
인식한다면, 존엄성의 바탕이 무엇인지 알 수 없다. 왜 욕망의 모든
존재, 결국 모든 욕망을 존중해야 하는가? 금지해야 하는 나쁜 욕망
이 있는 한편, 동물에게도 (인간과) 동일한 위상을 부여해야 한다. 현
재로서는 수많은 동물들이 우리의 식탁이나 위장 속에서 일생을 마
치고 있을 따름이다.

　인간과 동물 사이에는 존엄성의 차이가 엄연히 존재한다. 이러한
존엄성의 차이가 자의적인 것이 아니라면, 그것은 본질의 차이에 기
초해야 한다. 전통적 철학 사상은, 존중되어야 하는 대상이 욕망하는
개인이 아니라, 사유하고 의식하고 합리적인 존재[3]라고 주장했다. 사
실상 한 인간이 도덕적이고 책임 의식을 갖고 있다면, 즉 한 인간이
선의 개념에 따라 행동한다면, 그에게 자유를 부여하고 (그가 자유를
남용하지 않는 한) 그것을 존중해야 한다. 그러므로 사유와 의식과 이
성을 갖추는 것만이 인간을 존중받게 만들고, 바로 이것이 인간과
동물을 구분하고 인간의 본성을 구성하는 것이다.

인간 본성 개념을 반박하는 사르트르의 논쟁

　장 폴 사르트르(Jean-Paul Sartre, 1905~1980)은 자신의 철학(매우 현대
적인)을 통해 인간 본성 개념을 반박하고 있다. 사르트르는 인간은
자유롭고, 그 자유는 근본적이고 절대적이며 '내면적'이라고 했다.
자유는 인간에게 행동을 선택하게 만들며, 그것은 철학자들 자유 의
지라고 부르는 것이다 ('원망(願望)'의 자유와 자기 의지대로 하는 '행동'의

---

3) 이러한 구분과 철학적 기원, 그리고 핵심 주제에 대해 참고할 문헌 : 알랭 르노 Alain
　Renaut의 『개인의 시대 L'Ere de l'individu』, Gallimard.

자유, 즉 정치적이거나 시민적인 성격의 '외적' 자유를 혼동해서는 안 된다).

인간이 자유롭다면, 본성 la nature이나 본질 l'essence을 지니지 않는다. 인간 본성의 개념은 자유의 개념과 상충한다. 왜냐하면 인간이 이미 결정된 본성을 지닌다면, 인간은 '다르게 될 수 있는 자유'를 갖고 있지 않기 때문이다. 그런데 사르트르는 인간이란 '꽃양배추'와 같지 않고 자신이 스스로 '되고 싶어하는 것'을 선택할 수 있는 존재라고 했다. 인간은 결정된 즉자적 존재 être-en-soi가 아니라, 의식을 갖고 자신의 존재를 자유롭게 결정할 수 있는 대자적 존재 être-pour-soi이다.

한편 인간 본성의 개념은, 그 개념을 규정하는 신의 존재(아니면 지적 능력과 창조적 힘을 지닌 대자연의 존재 — 이것 역시 신의 개념으로 귀결된다)를 암묵적으로 담고 있으므로 사르트르가 거북하게 여기는 개념이다. 그러나 무신론에 대한 (사르트르의) 개인적 선호가 신의 부재를 입증하는 증거가 아니다. 게다가 신의 인간 본성의 개념은, 사르트르가 주장하는 것만큼 자유와 상충하는 것이 아니다.

사실 아리스토텔레스와 모든 철학 전통이 규정하는 인간 본성이란 하찮은 존재(고양이와 같은)의 본성과 사뭇 다르다. 인간은 본성적으로 합리적인 존재(단지 가능성을 지닌 합리적 존재)이다. 인간은 자유롭게 원하는 것을 할 수 있고, 원하는 대로 될 수 있는 존재이다. 물론 거의 생각하지 않고 전혀 합리적이지 않은 사람들도 있다. 인간은 본성을 갖고 있으면서 동시에 절대적으로 자유롭다.

인간 본성의 개념이 가져다 준 변화는 가치의 차원에 놓인다. 인간은 본성에 맞게 (인간이 이것을 따르지 않을 자유가 있더라도) 형성되어야 하며, 그렇게 하는 것이 그에게 좋은 것이고 임무이다. 이와 달리 사르트르는 '선험적으로 a priori' 어떤 가치도 존재하지 않고, 인간은 자유 이외에 어떤 가치도 지니지 않으며, 스스로 자신의 가치를 창조해야 한다고 했다. 바로 이것이 사르트르가 인간 본성의 개념과 그것이 함의하고 있는 모럴에 대해 반대했던 깊은 까닭이다.

그렇다면 인간에 대한 그의 생각에 기초하여 하나의 모럴을 세울 수 있을까? 사르트르가 그것을 주장했더라도, 모럴에 관한 저서를 완성하지 못했기 때문에[4] 더이상 이에 대해 말하지 않고 있다. 도덕의 상이한 두 가지 개념 사이의 갈등을 제외한다면, 우리는 사르트르와 아리스토텔레스를 잘 화해시킬 수 있다. 사르트르는 인간이란 본성을 갖고 있지 않으며 완전히 자유롭다고 했다.

그러나 인간은 의식을 지니고 사유하기 때문에, 인간은 대자적(對自的) 존재이기 때문에 자유롭다. 말놀이를 좋아한다면, 인간은 본성을 지니지 않고 자유로우며 사유적이라는 '본성'과 '본질'만을 갖고 있다고 말할 수 있다(역주 : 소설 『구토』는 사르트르의 실존사상을 잘 드러내고 있는 중요한 작품이다).

어떤 사르트르 사상의 추종자도, 이 표현에 대해 재론의 여지를 발견하지 못할 것이다. 게다가 어떤 사람들은 매우 적게 생각하고 또 어떤 사람들은 아주 많이 생각한다는 점을 주목하지 않을 수 없다. 사유란, 의지와 관계 없이, 획일적으로 인간에게 부여된 일괴암적인 자질과 특성이 아니다(그렇게 된다면, 그것은 인간의 자유를 제한하고

---

4) 사르트르는 『실존주의는 휴머니즘이다 L'existentialisme est un humanisme』 (Gallimard, folio)라는 작은 책에서 도덕에 관해 대충 언급하고 있다. 그러나 도덕의 문제에 관한 그의 대저작이 (미완성 초벌 상태로) 그의 사후에 『도덕을 위한 노트 Cahiers pour une morale』 (1983, Gallimard)라는 제목으로 출판되었다. 그리고 사르트르가 도덕 연구에 실패한 원인을 고찰해 보는 것도 흥미로운 연구가 될 것이다.

본질을 감금 상태로 변형시키게 될 것이다). 그러나 이와 반대로, 사유란 의지에 따라 현재화되거나 그렇지 않을 수도 있다.

우리는 이 적절한 대목에서, 사유란 본질적인 행위이자 인간의 본성이라고 주장할 수 있다. 사실, 내가 깊은 사유에 빠져들 때, 나는 본성에 따라 자신을 계발하며, 인간 존재에 값하는 삶을 영위한다는 느낌을 가질 수 있다.

진정한 사유와 거짓 교양

이외에도 어떤 형태의 지식이나 지적 행위가 인간의 본질적인 행위를 구성하는가에 대해 질문을 던져야 한다. 실상 오늘날 세계에는 수많은 사유의 형태가 유포되고 있다. 가령 지적 정신적 훈련이, 누가 어떤 질문에 잘 대답하고 가장 긴 단어를 만들어 내며 빨리 계산하는가 등을 알아보기 위한 TV 퀴즈 게임과 같은 프로그램에서 주로 이루어지는 느낌이다. 이러한 퀴즈 게임은 인간을 형편없는 경쟁 상태로 폄하하고, 아주 하찮은 것을 얻기 위해 힘을 겨루게 한다. 여기서 부추기는 경쟁이란 이미 앞서 그 동인을 분석한 스포츠에 대한 열정과 같은 것만을 야기시킬 뿐이다. 그리하여 결국 인간 문화의 보잘것 없고 우스꽝스러운 면만 남게 되는 것이다.

어떤 교육자들과 교육 프로그램을 만드는 사람들은 지식을 정보나 컴퓨터 기억장치의 데이터로 격하시키려 한다. (그런 의미에서) 이에 대한 아인슈타인의 응수를 귀담아 들을 필요가 있다. 어떤 신문 기자가 그의 이론에서 매우 중요한 역할을 하는 빛의 정확한 속도가 얼마인가 질문하였을 때, 아인슈타인은 다음과 같이 기막힌 대답을 했다.

'왜 내가 어떤 백과사전에서도 쉽게 찾을 수 있는 숫자들로 나의 머리를 꽉 채워야 합니까? 그것이 당신이 원하는 바입니까? 나는 그러기보다 깊은 사유를 더 좋아합니다.'[5]

지식과 사유에 대한 두 가지 다른 생각들이 서로 상충하고 있다. 진정한 지식이란 단지 기억의 반복이나 지식의 축적이 아니라 이해하고 창의적인 능력이다. 인간은 자신의 교양을 남에게 펼쳐보이기 위해 과학적이거나 철학적 지식을 습득하는 것이 아니라 (그것을 통해) 세계를 밝히는 것이다. 게다가 과학적·철학적 지식은 (인간으로 하여금) 스스로 사유하게 하고, 여러 사물을 잘 이해하고 더 정확한 새로운 이론을 만들기 위한 개념적 도구를 제공한다.

그것은 합리적 성격을 지니고 이성에 의해 만들어졌기 때문에 철학적 형태의 지식이다. 그러므로 나는 사상가들의 생각을 스스로 이해하고, (나의) 고유한 정신의 빛으로 각 사상가들이 주장한 진실을 확인한 다음, 그들의 결론을 발전시키거나 논박할 수 있다.

나는 합리적인 이론의 습득을 통해서 합리적으로 사유하는 방법을 배운다. 바로 이것이 철학이나 수학과 같은 순수이성에 의해 만들어진 지식이, 헤겔적 의미에서 '역사적'이거나 (더 낫게는) '사실적'

---

5) 어떤 교육학자들은 인간의 기억 능력을 자료 축적 능력으로 대체하는 것이 거창한 교육 개혁으로 생각하고 있다. 겉으로 볼 때 아인슈타인의 대답은 이들의 주장이 옳다는 것을 뒷받침해 주는 것처럼 보인다. 왜냐하면 그들은, 아인슈타인이 '두루 많이 아는 것' (단순히 암기에 의존한 지식 습득)에 대해 경멸한 이유를 잊어버리고 있기 때문이다. 학생들에게 지식 습득의 노고를 덜어준다는 것은, 그 대신 사유 능력을 함양시킬 경우에만 의미를 지니는 것이다. 그런데 사유 능력의 함양은 더 많은 노력과 함께 합리적 지식의 습득도 요구한다.

또는 '정보적' 지식으로 일컫는 열등한 지식에 대해 갖는 상대적 우월성이다. 왜냐하면 누가 내게 하나의 사실을 알려 줄 경우, 나는 생각없이 단지 인정하고 기억하고 반복하기 때문이다. 지식과 인간 과학의 총체적인 모습의 골격은 단지 이러한 성격을 지닐 따름이다(게다가 오늘날 이 부분이 지나치게 비대해지지 않았는가!). 그러나 플라톤, 아리스토텔레스, 데카르트, 스피노자, 라이프니츠, 칸트, 특히 헤겔은 철학 체계를 통해 모든 진정한 학문의 본질적 핵심이 합리적 성격을 지닌다는 점을 보이려고 진력했다.

예술

따라서 나에게 보람과 행복을 가져다 주는 지적 훈련은, 집적된 사실을 배우는 것이 아니라 바로 세계를 이해하는 일이다. 그렇기 때문에 좋은 소설이나 과거의 이야기가 어떤 철학서보다도 인간의 심리를 더 잘 꿰뚫어 보게 할 수 있다. 진정한 지식은 인간을 창의적이고 풍요롭게 만들며 한층 더 기쁘게 한다. 이러한 뜻에서 사유의 아리스토텔레스적 정의를 확장시킬 필요가 있다.

아리스토텔레스에게 인간 본성의 실현과 사유의 탁월한 형태는 철학이고 특히 형이상학적 사유이다. 바로 그것이 인간 지적 능력의 지고의 완성된 경지를 보여주기 때문에 그의 생각이 옳았는지도 모른다. 그러나 모든 지적 능력을 가진 사람들이 이러한 형이상학적 합리성을 잘 다룰 수 있는 것은 아니다. 그리고 그것이 존재에 대한 앎과 확실한 쾌락을 가져다 주는 유일한 정신적 활동의 형태가 아니라는 점도 주목할 필요가 있다.

많은 사람들은 예술 작품 감상을 통해 생생한 심미적 쾌락을 얻는다. 예술은 주관적이고 감성적인 측면을 갖고 있기 때문에 인간 현실의 어떠한 모습을 파지(把指)하는 데 있어서 필수불가결한 수단이다. 예술은 존재를 관념적이 아니라 감성적(또는 감동적)으로 이해하는 방식이다.

거의 모든 인간은 어떠한 예술이든지 간에 (시, 소설 문학, 연극, 음악, 무용, 조형예술 등) 그 예술 형태에 민감하다. 각 개인은 감동을 느끼거나 존재에 다가가는 독특한 방법을 지니고 있다. 물론 예술을 거짓 사랑하며 잰 체하는 사람은 여기서 제외된다. 이들은 사랑과 감동을 흉내낼 뿐, 예술을 자신의 사회적 지위를 돋보이게 하는 수단으로 격하하고 예술 세계를 오염시키는 인간들이다.

결국 심미적 관조나 사유는 순전히 수동적이고 행위가 결여된 것으로 오해될 수 있다. 천박하고 열등한 예술 형태들은 심미적 관조나 사유와 무관한 것들이다. 그렇다고 심미적 관조가 배제된 '두들겨 부수는' 음악이나 스펙터클 영화를 무조건 거부할 것을 강요할 수는 없다.

좀더 주의 깊고 자발적인 정신의 소유자만이 진정하고 섬세한 예술작품에 다가갈 수 있다. 아무리 재미있는 소설일지라도 그것을 읽어 내는 데 지적인 노력이 요구되며, 역사적 메시지와 모럴을 좀더 깊이 이해하기 위해서는 정신적인 활동이 필요하다. 마찬가지로 일정 수준의 정신적 교양을 갖춘 사람만이 일정한 시간 동안 집중적으로 관조할 경우에만 한 폭의 그림에서 아름다운 요소들을 발견할 수 있다. 아는 것이 없는 사람은 아무것도 이해 못하고 미술 작품을 진정으로 감상할 수 없다.

고전 음악의 경우 더욱 뚜렷하게 드러난다. 우리는 진정한 감상

없이 음악을 들을 수 있으나, 그 경우 클래식 음악은 케케묵은 장식이고 듣기 거북한 것일 따름이다. 진정한 음악 감상은 집중적인 주의력을 요구하므로, 오로지 음악에만 정신을 쏟아야 한다. 우리는 쉽게 다른 것에 정신이 팔릴 수 있고, 쉽게 사소한 근심 걱정에 휩싸일 수 있다. 자신의 내면의 가장 깊은 곳에서 음악이 꽃피울 수 있도록 음악과 한몸이 될 때, 내면에서 감동이 솟구치고 넘쳐흐르게 된다. 이러한 경이로운 순간을 맞아 우리의 영혼은 전율하고 자신의 잃어버린 부분을 되찾는다.

그런데 이에 이르기 위해 얼마나 많은 노력이 요구되는가! 진정한 음악감상을 위하여, 즉 음악의 온갖 섬세함과 아름다움을 맛보기 위해서 집중력만으로 충분하지 않고, 오랜 시간 동안 귀의 훈련이 필요하다. 초심자들은 분명하면서도 쉽게 사로잡는 커다란 테마만을 선호하는 반면, 귀가 잘 숙련된 사람들은 온갖 아름답고 섬세한 것들을 마음껏 음미한다.

헤겔은 자신의 거대한 철학 체계(이것을 설명하기 위해 엄청난 작업이 요구된다)를 통해 예술과 종교와 철학 등 세 가지 길이 어떻게 절대나 절대에 관한 지식에 이르게 하는가에 대해 설명하고 있다. 헤겔에 따르면 예술과 종교는 감각적이고 이미지화되었기 때문에, 절대를 이해하는 데 열등하고 불완전한 방식이다. 그러므로 철학이 순수하게 관념적인 성격을 지니고, 변증법적이고 추상적인 합리성의 수준에 이른다면, 철학만이 절대를 이해하는 데 적절한 길이 될 것이다.

헤겔에 있어서 예술과 종교는 과거의 것이므로 극복되어야 한다. 물론 여기서 인간이 만든 가장 견고한 사유 체계 가운데 하나인 헤겔의 논문을 논의할 계제가 아니다. 게다가 많은 사람들에게 철학적 사유란 매우 힘든 것이고, 종교처럼 예술은 지고의 현실에 도달하는 필요불가결의 방식이라는 점, 그리고 그것은 철학적 사유를 위하여 노력하는 사람들에게 가치 있는 것이라는 점을 주목할 수 있다. 아리스토텔레스 사상의 완성을 위해서는, 예술과 종교적 사유가 인간 정신의 탁월한 활동 가운데 하나이며, 형이상학적 지식과 마찬가지로 고도의 정신적인 쾌락의 원천이라는 주장을 펼 수 있다.

행복을 위한 정치적인 조건

그렇지만 인간은 단지 지식과 교양으로만 만족할 수 있는가, 하는 질문을 던질 수 있다. 이에 답변하기 위해서는 여러 요소들을 고려해야 한다.

첫번째, 사유하면서 살아간다는 것은 수많은 조건들을 전제로 하고 있다. 배고파서 먹을 것을 위해 쉴새없이 일해야 하거나 삶이 위협을 받을 경우, 나의 생명이나 재산을 빼앗으려는 자들에 대해 끊임없이 투쟁해야 하거나, 이에 대한 공포와 걱정으로 시달린다면 나는 교양을 쌓을 수 없다. 지적 작업을 위해서는 어느 정도의 물질적 시간적 여유와 안정감 그리고 정신의 평온함이 전제되어야 한다.

문화와 교양이 꽃피우려면, 평화와 번영, 질서와 교육 등 정치 경제적 제반 조건을 갖추어야 하므로, 개인적 행복의 가능성은 정치적인 조건과 떼어서 생각할 수 없는 것처럼 보인다. 그러므로 바람직한 사회 조직을 구성하려면 우선 정치철학을 확립하는 것이 중요하다. 따라서 전쟁과 비참한 상태로부터 개인적 행복의 보장을 주장하는 삶의 예지들은, 아리스토텔레스가 주장한 예지보다 훨씬 더 (정치적으로) 적극적인 성격을 지닌다.

그러나 앞서 살펴본 바대로 에피큐리즘, 불교사상, 스토아주의의 삶의 태도는 불행을 피하는 것외에는 어떤 것도 제시해 주지 못하는 결점을 안고 있다. 이러한 철학의 형태들은 진정한 삶을 포기하게 하고, 인간 존재와 존엄성을 거부하며, 실제적인 행복을 보장하지 못한다.

정신적 계발은 정치의 궁극적인 목적

이와 아울러 인간에서 확인된 이러한 목적에서 끄집어낼 수 있는 여러 결과를 고려하여, 우리는 사유와 문화와 예술의 발전이 인간 사회의 진정한 목적이란 것을 주장해야 한다.

모든 정치적 경제적 제도는 (앞서 확인한) 인간의 목적을 위해 존재해야 하며, 그것은 지고의 목표를 지향할 경우에만 진정한 의미를 지닐 수 있다. 그것은 행복의 문제라기보다 인간의 가치와 존엄성의 문제이다. 인간이 단지 배를 채우는 만족감을 위해서만 살아간다면 무슨 가치가 있겠는가? 그것은 동물에 불과한 것이다. 바로 이것이 인간을 오로지 물질적 만족을 추구하는 동물로 환원시키려는 온갖 정치가와 경제인들에게 들려주어야 할 말이다.

이러한 생각은, 모든 욕망의 충족과 오락과 최대한의 쾌락 추구만을 바탕으로 형성된 세계, 전적으로 유아적이고 치기 어린 세계를 살아가는 사람들에게 충격적으로 들릴 것이다. 그렇지만 이 세상에는 문화적 가치를 깊이 깨닫고, 오락거리(재미있을지는 몰라도 우매하게 만드는)에 몰두하는 것보다 책 한 권을 읽는 것이 낫다고 말하는 사람들이 있다. 이것은 공부가 사회적 성공을 보장하거나, 돈을 더 많이 벌게 한다는 천박하고 사소한 목적을 지니기 때문이 아니다. 공부한

다는 것(단순히 도구적 지식을 축적하는 것이 아니라, 문화적 가치를 향유한다
는 의미에서)은 단지 고귀한 행위이고, 인간은 성찰적인 공부를 통해
서 지적 능력과 지식의 고매한 가치를 경험할 수 있다.[6]

다른 한편 문화의 수월성을 인정한다는 것은 (몇몇 사람들이 그렇게
생각하는 것처럼) 그밖의 관심들을 무시하는 것이 아니다. 사실 인류의
생존과 인간의 안락을 위해서 정치적·경제적·기술적 활동은 필수
적이고 그것이 없이는 사유의 계발은 거의 불가능하다. 비록 그러한
활동을 수행하는 사람들 자신이 정신적 발전에 기여할 수 없을지라
도, 그러한 활동은 자체의 유용성에서 어떤 가치를 얻는다. 인간에게
먹거리를 제공하는 농민, 식료품 상인, 요리사, 주거 환경을 제공하
는 건설업자나 미장이, 평화를 유지하고 인간의 생명을 보호해 주는
군인과 경찰은 문화 발전의 귀중한 보조자들이다. 그들은 일하는 것
만큼 사회적으로 인정받아야 한다. 그러므로 가치의 위계질서를 뒤
집지 말아야 한다.

우정에 관하여

어떤 인간도 절대로 혼자서 살아갈 수 없으므로, 다른 사람들과
인간 관계를 필요로 한다. 그것은 단지 경제적인 요구를 만족시키기
위함이 아니다. 혼자서 생각하는 것도 거의 불가능하다.

미셸 투르니에[7]가 소설 『방드르디, 태평양 연안』에서 잘 보여주듯

---

6) 우리는 헤겔 철학에서 이러한 감정(지적 행위에서 얻을 수 있는 감정)에 대한 깊은 철학적
정당성을 발견할 수 있으나, 그것은 본 연구의 틀을 벗어나는 형이상학적 성찰을 요구한
다.

7) (역주) 투루니에(Michel Tournier, 1924 ~), 프랑스 현대 작가. 대표작으로 위에서 언급한 『방
드르디, 태평양 연안 Vendredi ou les Limbes du Pacifique』(1967) 등이 있다.

이, 로빈슨 크루소는 무인도에 살면서 시나브로 우둔해진다. 내가 지식을 얻거나 삶의 자극을 얻기 위해서 타인의 생각이 반드시 필요하다. 아리스토텔레스가 말했듯이, 나는 제한된 정신의 소유자이기 때문에, 다른 사람과의 사유를 통해 우정을 나눈다는 것은 필수적이다. 나는 신처럼 무한한 사유적 의식을 지니고 있지 않다. 나 자신과 나의 생각을 완전히 의식하기 위해서, 다른 정신의 소유자와 인간 관계가 요구된다. 벗은 나의 의식을 수행하고 완성하는 정신적 거울과 같으므로, 나는 정신적인 삶을 마음껏 향유하기 위해 우정을 필요로 한다.

책을 통한 사유 행위 역시 매우 귀중한 것이다. 나는 책의 도움으로 인류가 쌓아올린 가장 위대하고 천재적인 사상들을 맛볼 수 있다. 위대한 사상들은 시간과 공간을 뛰어넘어서, 지리적 거리와 죽음을 초월하여 내게 다가온다. 전수된 글이 (인간에게) 내리는 축복을 어찌 다 말로 형언할 수 있겠는가? 그러나 책만으로는 충분하지 않다. 책은 인간이 그것에 던지는 질문에 대답할 수 없다. 나의 사유를 진작시키기 위하여, 타인의 떳떳한 경쟁심과 이 세상에서 나의 생각이 지니는 효용성이 요구된다. 나의 생각이 어떠한 흥미나 반향을 일으키지 못하고, 세상의 변화에 어떠한 역할도 못한다면, 나는 무기력해져서 잦아들고 절망에 빠질 것이다. 결국 내게 벗이 필요한 것은, 인간은 의식을 지닌 다른 사람들에게 자신의 존재를 인정받기 원하기 때문이다.

게다가 아리스토텔레스가 주장하듯이 고결한 정신의 소유자(현자)만이 진정한 우정을 누릴 수 있다. 사실, 정신을 일구기 위해 정진하는 현명한 인간은 자신의 가치를 잘 알고 있으며 자신을 존중하는 사람이다. 그는 안분지족(安分知足)하며 외형적인 부를 대수롭지 않게 여긴다.

더 정확하게 말하면, 현자는 자신에 값하는 명예나 배려를 정당하게 생각한다. 그는 명예나 배려를 단순하게 받아들이나 자신의 행복을 이에 연관지으려 하지 않는다. 그는 명예를 뒤쫓거나 타인의 존경을 얻어내기 위해서 타협하거나 비굴해지지 않는다. 이러한 삶의 태도는, 내면 깊은 곳에 어떤 가치도 갖고 있지 않으면서도 오로지 타인의 이목을 끌기 위해 명예나 부를 얻는 데 집착하는 인간들의 태도와 사뭇 다른 것이다.

고매한 정신의 소유자는 자신이 마땅히 받아야 하는 존중이 무시되었다고 판단할 경우, 자신과 상반되는 삶의 길을 가는 사람들과 물욕에 눈이 어두워 물질적 부만을 좇는 보잘것 없는 자들을 하찮게 여길 줄 아는 사람이다. 그 경우 현명한 사람은 이해 관계나 천박스런 쾌락에만 바탕을 둔 피상적인 사회적 관계를 무시할 것이다.

사실상 대다수의 사람들은 고독으로 생기는 권태를 벗어나기 위해 서로 만난다. 이러한 관계로 만난 친구들은 우리 자신을 잊게 만들거나 무의미한 관계를 조장하기 마련이다. 어떤 사람들은 자신의 탐욕에 이끌려 삶을 살아가며, 돈 몇 푼 벌거나 유용한 인간 관계를 형성하기 위한 수단만을 추구하며, 사회적 출세의 기회를 엿보기만 한다. 이 모든 사회적 관습이나 속임수에도 불구하고 이들은 근원적인 고독에서 벗어날 수 없다.

이와 같은 근원적인 고독이란, 군중 속에서도 느끼는 것이며. 진지한 우정을 불가능하게 만들며, 에고이즘에 사로잡힌 영혼이 느끼는 끔찍한 고독이다. 이와 반대로 정신적으로 고양된 사람은 보잘것 없는 행동을 뛰어넘어 진정하고 이해 관계가 없는 우정을 보여준다. 사실 그는 항상 위대한 사상과 정신 그리고 책들과 함께 있기 때문에 혼자가 아니고 고독의 무게를 거의 느끼지 않는다. 덕을 갖춘 사람들 사이에는 완벽한 우정 관계가 형성되고 다른 사람들의 우정 관계란 이에 대한 희화적인 모방에 불과하다.

육체적 쾌락의 사용법

그렇지만 나는 끊임없이 지식의 활동에만 매진하는 순수 정신의 소유자는 아니다. 혹시 내가 죽은 다음 영혼이 몸에서 완전히 해방됐을 때, 그렇게 될 수도 있을 것이다. 그러나 내가 살아 있는 한, 몸과 타협해야 한다. 나는 피곤과 노곤함과 같은 몸 자체의 (생리적) 요구에 의해, 그리고 정신적 에너지를 재충전하기 위해 휴식이나 기분 전환이 필요하다. 나는 순수하게 명상적이거나 사유적인 삶을 살아갈 수 없고, 플라톤의 말처럼 혼합적인 삶을 살아갈 뿐이다.

인간이 신체적 요구에 의해 생겨나는 몸의 욕망을 만족시킬 수 없다면, 고통받지 않기 위해 그것을 극복하는 것이 바람직하다. 육체적 욕망을 도덕상 나쁘다고 정죄하면서 그것이 생식적인 목적으로 사용될 경우만 인정하는 종교인이나 모럴리스트들을 차치하고서라도, 대부분의 현자들은 이러한 태도를 주장한다.

그러나 금욕적인 태도가 가장 바람직한 태도는 아니다. 삶 전체가 성적 욕망으로 채워지고 지배당하는 것과 성적 욕망으로 인해 인간이 좀더 고양된 목적에서 벗어나는 것을 피해야 할 것이다. 그런데 개인의 본성에 따르면, 결과적으로 인간은 억압으로 인해 끊임없이 그러한 욕망에 대해 생각하게 마련이고, 따라서 성적 욕망은 온 정신을 사로잡으며, 인간의 모든 활동을 오염시키고 마비시킨다. 순결함을 가꾸기 위해 모든 에너지가 헛되이 소진되는 것이다.

인간이 성적 욕망만을 추구하지 않고 또다른 중요한 관심거리를 갖는다면, 차라리 성적인 만족을 충족시키는 것이 더 낫지 않을까? 성적 욕망이란 일단 채워지기만 하면, 인간으로 하여금 정신적 휴식을 취하게 하며 다른 모든 활동을 가능하게 하기 때문이다. 게다가 그것은 이 세상에서 쉽게 맛볼 수 있는 매우 밀도 있는 쾌락 가운데 하나이므로, 최소한의 조심(이것의 간단한 형태는 남녀간에 정절을 지키는 것이다)만 한다면 건강도 해치지 않는 쾌락이다.

일상의 작은 쾌락들이 기쁨을 제공하고 우리의 영혼을 평온하고 기분좋게 만든다. 그러므로 지혜로운 삶을 위해서 그러한 쾌락을 배제할 것도 아니고, 그렇다고 하여 단지 성적 욕망만을 채움으로써 절대적인 행복을 얻을 수 있다는 것을 기대해서는 안 된다. 다른 관심거리나 기쁨을 주는 것을 찾아야 한다. 그리하여 매우 자연스럽게 성적 욕망을 제한하고 그 욕망을 제자리에 자리매김함으로써 그러한 욕망이 과도하게 넘쳐 흐르거나 지배적인 힘을 지니는 것(이것이야말로 성적 욕망이 지니는 나쁘고 끔찍한 면이다)을 막을 수 있다.

이상이 없는 사람들의 불행

또다른 질문은 모든 사람이 정신적인 행복, 균형 있는 삶에서 생기는 내밀한 만족감, 삶의 자질구레한 쾌락을 맛볼 수 있는가? 이러한 행복과 만족감이란, 합리적인 본성의 계발과 인간의 존엄성을 위해 일한다는 깊은 만족감과 사랑과 우정의 기쁨을 조합할 때 얻어지는 것이다. 그러나 안타깝게도 그렇지 않다는 점을 인정해야 한다.

모든 인간이 합리적이 아니기 때문이다.

앞서 살펴본 대로, 상당수의 사람들이 배우거나 지식을 얻는 데 기쁨을 느끼지 못한다는 점은 분명하다. 지식인은 학문과 예술에 대한 취향을 갖지 않는 사람들에 대해 탄식할 뿐이다. 그러한 사람들은, 매우 명랑한 성격을 지니지 않았거나 좋은 운명마저 타고나지 않았다면, 그들은 커다란 기쁨을 누리지 못하고 행복이 무엇인지 알지도 못한다. 얼마나 많은 사람이 기본적인 삶의 지혜마저 부족한가. 세상에는 이들이 향유할 수 있는 아름다운 것이 많지만, 그들은 평생 동안 매우 적은 것, 즉 많은 돈과 명예 등 좀더 나은 상황을 얻지 못해 한탄하고 실망하며 살아가지 않는가? 그러나 이들이 세상의 아름다운 것들을 향유하려면, 그들의 정신이 끊임없이 천박한 걱정에만 사로잡히지 않고, 명상과 관조의 경지로 고양되어야 한다.

욕망의 존재들은 결코 행복에 도달할 수 없을 것이다. 행복이란 정신적인 기쁨을 향유할 수 있는 사람들만의 것처럼 여겨진다. 스탕달이 소설 『적과 흑』의 앞머리에 '소수의 행복한 사람들을 위하여'라고 적은 헌사를 이런 의미에서 해석할 수 있다. 행복을 아는 사람들은, 스탕달 소설의 주인공 쥘리앙 소렐의 삶의 궤적이 보여주는 것처럼, 천박한 열정을 뛰어넘어 심미적 감동을 깊이 느끼며 (고결한) 영혼의 삶을 살아갈 수 있는 사람들이다.

쥘리앙 소렐은 지상의 일과 사물들이 지니는 허망함을 깊이 의식하면서 궁극적으로 권력과 영광과 부에 대한 열렬한 야망에서 해방된다. 감옥에 갇힌 쥘리앙 소렐은, 사형선고를 받고 아무런 희망도 정복의 야망도 사라진 후 초월과 평온의 상태를 맞게 된다. 이러한 마음의 상태에서 순수한 감정에 몰입할 수 있게 된 소렐은 존재하고 사랑한다는 사실 자체가 주는 환희를 느끼면서 (그의 모든 야심과 사교계의 성공으로 인해 발견하지 못했던) 행복감에 젖는다. 이것이 (스탕달이 우리에게 보여주는) 삶의 예지에 대한 입문과 예지의 '정복'에 대한 이야기이다.

단지 지식을 획득하려는 취향에 있어서조차 인간은 불평등하다고 주장하는 것은, 오늘날 정치적인 차원에서 옳은 말이 아니다. 교양을 쌓고 지식을 얻고자 하는 욕구에 관한 한, 사람마다 편차가 매우 크다는 점은 흥미롭다. 그리고 또한 인간을 여러 집단으로 나누고 구별하는 것은, 인간의 근본적인 욕망이기 때문에 그것도 역시 흥미로운 것이다.

굳어진 생각이나 유일하고 지배적인 이데올로기의 도그마에 대항하여 싸우는 지식인은, 이에 충격을 주고 뒤흔드는 역할을 수행하면서 최소한의 관용을 지녀야 한다. 지식인이 현 사회를 비판할 때 지나치게 편협한 입장을 취한다면 그것은 안타까운 일이다. 우리가 구부러진 금속 조각을 반대 방향으로 뒤틀어서 바로 펴듯이, 진리란 논쟁에서 얻어지는 것이고, 발전이란 상반되는 입장이 충돌할 때 생겨나는 것이다. 인간들 사이에 늘 잠재적으로 있는 명백한 취향의 차이(적응의 문제이기도 하지만)를 인정한다는 주장에 관해, 민주적인 관점에서 유일하게 충격적으로 들리는 바는, 정치적 권리의 불평등을 연역하기 위해 인간 본성이나 가치의 불평등에서 출발한다는 점이다.

이 세상에는 다른 사람들보다 지적 능력이나 교양이 떨어지는 사람들이 있다고 주장하는 것이 법적으로 범죄로 간주될 수 없다. (게다가 지적 능력이 무엇인지 정의해야 할 것이 아닌가!) 다만, 지적인 능력이

다소 떨어지는 사람들에게서 선거권이나 스스로 행동을 결정할 권리를 빼앗고 어린아이나 노예로 취급한다면, 그것이야말로 민주주의에 역행하는 것이다. 평등한 권리는 정의 그 자체이다. 그러나 그것을 인간 사이의 능력의 평등을 주장하는 것과 혼동해서는 안 된다.

능력이 평등하다는 주장은 진리에 반하는 것으로 정치적 권리나 정의의 근거와 바탕이 될 수 없다. 그러므로 지적 욕망이 없는 사람이란 행복해지는 데 덜 적합하다는 (이 사실 자체가 그에게 매우 슬픈 것이지만) 아리스토텔레스의 말이 도덕적으로 비판의 대상이 되어서는 안 된다. 그렇다고 해서 그러한 사람들이 본성을 바꿔야 하거나 그렇게 하도록 강요해야 한다고 주장하는 것이 아니다. 내가 주장하는 예지는 매우 자유로운 것이다. 나는 단지 행복에 대한 사람들의 그릇된 생각에 대해 말할 권리를 주장할 뿐, 그 이상도 이하도 아니다.

정신적 쾌락의 수월성

인간은 정신적인 환희를 느끼므로, 행복을 누릴 수 있다는 생각이 가능하다. 그러나 이것은 인간이 열등한 욕망에 휘말리지 않고 그것을 극복하고 지배하며 그 욕망에 합당한 자리매김을 한다는 점을 전제하고 있다. 정신적 환희란 무엇보다도 두 가지 특성을 지니는 지식의 쾌락을 뜻한다.

첫번째, 어떠한 만족을 얻기 위한 지적 욕구는 절대적인 (이것이 궁극적인 목적일지라도) 지식을 요구하지 않는다. 지적 욕망을 채우려는 사람은 지식이 성장한다는 단순한 사실에도 만족한다. 정신적인 욕망과 상반되는 물질적 욕망을 만족시키기 위해서는 끊임없는 소유가 요구된다. 가령 수전노와 돈 후안에게는 항상 금과 여자가 부족하며 (마르셀 프루스트[8] 소설 작품의) 사랑하는 사람은 항상 그 대상에 만족하지 못한다.

두 번째, 물질적 부가 독점적이고 인간을 이기적으로 만드는 데 비해, 지식은 나누어 가질 수 있는 것이다. 재산과 영광과 한 여자에 대한 사랑 등을 독점하고 이를 뽐내는 사람은 나누어 갖는 것을 거부하며 끊임없이 (경쟁 관계에 있는) 타인을 제거하려고 한다. 그 반대로 삶의 진실을 알고 예술적 아름다움에 경이감을 갖는 사람은 늘 타인과 자신의 행복을 나누려고 한다. 학자는 가르치기를 좋아하고, 음악가는 많은 사람들이 자신의 작품을 듣는 것을 원한다. 나의 지식은 고갈되지 않고 무궁무진하게 남에게 전달될 수 있으며, 수많은 사람들에게 아름다움이나 깊은 의미를 훼손시키지 않고 숭고한 음악을 들려주거나 심오한 책을 읽게 할 수 있다. 물질적 부에 대한 욕망은 인간을 이기적이고 경쟁적으로 만들고 심지어는 전쟁을 야기시킨다. 풍요로운 정신적 부에 대한 사랑은 우정과 인류애와 평화를 가져다준다.

정신적 부는 물론 지식뿐만 아니라 예술 작품도 포함하며, 지식인이 아니더라도 순수한 기쁨을 맛볼 수 있다. 가령 인간의 미덕이나, (데카르트가 정신적 고결함이라고 불렀던) 열정과 의지의 다스림에서 오는 만족감은 순수한 기쁨에 속한다. 아리스토텔레스가 다소 성급하게 형이상학적 사유로 환원시켰던 정신적인 풍요로움에 이것을 추가할 수 있다.

---

8) (역주) 프루스트(Marcel Proust, 1871~1922), 대표작 『잃어버린 시간을 찾아서 A la Recherche du temps perdu』는 전 7권의 방대한 작품으로서, 주인공 마르셀이 지나온 과거 삶의 회상을 통해 자기 정체성을 구축한다는 문학적 테마를 담고 있다.

이와 같은 정신적인 풍요로움이란, 자신의 임무나 의무를 완수함으로써 생기는 만족감 등으로 일상적 상황 속에서 맛볼 수 있는 것이다. 이것은 자신의 의지로 게으름이나 유희의 욕망을 극복한다는 것을 전제로 한다. 가장 소박한 노동자도 애정을 갖고 자신의 일을 잘 해낼 경우, 매우 온당하게 뿌듯한 보람을 느낄 수 있다. 게다가 충직한 사랑을 한다는 것은, 유혹과 모험의 욕망을 잘 다스린다는 것을 의미하며, 나는 그러한 미덕으로 인해 환희를 경험할 수 있다.

대부분의 사람들은 부족한 것만 생각하고 고통스러워한다. 그들은 정신과 욕망을 통제할 수 없기 때문에 자신을 불행하게 만든다. 에피쿠로스와 스토아 학파가 보여주는 것처럼, 진정한 예지란 자신이 가지고 있는 것을 생각하는 데에 있다. 물론 우리는 이들 주장의 지나친 바를 비판했다. 전적으로 아무것도 없는 상태에서 인간은 행복해질 수 없는 것처럼 여겨진다. 게다가 어떤 욕망은 인간 존재의 정신적인 발전에 기여하기 때문에 정당한 것처럼 보인다.

그러나 오늘날 사회에서 거의 모든 사람들은 가지고 있는 것이 충분치 않다고 생각한다. 그들은 좀더 많은 돈, 여가, 바캉스만 얻는다면 행복해질 수 있다고 믿는다. 안타깝게도 그것은 끝없는 악순환을 거듭할 뿐이다. 경험을 통해 알 수 있듯이, 엄청난 재산과 충직한 하인들, 충분한 여가와 자유로운 시간을 가지고도 인간은 권태롭거나 불행해질 수 있다.

내가 우리 사회가 제공하는 평균적 수준의 혜택(그것도 억만장자에 비해서 보잘것 없는 것이긴 하지만)을 누리면서도, 정신적으로 베토벤, 빈센트 반 고흐, 셰익스피어와의 만남을 통해 행복감을 누릴 수 있다. 수많은 인류의 천재성으로 축적된 지성과 아름다움에 경이감을 느끼지 못한다면, 그것은 스스로 보잘것 없다는 징표이다. 그리고 매일 아침 새롭게 살아 있다는 '기적'을 느끼는 것과 같은 매우 단순한 기쁨도 있다. 채워지지 않는 욕망의 절규를 잠재울 수 있다는 조건하에서, 우리는 매 순간마다의 세상, 친숙한 사물에 대한 빛의 유희, 해가 빛나는 나날, 비의 부드러운 노랫소리, 아이의 귀여운 웅얼거림, 사랑하는 사람의 웃음을 만끽하고 환희를 느낄 수 있다.

예지, 자기에 대한 염려와 초극

진정한 예지는 자기에 대한 염려와 자기의 망각이라는 상반된 것들이 섬세한 균형을 이루는 중간 지점에 위치한다. 우선 자신에 대해 성찰할 줄 알고 이러한 삶의 값진 순간들을 가치 있게 여기는 내적인 마음을 지니는 것이 중요하다.

이를 위해 우리는 오늘날 사회에 있어서 인간을 소외시키는 힘에 저항해야 한다. 사실상 (현대) 사회는 우리에게 많은 임무나 의무를 부과함으로써 스트레스와 걱정 근심을 안겨주며 일상을 불안한 나날들로 채워간다.

파스칼은 인간이 시간과 타락한 관계를 맺는다고 했다.

'각자가 자신의 생각을 면밀히 성찰한다면, 생각이 과거와 현재에 묶여 있다는 점을 발견할 수 있을 것이다. 우리 인간은 거의 현재를 생각하지 않는다. 인간이 그것을 생각한다면, 미래를 다스리기 위해서 현재로부터 빛을 얻어야 한다. 현재가 결코 인간의 목적이 아니다. 과거와 현재는 수단일 뿐, 미래만이 인간의 목적이다. 그리하여 인간은 결코 현재를 살아가지 않고 다만 살아가기를 희망한다. 그러나 인간은 항상 행복해질 수 있지만, (현재의 순간

에) 인간이 결코 행복하지 않다는 것도 피할 수 없다.'⁹⁾

사실, 우리는 미래를 걱정하고 두려워하면서, 빛나는 미래가 다가오기를 초조하게 희망하면서, 미래를 준비하는 일에 모든 힘을 탕진한다. 가장 나쁜 삶의 태도는 인간이 이미 가버린 과거에 대해 끊임없이 후회하면서 현재가 베푸는 것을 경시하는 것이다. 이러한 사람들은 다가올 미래의 가능한 모든 새로운 만족감을 미리 망쳐버린다. 그리하여 인간은 과거를 끊임없이 반추하고 앞서 자신을 미래에 투사함으로써 결코 현재를 누리지 못하고 환희와 행복을 얻지 못한다.

파스칼은 '신 없는 인간의 비참함'이란 결코 돌이킬 수 없다고 했다. 그렇지만 우리는 인간의 좋지 않은 성향에 대한 해결책을 희망한다. 에피쿠로스가 쾌락을 맛볼 줄 안다는 것, '(열매 따듯이) 하루하루를 살아가는 것'이 하나의 예술이라고 말하는 것은 틀린 주장이 아니다. 미친 듯이 인간을 미래로 내모는 시간의 격류를 잠시 정지시키고, 삶을 자신에게 다시 집중시키며, 정신에서 수많은 상념들을 추방하고, 현재의 순간만을 맛보는 법을 배워야 한다.

마르셀 프루스트는 우리가 매우 기분좋은 순간들을 보내고 있는 때(가령 사랑하는 사람과 같이 있는 경우)에도, 말하고 행동하고 타인의 눈을 의식해야 하기 때문에 그 순간들을 만끽하지 못한다고 했다. 이렇듯 인간은 자신의 밖에서 삶을 살아간다. 그것은 자신의 내밀한 감정을 경험하고 맛보는 것을 방해한다. 프루스트가 행복이란 추억 속에서만 가능하다고 말하는 까닭이 여기에 있다.

우리는 세월이 흘러간 후 삶의 경험을 통해 얻은 좋은 것들을 향

---

9) 파스칼, 『팡세』, 172. Brunschvig판.

유하면서 행복을 얻을 수 있다. 바로 그것이 프루스트가 『잃어버린 시간을 찾아서』에서 자신의 지난 세월을 추구했던 이유이다. 그러나 우리는 여전히 자신에게서 멀어져 가게 하는 힘에 대항해서 싸워야 하며, 영혼과 깊은 내면의 목소리에 귀를 기울여야 한다.

그렇지만 쾌락만을 추구함으로써 행복에 이르는 것이 아니다. 이러한 추구는 위험하고 헛된 것이다. 왜냐하면 우리가 앞서 충분히 논의한 것처럼 인간의 완전한 만족이란 끝없는 것이기 때문이다. 그러므로 즉각적인 만족에만 몰두하지 말고 지금의 상태를 뛰어넘어 자신을 고양시키고 스스로 커지도록 하며 자신을 인류의 이상에 접근시키도록 노력해야 한다. 자신의 '에고'에 지나치게 몰입하지 않되, 세상과 자연과 정신 세계의 아름다움에 자신을 열어야 한다. 스스로 자신을 극복해야 하며 자신을 잊을 줄 알고, 고결하고 높은 목표를 설정해야 한다. 항상 새로운 쾌락을 통해 행복을 추구하는 사람은 늘 실망할 것이다. 아무것도 자신이 희망하는 수준에 이르거나 기대를 충족시켜주지 못하기 때문이다. 그런 사람은 환상에서 깨어날 때마다 후회할 것이다. 이와 반대로 스스로 개인의 차원을 넘어서는 바람직한 목표를 설정하고 이를 위해 헌신적인 노력을 다하고, 그리고 자신을 잊는 사람만이 일의 보람을 느낄 것이다.

진정한 예지는 자기 극복과 자아에의 회귀라는 상반된 두 차원을 섬세하게 결합시키는 데에서 생겨나는 것이다. 자아에게로 회귀가 (예지에) 필요한 사전의 단계이고 자아 극복은 완성의 단계를 의미하기 때문에, 두 차원의 결합은 시간적 절합(節合)으로 보아야 할 것이다. 사실 진정한 가치를 지니는 본질적인 것에 몰입하기 위해서는 헛된 특권, 물건들, 재산, 겉모습, 사회적 조건 등 세상사의 미혹에서 벗어나야 한다.

우리는 일상적인 삶 속에서 두 차원을 적절히 조절하여야 한다. 커다란 계획을 세운다고 하여 자질구레한 일상적 쾌락을 도외시해서는 안 된다. 긴장과 이완, 이상에 대한 열망과 구체적인 것에 대한 관심을 번갈아 가지면서 삶을 음악처럼 작곡하여야 한다. 큰 것이나 작은 것에 매몰되지 말아야 한다. 항상 이 두 가지 차원을 지니면서 조화롭게 조합해야 한다.

후기

철학의 현실과 미래

'행복하기 위해 어떻게 살아야 하는가?'라는 질문에 대한 답을 찾다보면, 우리는 수많은 철학적 이론과 여러 가지 문제들을 만나게 된다. 우리는 그러한 문제들을 해결했다기보다 우회했다. 그 이유는 지나치게 광대하고 어려운 분석, 해결의 실마리가 불확실한 분석을 피하고자 했기 때문이다.

결과적으로 우리가 도달한 결론은 잠정적일 수밖에 없다. 우리는 합리적인 예지를 만들었으나, 과연 신이 존재하는지, 인간이 불멸의 영혼을 갖고 있는지, 인간 행복을 보장하기 위해 좋은 환경을 진작시키는 진정한 도덕적 정언과 좋은 정치 시스템은 무엇인지 밝히지 못했다.

그러나 우리의 예지는 위의 주제에 대해 잘 모르더라도 가능한 것이지만, 이러한 주제에 대한 무지는 인간의 실존적 선택을 불확실하게 만든다. 그러므로 형이상학적·윤리적·정치적 질문에 대한 확실성을 갖는 것이 훨씬 더 낫다. 여기서 말하는 확실성이란, 환상이 아니라 진리에 대한 지식을 뜻하는 것이다.

그리하여 인간은 확실한 예지를 만들 수 있고 삶에 있어서 절대적으로 가치 있는 행동 규범을 선택할 수 있다. 근본적으로 의미있는 삶을 살기 위해서는, 필요한 사물에 대한 지식, 즉 거의 완벽하고 완성된 철학이 요구된다. 곰곰이 생각해 본다면, 인간의 안락에 유용한 과학적이고 기술적인 지식은 행복을 위해 덜 필수적인 것처럼 보인다. 그러하기에 인간은 철학적 질문을 피할 수 없다. 그렇지만 흥미로운 것은, 인류 전체가 철학적 사색보다는 대자연을 기술적으로 다스리기 위해 엄청난 시간과 수단과 에너지를 쏟아 붓는다는 사실이다. 이것은 사색이 결핍되었거나, 행복이란 권력과 부에 달려 있다는 단순한 믿음을 문제시하는 의식이 부족하다는 증거이다.

물론 사람들은 이렇게 다양한 영역에서 확고한 지식을 얻는 것이 불가능하다고 반박할 것이다. 그러나 그것은 회의주의라는 특별한 철학의 형태이고 그것의 정당성은 입증되어야 하며 이에 따른 실존적 결과들도 검토되어야 하는 것이 온당하다.

오늘날 사상가들에게 두 가지 임무가 부과된다. 한편으로는 형이상학적·윤리적·정치적 문제를 해결하는 것이고, 다른 철학을 널리 전파하고 많은 사람들이 철학에 접근하도록 하는 것이다. 이를 위해 철학의 목적과 발전, 그리고 20세기 말 철학의 상황에 대한 몇 가지 구체적인 성찰을 요구한다.

282

철학의 기원과 발전

인간은 행복에 이르는 수단, 정의, 좋은 정치 조직, 실존의 의미 등에 대해 끊임없이 질문한다. 게다가 이러한 질문은 인류의 성격을 규정하는 것들이다. 일반적으로 인간은 교육을 통해 전승되는 전통, 종교적 신앙, 사회 집단의 이데올로기, 개인적인 선호, 유행하는 생각과 시대의 분위기에서 해답을 구한다.

인간은 모든 주제에 대해 자신의 견해를 갖고 있으며 나름대로 진실을 알고 있다고 생각한다. 이들과 의견이 다른 사람들은 필연적으로 잘못 생각할 수밖에 없다. 그리고 의견의 충돌로 인해 얼마나 많은 갈등이 생기고 전쟁이 일어나는가? 가령 공화주의자들과 왕당파, 파시스트와 민주주의자, 공산주의자와 자본주의자, 카톨릭교도와 프로테스탄트, 예수 신봉자와 마호메트 신봉자들 사이의 갈등을 생각해 보자.

여러 가지 다양한 신앙들이 서로 갈등을 일으키는 국면에서 철학자의 역할이 요구된다. 철학자는 자신의 의견도 의심하는 사람이므로, 무엇이 그의 견해가 옳다는 것을 보장해 줄 수 있는가? 부모, 조상, 신부님, 정치 지도자의 말이 항상 옳은 것인가? 그리고 저것보다는 이것을 믿고 싶어하는 개인적인 욕망이 진리를 담보하는가?

그것은 결코 아니다. 남의 견해와 마찬가지로 나의 견해, 그리고 모든 견해를 회의의 대상으로 삼아야 한다. 바로 이러한 겸손한 태도와 소크라테스적인 문제 의식('나는 내가 무지하다는 것만을 알고 있다')에서 철학의 정신은 싹트는 것이다. 그러나 알고 싶은 욕망, 진리를 발견하고자 하는 욕망이 함께 존재한다.

철학자는 오로지 의심을 위한 의심이나 모든 것을 문제시하는 데에서 오는 짓궂은 쾌감만을 즐기는 사람이 아니라 진리와 결정적인 확실성을 열망하는 사람이다. 그는 확신을 얻기 위해 의심한다는 패러독스에 의해 움직이는 사람이다. 그는 언젠가 진리에 도달할 수 있을 것인가? 많은 사람들이 그것을 희망하고 인간의 이성이 절대적인 진리를 발견할 수 있다고 믿는다.

그러나 좀더 회의적인 어떤 이들은 이성이 무력하다고 여기고 결국 회의가 결정적으로 승리한다고 믿는다. 인간은 자신이 모른다는 것과 아무것도 알 수 없다는 것을 알고 있다. 이것도 여전히 하나의 철학적 입장이고, (더 구체적으로) 회의주의적 철학의 태도이다. 적어도 그것은 앎과 지배적인 이데올로기에 대한 환상에서 벗어나게 하고 관용을 갖게 한다.

흄의 회의론

많은 사람들은, 수세기 동안 철학자들이 논쟁을 벌여왔으나 어떠한 결론에 도달했는가라고 묻는다. 모든 철학자들이 서로 논박하고 있는 모습은 철학의 실패를 뜻하는 것이 아닌가? 서로 다른 철학자의 이론을 파괴함으로써 남은 것은 오로지 (사상과 이념의) 폐허뿐이 아닌가? 사실상 위대한 사상가들은 나름대로 철학의 그릇된 사유방식에 대해 설명하고 있다.

18세기 영국의 사상가 데이빗 흄과 같은 회의론자에 따르면, 인간의 정신은 어떠한 진리도 알 수 없다. 그것은 여러 철학의 형태뿐만 아니라 물리학이나 수학이론이 문자 그대로 허위라는 뜻이다. 그것은 믿음에 불과한 것이고, 심지어 '1+1=2'도 믿음에 지나지 않는다. 흄은 우리를 설득하기 위해 엄청나게 기막힌 분석을 전개하고 있다. 게다가 그는 뽑아 없애버릴 백해무익한 믿음과 유익한 믿음을 구별해 놓고 있다.

사실상 형이상학적 믿음이란 위험한 것이다. 인간은 신의 존재 여부나 좋은 정치 원칙을 둘러싼 논쟁으로 서로 죽이고 있다. 그 반면 과학적 믿음이란 되레 인간에게 유익한 것이다. 경험적으로 빵이 인간에게 자양분을 공급한다는 것을 믿는 것은 온당하다. 그리고 물질을 의심하기보다, 문을 열지 않고 문을 통과하려고 애쓰는 것보다, 물질은 알 수 없는 것이라고 믿는 것은 온당하다. 비록 아무도 우주가 그 다음 순간에 이미 존재했던 것과 동일하게 남아 있으리라는 것을 알지 못하더라도 그렇다면 흄이 『인간 오성에 관한 연구』의 말미에 주장하는 바대로, 철학과 형이상학에 관한 책들은 해롭기 때문에 태워버려야 한다.

플라톤에서 후설에 이르는 독단론

이와 반대로 대부분의 위대한 사상가들은 철학적 의미에서 편향적이다. 그들은 인간의 정신이 진리를 발견할 수 있다고 믿으며, 진리에 도달했다고 주장한다. 플라톤, 아리스토텔레스, 토마스 아퀴나스, 데카르트, 스피노자, 라이프니츠, 베르그송, 후설과 몇몇 사상가들은 이성을 통해 엄격하게 증명된 진정한 철학 체계를 구축했다고 주장한다. 그들은 이전의 사상가들이 매우 심도 있게 사물을 분석하지 않고 편견과 미망에 사로잡혀 잘못된 사유를 했다고 설명한다.

그렇지만 그들은, 다른 사상가들이 진정한 철학을 확립하기 위해 노력한 바가 (자신의 사상의) 기초를 세우는 데 기여했다는 점도 인정하고 있다. 철학의 발전이란, 오류에서 진리에로 나아가는 과정에서 이루어지는 것이다. 게다가 구극적으로 진정한 철학의 바탕을 다지려고 힘쓴 20세기 초반의 철학자 후설은, 그의 철학의 갈래인 현상학, 즉 모든 현실 그 자체인 현상에 대한 인간의 인식을 탐구하는 현상학도 후대의 수많은 사상가들과 집단 연구로 계승 발전되어야 한다고 생각했다. 그의 많은 제자와 추종자들은 독창적인 입장을 취함으로써 단순히 스승의 저작에만 매달리지 않았다.

칸트의 비판론

이와 다른 입장을 취한 칸트(1724~1804)의 비판론은 회의주의와 독단론을 교묘하게 배합시킨 것처럼 보인다. 칸트에 따르면, 형이상학은 인간 정신이란 절대적 현실을 인식할 수 없으므로 환상에 불과한 것이다. 그러나 이성에 대한 근본적인 욕망에 답하는 환상은 필연적인 것으로서, 인간은 맹목적 신념에서 벗어나기 위해 항상 싸우거나 반박해야 할 대상이다.

그는 과거의 모든 철학을 피할 수 없는 오류로 설명하고 있다. 그것은 어떠한 엄밀성과 실험적 성격을 지니는 자연과학이 현상에 대한 인식, 즉 궁극적인 현실에 이를 수 없는 상대적이고 제한적인 진리만을 담고 있다는 것을 함의하고 있다. 그러므로 과학은 형이상학을 대체하지 못할 것이다. 과학이나 형이상학 가운데 어느 것도 신의 존재와 물질이 현실이라는 점을 증명하거나 반박할 수 없다.

현대 프랑스 물리학자 베르나르 데스파냐에 따르면[1], 현대 물리학자 중 80% 이상이 이른바 '경험의 철학'이라는 이름으로 알려진 (특

---

1) 베르나르 데스파냐(Bernard d'Espagna), 『현실을 찾아서 A la recherche du réel』, Gauthier-Villars. 1981.

히 양자역학에 의해 알려진) 위의 주장에 찬성할 것이다. 게다가 칸트는, 도덕이란 형이상학적 기반을 필요로 하지 않고, 윤리적으로 절대적인 요구만을 분명히 하는 것이라고 주장했다. 18세기 말 이후 오늘날까지 많은 사상가들이 칸트 사상의 영향을 받고 있다.

헤겔의 관념철학

헤겔은 철학 발전에 섬세한 관념적 비전을 제시한다. 헤겔은 철학사의 변천 과정에서 나타나는 필연성과 발전 개념을 설명하면서 각 철학의 갈래는 진리의 일부분만을 담고 있으므로 (허위라기보다) 불충분하다는 점을 강력하게 증명하고자 했다.

사실상 커다란 철학은, 각각의 세계에 대한 총체적인 이해와 총체적인 과학으로서의 '대철학 LA philosophie'을 실현하고자 하는 시도라고 볼 수 있다. 인간 정신이 단번에 '대철학'에 이르지 못하므로 철학의 각 경향들은 부분적이고 불완전할 수밖에 없다. 각 철학의 현실의 어떤 측면들을 알지 못하므로, 그것을 고려하는 다른 철학에게 논박당하게 된다.

서로 상반되고 모순된 두 철학 형태가 있다고 할 때, 두 번째 철학이 완전하지 못할 경우 단순히 시계추의 운동처럼 첫번째 철학으로 되돌아 오는 것이 아니라, 앞의 두 철학을 뛰어넘어 더 풍부하고 정교한 종합적인 철학 형태를 구성한다. 이러한 철학 형태의 모순된 겉모습 뒤에는 실제적인 발전이 이루어진다. 그리고 시간과 인간 정신이 현실에 대한 총체적인 인식을 뜻하는 한 체계를 만들어낼 정도로 매우 성숙할 때, 이러한 (다양한 철학 형태의) 변화의 양상은 그러한 체계에 도달할 때까지 진행된다.

헤겔은 스스로 (철학을 통해) 이러한 체계를 드러낸다고 생각한다. 헤겔은 커다란 철학적 야망과 아울러 다소 겸손한 태도도 지니고 있다. 그는 다른 철학자들과 달리, 혼자서 진리의 길을 발견하였고 자신의 천재성으로 오류로 가득찬 어두운 세월들을 단번에 정복했다고 주장하지 않는다. 반대로 그는 자신의 철학을 오랜 변천을 거친 모든 인간 역사의 열매로 여긴다. 헤겔은 대철학 체계가 태동하기에 유리한 역사의 시기를 살아간 행운을 얻은 철학자이다. 그는 가능한 모든 철학적 담론과 모든 사상의 입장(완성도에 따라 위계화된)들을 종합한 담론을 소개하고 주장한다.

그의 철학 이후에 나타난 그밖의 다른 철학들은, 이미 헤겔 철학에 의해 극복된 특수한 관점에서 재취합한 것에 불과하다. 그러한 예언자적 철학은 매우 주의깊게 연구할 가치가 있다. 그러나 불행하게도 헤겔의 철학서는 상당히 밀도 있는 관념적 문체로 쓰여져 매우 적은 숫자의 학자들만이 그것을 읽어낼 수가 있다. 평생 동안 헤겔의 저서를 연구한 사람들은 헤겔 철학을 모두 이해하지 못했다고 겸손하게 고백한다. 그러나 헤겔 사상을 약간이나마 이해한 사람은, 그의 사상이 인간 정신을 환히 밝혀주고 우리로 하여금 훨씬 더 지적으로 현명한 인간이 되게 했다는 느낌을 주고 있다.

오늘날 철학의 상황

오늘날 철학이란 무엇인가? 여러 철학적 입장들을 적은 목록(지극히 비철학적인)을 만들면서 논증없이 논문들만 열거한 것처럼, 나는 간단하게 몇 가지 사항만을 언급하는 데 머무를 것이다. 우선, 지배적인 감정은 회의주의이다.

철학이란 결코 하나의 과학으로 드러날 수 없고, 그것의 공적인 이미지는 되레 비인격적이며 일관성이 결여된 것처럼 보인다. 그것은 내외부적인 요인에 기인한다. 외부적 요인 가운데 과학과 인간과학(철학의 대상을 장악하려는)[2]은 서로 경쟁적 관계에 놓인다.

자연과학은 설명적 이론 실험에 의해 검증된 이론들만 받아들이고 형이상학적 이론을 반박하는 것처럼 보인다. 물리학의 모델을 바탕으로 만들어진 인간과학은 인간 심리 · 사회 · 도덕 · 정치 등에 관한 질문들을 독점하고, 대상을 상실한 철학적 성찰을 위의 장에서 배제했다. 이것에다가 과학이 매우 엄밀하고 엄격한 성격을 지녀야 한다고 주장하는 실증주의적 이데올로기를 추가할 수 있다. 그 이유는 과학이 철학적 사유와 전혀 관계 없이 실험적 방법론에만 기대고 있기 때문이다.

한편 철학이란 스스로 철학자로 자처하는 사상가들, 가령 철학 자체의 가치와 가능성을 회의하는 사상가들에 의해 내적으로도 공격을 받고 있다. 헤겔이 사라진 이후, 유럽에서 그의 철학 체계가 지녔던 매력은 퇴색하고 그의 철학 체계는 실증적 과학주의나 상반된 이데올로기로부터 맹렬한 공격을 받았다.

가령 덴마크 철학자 키에르케고르는 헤겔 사상을 조롱하고, 그리고 총체적이거나 객관적인 지식에 대한 모든 근거 없는 그의 주장을 비판하면서, 주관성과 실존하는 개인(결코 어떤 것으로도 극복될 수 없는)

---

2) 과학 이론의 대가들은 과학이 철학적 성찰을 통해 태어났으며, 과학이 철학적 성찰의 적용이며, 과학이 계속해서 철학적 성찰로부터 영양 공급을 받는다는 점을 잘 알고 있다. 약간의 역사적 지식과 인식론적 성찰만으로도 철학에 대한 과학의 종속성을 밝혀낼 수 있다. 가령, 토마스 쿤의 『과학 혁명의 구조』(1983)를 예로 들 수 있다.

의 관점을 제시했다. 20세기 모든 실존주의자들은 (그 정도가 다르긴 하지만) 키에르케고르의 사상을 받아들이고 있다. 니체도 이 세상에 진리란 없고 다만 여러 가지 해석과 환상만이 존재하므로, 이러한 사실을 기쁘게 받아들이고 그것을 예술가의 정신으로 다루어야 한다고 주장했다. 그러한 사상은 일관성에 있어서 매우 어려운 점을 갖고 있으나, 특히 수많은 사회학자들에게 커다란 매력을 주고 있다.

형이상학의 해체 - 하이데거

독일의 철학자 하이데거(1889~1976) 사상은 철학에 매우 큰 충격을 주었다. 하이데거는 형이상학, 즉 모든 서구 사상은 플라톤 사상에 작용하고 있는 오류에 근거를 두고 있다고 주장했다. 서구 형이상학에는 존재에 관한 부정적인 생각이 담겨 있는데 그것은 바로 '존재의 망각 l'oubli de l'être'이다.

존재에 대한 그릇된 이해로 인해 현대 서구 문명의 모든 과학 기술적인 사상이 도출되었고, 그럼으로써 현대 서구 사상은 인간의 지식과 행위가 단지 소유와 조작과 심지어 존재의 파괴만을 지향하면서 더욱 더 존재와 좋지 않은 관계를 설정하게 되었다. (오늘날 우리가 목도하고 있는) 자연의 오염과 원자폭탄의 대량 생산은, 이미 플라톤 시대에 완성된 지적(知的) 비극의 피할 수 없는 결과이다.

그러므로 인류의 초기 사상가들, 즉 소크라테스 이전의 사상가들의 생각(오늘날 그 편린만 남아 있어 이해할 수 없고 모호하기 짝이 없지만)을 되찾는 것이 중요하다. 형이상학이 기초한 오류를 깨닫기 위해 우선 형이상학적 사고를 분석하고 '해체'함으로써 (궁극적으로) 형이상학을 '파괴'해야만 한다. 이것이 바로 하이데거가 글과 강의를 통해 진력하였던 작업이다. 그럼으로써 인류는 존재와의 새로운 관계를 설정하고 시(詩)에 가까운 '좀더 사유적인 사상'을 정립할 수 있다.

이러한 하이데거의 사상은 모든 철학의 형태를 평가절하시키는 환상적인 공격 무기이다. 안타깝게도 이 책에서는 그것을 분석하거나 심층적인 비판을 가할 수 없다. 그러나 내게는 하이데거의 사상이 단지 인간의 이성을 문제삼는 정교하나 그릇된 회의주의의 한 형태로 여겨진다.

프랑스 대학이 하이데거에 깊은 매력을 느꼈던 것은, 그의 사상이 철학사를 살아 있는 사상의 주체로 탈바꿈시키는 것처럼 보였기 때문이다. 그러나 여전히 우리는 수많은 하이데거 추종자들이 스승의 마술적인 언어를 반추하기보다는 '보다 사유하는 사상'으로 재창조할 것을 기대해 본다.

철학의 죽음

철학을 회의하게 만드는 또다른 요소는 (예를 들어) 정치에 대한 실망과 공산주의에 대한 환멸이다. 합리주의 사상(헤겔의 도발적인 제자인 마르크스의 사상처럼)은 인류에게 행복을 가져다 주지 못했으며, 오히려 마르크스 이론의 현실적 적용은 집단 포로 수용소와 같은 노예 상태를 야기시켰다. 베르나르-앙리 레비 Bernard-Henry Lévy나 앙드레 그뤽스만 André Glucksmann은 더이상 좌파 지식인이 아닌 스스로 '신철학자 nouveaux philosophes'로 자처하고 그것을 천명했다.

베르나르-앙리 레비와 앙드레 그뤽스만은 이성이란 본질적으로 전체주의적 성격을 지니므로 유토피아 이상을 단념해야 한다고 선언했다. 그렇다면 모든 비판 이론이나 혁명 이론을 경계하고 이 세상을 있는 그대로 받아들여야 하는가? 그렇지 않다면 무엇을 해야 하는가? 이 대목에서 우리는 '지식인들의 침묵'에 놀라움을 금치못한다.

그리하여 20세기 말 일반적으로 철학자로 인정받는 대다수의 사상가들이 철학의 종말, 철학의 죽음, 철학의 *불가능성 등을 사유의 중심 테마로 삼는 패러독스한 현상이 나타나게 되었다. 그러나 철학을 향한 많은 대중들의 열망이 (위에서 말한) 회의적이고 소심한 모든 (철학적) 태도와 입장을 약화시키고 있다.

갑작스럽게 철학에 대해 관심을 갖기 시작한 사람들은, 현대 과학 기술만으로 형성된 이 세상은 결코 좋은 것이 아니고, 현재의 삶은 우리를 행복하게 만들지 못한다고 말하고 있다. 각 개인은 나름대로 정의와 행복의 길과 새로운 삶의 의미를 추구하고 있다. 오랫동안 승승장구했던 인문학 les sciences humaines은 진정한 대답을 가져다 주지 못한다. 왜냐하면 이미 말한 것처럼[3] 인문학의 대상은 현실 자체이지 이상이나 선이 아니기 때문이다. 인문학은 '있는 것'과 '할 수 있는 것'에 대해서만 이야기하는 것이지, 결코 '해야만 하는 것'에 대해 말하는 것은 아니다.

이제 철학이 혼수 상태나 자살의 충동을 느끼는 침울함에서 깨어나야 할 때가 아닌가? 미셸 푸코는 사르트르를 가리켜, 철학이 '신의 존재 여부와 관계 없이 삶·죽음·성이란 무엇인가, 자유란 무엇인가에 대해 말해야[4]'한다고 믿은 마지막 철학자라고 빈정거렸다. 그렇지만 단순한 경멸적 태도로 가볍게 여길 수 없는 매우 중요한 질

---

3) 앞의 장 '행복은 가능한 것인가' 참조
4) 1968년 『문학지 le Magazine Littéraire』의 장 폴 사르트르와의 대담 중에서. .

문틀이 바로 거기에 있다.

철학은 다시 새롭게 위에서 언급한 문제들을 정면으로 다루어야
하고, 또 철학은 그것을 할 수 있는 것처럼 보인다. 나의 희망의 근
거는, 철학사 전반을 통해 볼 때 철학이 부단한 자기 비판을 해왔다
는 사실에 있다. '우리는 알 수가 없다'라는 말만을 되풀이 하는 군
소 사상가들이 범람하는 가운데서도, 한 세기에 두세 명의 뛰어난
사람들이 자신의 탁월한 천재성을 발휘하여 새로운 지식을 창조함
으로써 사유와 사상을 진전시켰으며 그 발전 가능성을 입증했다.

마지막 철학자들

여전히 철학을 믿는 사람들에게 남아 있는 것은 무엇인가? 많은
철학자들은 총체적인 지식을 추구하는 헤겔적인 작업을 부정한다.
그들은 철학이란 항상 새로운 가능성에 활짝 열려 있으나 부단히 미
완의 상태로 남을 수밖에 없는 것이라고 생각한다.

'차이의 철학 la philosophie de la différence'이라고 명명되는 이러
한 철학 경향은 전통적인 형이상학과 지식의 합리적인 통합의 계획
에 반대한다.[5] 질 들뢰즈도 좀더 겸허한 태도로 철학이란, 어떤 사상
체계를 만드는 일이라기보다 사물과 대상을 사유하는 데 사용되는
'개념과 관념을 만드는 작업'이라고 정의했다.[6]

알랭 르노 Alain Renaut는 자신의 저서 『사르트르, 마지막 철학자
Sartre, le dernier philosophe』에서 인간 정신이 이미 생각할 수 있는

---

5) 프랑수아 라뤼엘 François Laruelle, 『차이의 철학 la philosophie de la différence』, P.U.F. 1986.
6) 질 들뢰즈와 펠릭스 가타리 Félix Gattari, 『철학이란 무엇인가 Qu'est-ce que la philosophie?』,
  1991.

커다란 지적 입장들을 모두 다 만들어냈기 때문에 오늘날 철학이 신음하는 것이라는 주장을 하고 있다. 이제 더이상의 새롭고 기막힌 철학 체계란 존재하지 않는다. 남은 과제는 오늘날의 사람들이 동의하고 따를 만한 가치 있는 (사상)체계, 즉 이에 준거하여 사유하고 행동하며 우리의 세계를 만들어 나가는 사상·가치 체계가 어떤 것인가를 결정하는 일이다.

사실 알랭 르노도 뤽 페리와 마찬가지로 칸트와 그의 제자인 피히테를 등에 업고 있다. 신 칸트주의로 명명되는 이러한 철학 경향은, 미국에서 존 롤스John Rawls와 같은 무게 있는 인사를 포함하고 있다. 명시적으로 루소와 칸트의 사회계약론을 다시 현대 사회에 맞게 맥락화시킨 존 롤스의 『정의론 Theory of justice』(1971)은, 철학계라는 한정된 틀을 뛰어넘어, 준거틀과 모델이 결핍된 법조계, 정책 결정자, 정치인들에게서 커다란 성공을 거두었으며 지적인 토론에 자양분을 공급했다.

물론 이와 다른 철학적 경향들도 활성화되고 있다. 가령 성 토마스 아퀴나스의 추종자들이 스승의 풍부한 사상 전통을 계승하려는 경향, 특히 마르크스주의자들을 중심으로 한 유물론적 사상 경향, 그리고 헤겔, 니체, 후설의 사상을 계승하는 경향 등이 그것이다.

예컨대 헤겔 류의 사상이 주로 프랑스에서 알렉상드르 코제브, 에릭 베일, 그리고 오늘날에는 베르나르 부르주와에 의해 활성화되고 발전되었다. 그렇지만 깊은 헤겔 사상을 엄밀성과 정통성을 가지고 재건하려는 베르나르 부르주와와 달리, 코제브와 에릭 베일은 헤겔 사상의 단순한 추종자가 아니다.

그리고 니체주의자 가운데는 미셸 푸코와 질 들뢰즈를 꼽을 수가 있다. 여기에서 주목할 것은, 현재 명맥을 유지하고 있는 철학은 현대 과학이 직면한 것과 동일한 문제에 부닥치고 있는데, 그것은 근본적이고 총체적인 문제 의식을 포기하고 특수한 문제를 다루기 위해 전문화를 꾀하는 것이다. 이러한 경향은 특히 후설 현상학의 계승자들에게서 입증된다.

엠마뉘엘 레비나스Emmanuel Lévinas는 하나의 윤리학을 (비록 이를 통해 전통적인 형이상학의 개념들을 문제삼는다고 하더라도) 세우는 데 진력을 다한다. 폴 리쾨르Paul Ricoeur는 각별히 해석학의 문제와 담론의 해석의 문제에 관심을 두고 있으며, 미셀 앙리Michel Henry는 『현현의 본질 L'essence de la manifestation』(1963)에서 현상학을 신의 계시 문제와 맞부딪쳐 생각하고 있으며, 장 뤽 마리옹은 매우 난해한 저서 『존재 없는 신 Dieu sans l'être』(1991)에서 존재에 관해 하이데거적 사유를 이어가면서 존재를 말로 표현할 수 없음에 관해 깊은 관념적 성찰을 하고 있다.

다른 지평(좀더 인식론적 지평)에서 살펴본다면, 미셀 세르Michel Serres는 『헤르메스 I~IV』(1977)에서 커뮤니케이션 현상에 관해 성찰하고 있다. 독일의 사상가 칼 오토 아펠 Karl Otto Apel과 유르겐 하버마스 Jürgen Habermas는 윤리학에 형이상학이 아닌 다른 바탕을 제공하고자 한다. 칼 오토 아펠은 과학 활동의 전제 위에 윤리학의 기초를 세우고 있으며, 하버마스는 인간 사이의 의사소통의 전제 위에 윤리학을 놓고 있다.[7]

분명한 것은 이 모든 특별한 작업들이 방대한 종합 안에서 고려되

---

7) 칼 오토 아펠(Karl Otto Apel), 『과학 시대의 윤리 L'Ethique à l'âge de la science』(1987), 유르겐 하버마스 『커뮤니케이션 행위이론 Théorie de l'agir communicationnel』(1987).

어야만 한다는 것이다. 최근 철학의 발달도 자연과학의 발전과 마찬
가지이다. 어떤 인간 정신도 총체적으로 이해하고 파악할 수 없는
지식을 만들어낸다는 생각은 인류에게 커다란 불안감을 일으킨다.
그렇지만 각 학문 영역에서 핵심을 추출하고, 여러 부분적인 시각들
을 아우르는 하나의 사상을 발견함으로써, 우주와 세계에 관한 전반
적인 비전을 빚어낼 수 있다.

오늘날 사상가들에 부과되는 임무는 (알랭 르노가 지적하는 것으로서)
과거의 커다란 사상 체계 속에서 가치 있는 철학을 찾아내는 것이다.
물론 알랭 르노가 이것을 거부할 가능성을 배제하지 않고 말이다.
우리가 오늘날 제기하는 모든 질문에 답하는 만족스런 철학을 (과거
에서) 발견하지 못할 경우, 새로운 철학을 담금질해야 하지 않을까?

나는 (이 책과 같이) 일반 대중이 쉽게 접근할 수 있는 책들을 통해
위에서 언급한 새로운 철학의 태동에 기여할 수 있다고 믿는다. 왜
냐하면 오늘날 철학가들의 으뜸가는 책무는 철학의 대중화이다. 그
리고 철학의 대중화 작업은, 커다란 철학을 비판적으로 접근하는 방
법인 동시에 공통적인 의식의 요구와 질문에 맞서 복합적이고 정교
한 사상 체계가 값하는 것을 결정하는 수단이기도 하다. 바로 철학
전통에 대한 비판적 종합을 시도함으로써 우리는 새로운 철학을 담
금질하는 것이 필요한지 또는 하나의 사상이 우리의 기대에 부응하
는지 판단할 수 있다.

어떠한 사상이 오늘날 우리의 기대에 부응할 경우, 그것을 알리는
것이 중요하다. 왜냐하면 그러한 사상은 분명 대중적으로 알려지지
않았을 터이므로, 그 사상을 현실의 문제에 적용시키기 위해서는 그
것을 널리 알릴 필요가 있다.

296

수많은 이유로 인해 철학의 대중화는 이루어져야 한다. 우선 얼마 전부터 표현되는 대중적인 요구를 넘어서, 자기 자신과 세계를 이해하고자 하는 열망이 인간 안에 깊이 뿌리내리고 있다. 우리 가운데 많은 이들은 철학적 문제를 제기한다. 그러나 오늘날 우리의 경제체제 속에서 이러한 연구에 많은 시간을 바치고자 하는 사람은 거의 없을 것이다.

철학자들의 모호함에 대하여

거기에다가 대부분의 철학서들은 일반 사람들에게 애매모호하고 잘 이해되지 않는다. 그 이유는 전문 용어(모든 과학과 학문 분야에 필요한 기술적 용어의 총체)의 사용에 있다기보다 철학 언어 자체가 지니는 촘촘한 밀도성에서 연유하는 것이다. 철학자들은 학문의 출발에 있어서 그들과 동일한 교양과 문화를 지닌 다른 전문가들을 위해서 글을 쓰기 때문에, 그들은 모든 것을 다시 설명하는 데 시간을 낭비하려고 하지 않는다.

육백여 쪽에 달하는 칸트의 『순수이성비판』은 엄격하고 견고한 문체로 쓰여져 있다. 예를 들어 이 책은 한줄 한줄 '초월적인 지각의 (본래적으로) 종합적인 단일성'과 그러한 종류의 다른 '즐겁고 쾌활함'을 담고 있다. 칸트는 이 책 초판의 「서문」에서 이 글 자체보다 더 명석한 것은 없으므로, 이 글의 논리를 입증하기 위해 예를 들지 않음에 대해 양해를 구했다.

칸트가 모든 사람들이 이 책을 완전히 이해하도록 노력했다면, 『순수이성비판』의 총분량은 얼마에 달했을까? 아마도 수천 쪽에 이르렀을 것이다! 그러므로 철학자들이 (이해하기 쉽고) 명확하게 쓰지 못하거나 일부러 모호하게 쓰는 것을 탓해서는 안 된다(현대 철학자들 가운데 어떤 사람들은 사상의 궁핍함을 감추기 위해서 고의적으로 모호하게 쓰는 경우가 있으나 진정한 철학자에 경우는 그렇지 않다). 그러므로 철학적인 글에 대한 몰이해는 추상적 사고에 필요한 (글의) 밀도성과 독자의 지적 이해 능력의 부족에서 기인한다는 점을 의식해야 한다.

하지만 초심자들의 경우처럼, 칸트의 철학과 스피노자의 『에티카』를 전혀 이해하지 못한다고 해서 지적 능력이 결핍되었다 생각해서 이를 한탄해서는 안 된다. 그것을 이해하지 못한다고 해서 수치심을 느낄 필요가 없다. 위대한 철학자들의 원전을 (번역의 도움없이) 이해하기 위해서는 수년 동안 전공 수업이 필요하다. 이에 관심있는 사람들이 스스로 깨닫기 위해, 철학적 설명과 스스로의 이해를 돕는 노력이 요구되며 가르치는 사람의 존재가 반드시 필요하다.

철학적 내기, 민주적 내기

그렇지만, (사유를 직업으로 하는) 사상가들이 상아탑에 갇혀 자기들끼리만 교류하고, 다른 사람들에게 (자기들의 수준 높은) 강의를 듣기 위한 수년 동안의 공부와 노력을 요구하는 수준에서 만족해서는 안 된다. 순수한 지식인으로만 구성된 사회를 상상할 수 없고, 그러한 사람들이 일반 사람들을 경멸하는 엘리트 계층을 형성하는 것도 바람직한 일이 아니다. 경제적인 활동이나 사회적인 일에 참여하는 사람들도 정신적인 빛을 발하여야 한다.

철학이 지향하는 여러 목적 가운데 하나가 '인간을 인간화'하는 것이다. 정신적인 빛을 가지고 사회에 참여하는 것은 민주주의의 조건이기도 하다. 오랫동안 사제들은 지식을 위험한 것으로 여겨 그것을 가두고 독점해 왔다. 그 주된 이유는 지식은 권력을 얻게 하며 불순한 의도로 진작된 지식은 나쁘게 사용될 수 있으므로, 지식이 아무에게나 허용되서는 안 되기 때문이었다. 다른 이유로는 지식을 장악하는 것이 비판적이나 부정적 태도로부터 학자들의 권위를 지키고 존경을 얻어내는 데 도움이 되었기 때문이었다.

그러나 민주주의는 각 개인이 최고 주권의 일부분이라는 주장이 현실적으로 구현될 수 있는가에 대한 '내기걸기'이다. 그것은 각 개인이 여러 사실을 잘 알고 정보를 가지고 명석한 판단을 내릴 수 있다는 것을 전제로 하는 것이다.[8] 한 국가의 대통령을 진지한 정책이 아니라 넥타이나 얼굴 등 외모로 판단하여 선출한다면, 민주주의란 더이상 존재하지 않으며, 다만 국민을 농락하는 독재나 존재할 뿐이다. 모든 전문 교육 과정에 진입하기 전에 중등교육과정의 마지막 단계에 철학교육을 실시하자는 주장도 위의 목적에 부합되는 것이다.

물론 17~18세의 청소년들은, 훗날에 가서야 절실히 피부에 와닿을 문제들에 대해 관심을 갖기에는 아직 어리기 때문에 철학 교육은 연장할 필요가 있다. 얼마나 많은 젊은이들이 23~24세에 와서 '고등학교 마지막 학년 때 나는 성숙하지 못했었다. 지금에서야 스스로에게 질문을 던질 수 있으므로 이제부터 철학 교육을 받고 싶다'고 말하는가! 불행하게도 이러한 고백이 안타깝게 들리는 까닭은, 철학서의 난해함과 모호함과 아울러 그 시기에 직업을 구해야 하는 절박성 때문이다.

---

8) 이것은 장 자크 루소가 『사회계약론』에서 힘주어 설명하는 바이다.

이로 인해, 철학의 대중적 보급이 오늘날 시대의 관건이 되는 이유가 여기에 있다. 철학의 대중화는 인간 사회뿐만 아니라 철학 연구 그 자체에도 도움이 되는 것이다. 그리고 철학 연구는, 비판적이고 전파력 있는 종합적인 철학을 완성해 나가는 과정에서 드러나는 불충분한 점에 의해 더욱 더 자극받아 진작될 수 있을 것이다.

과학 기술 문명이 발달하고 상업자본주의 이데올로기가 점점 더 확산되면서 과학 기술과 자본, 그리고 시장경제의 논리가 인간의 삶의 곳곳에 스며들고 있다. 과학 기술과 자본의 논리가 삶의 가치를 규정하는 현대사회에서 행복이란 단어가 아직도 의미를 지니는 걸까? 물음을 보다 본질적으로 바꿔본다면, 우리는 무엇을 위해 살아가고 있으며, 무엇을 추구하는 것일까? 나는 누구인가? 그토록 열망해 마지 않는 과학 기술의 발달이 인간을 더 행복하게 만드는가? 이 모두 해묵은 질문이지만, 잠깐이나마 일상의 쳇바퀴를 멈추고 생각해보면 이보다 중요한 질문들이 어디 있을까?

경제적 통계에 따른 삶의 개량적인 모습은 분명 더 나아졌다고 볼 수 있으나, 생태계의 파괴와 노동의 질의 저하로 인한 삶의 질은 현격히 저하되고 있다. 개인의 삶은 점점 더 파편화되고 그 피상성이 두드러지고 있으며, 사람들은 자신의 삶이 무엇인가 진지하게 고민하기보다 물질적 욕망과 쾌락주의에 쉽게 빠져들어 가고 있다.

이제 사유의 주체로서의 개인, 가치의 집적체로서의 개인이 소멸하고 있는 것이다. 삶의 의미에 대한 고민은 무겁고 부정적인 것으로 치부되고 자신에 대한 성찰 없이 말초적인 쾌락만을 추구하는 태도는 허무주의의 새로운 형태이다.

이 책의 저자 필립 반 덴 보슈는 널리 알려지지 않은 젊은 철학자이나, 보기 드물게 서양철학사를 섭렵하면서 상업자본주의에서 배태된 쾌락과 욕망의 이데올로기가 미만한 오늘날 시대에 과연 행복한 삶이 가능한가를 진지하게 (독자와 함께) 고민하고 있다. 행복한 삶에 대한 다양한 물음과 성찰은 고답적이고 주지주의적 입장이나 단순히 물질적 안락의 추구에 머무는 것이 아니다.

행복이란 화두를 둘러싼 다양한 논의들이 여러 시대적 맥락을 서로 가로지르며 충돌하고 있다. 물론 행복 자체가 지니는 다의성과 모호성 때문에 하나의 정답이 나올 수 없을 것이다. 우리에게 흥미로운 것은 행복이란 화두를 중심으로 펼쳐나가는 필자의 자유분방한 사유의 힘과 논리전개의 모습이다. 이 책은 종래의 난해한 철학서들의 서술방식을 답습하지 않고, 삶의 중심 주제들을 평이하면서도 설득력 있는 문체로 서술함으로써 대중성을 확보하고 있다.

프랑스어로 번역이란 '배반한다'라는 어원을 갖고 있다. 이러한 어원적 정의가 이 책을 번역하면서 입증되었다. 역자는 가능하다면 원서의 내용을 '배반'하지 않으면서 동시에 우리말 표현을 보다 더 자연스럽게 만드는 데 주력하였다.

철학적 성찰과 인문적 사유가 부질없는 행위로 치부되는 이 시점에서 이 책의 출판을 결정해주신 자작나무 출판사의 사장님과 직원 여러분께 감사의 마음을 전한다.

1999년 7월

역 자

■ 참고문헌

현대사상과 기원, 도덕의 문제에 관한 문헌

- 장 보드리야르, 『소비사회』, 1970, Denoël.
- 질 들뢰즈, 펠릭스 가타리, 『앙티 오이디푸스, 자본주의와 정신분열증』, Minuit, 1972.
- 뤽 페리, 알랭 르노, 『68사상』, Gallimard, 1985.
- 뤽 페리, 알랭 르노, 『68-86, 개인의 여정』, Gallimard, 1987.
- 뤽 페리, 알랭 르노, 『생태학의 새로운 질서』, Grasset, 1992.
- 뤽 페리, 알랭 르노, 『인간-신, 또는 삶의 의미』, Grasset, 1996.
- 리포벳스키, 『텅빔의 시대, 현대 개인주의에 관한 에세이』, Gallimard, 1983.
- 리포벳스키, 『임무의 황혼』, Gallimard, 1992.
- 장 프랑수아 리오타르, 『포스트모던 조건』, Minuit, 1979.
- 니체, 『도덕의 계보』, Gallimard, 1989.
- 알랭 르노, 『개인의 시대』, Gallimard, 1989.
- 루소, 『인간 불평등 기원론』, Garnier-Flammarion.
- 자클린 뤼스, 『현대 윤리사상』, PUF, 1995.
- 장 폴 사르트르, 『실존주의는 휴머니즘이다』, Gallimard, 1996.
- 장 폴 사르트르, 『도덕을 위한 카이에』, Gallimard, 1983.
- 막스 베버, 『프로테스탄트 윤리와 자본주의 정신』, 1904, 프랑스어 번역 1964.

정신분석학과 프로이트-마르크스주의

- 프로이트, 『정신분석학 다섯 강좌』, Payot, 1985.
- 프로이트, 『정신분석학 입문』, Payot, 1981.

- 프로이트, 『다섯개의 정신분석학』, PUF, 1954.
- 프로이트, 『문명의 불안』, PUF, 1971.
- 에리히 프롬, 『소유냐 존재냐』, Laffont, 1978.
- 마르쿠제, 『에로스와 문명』, Minuit, 1963.
- 마르쿠제, 『일차원적 인간』, Minuit, 1968.
- 라이히, 『오르가즘의 기능』, L'Arche, 1986.
- 라이히, 『성의 혁명』, Bourgois, 1993.

현대 과학의 유물론

- 샹죄, 『신경조직인간』, Fayard, 1983.
- 자크 모노, 『우연과 필연』, Le Seuil, 1970.
- 뱅상, 『열정의 생물학』, Odile Jacob, 1986.

위대한 지혜에 관한 서적들

- 에피텍투스, 『개요』, Garnier-Flammarion.
- 에피큐로스, 『메네세에게 보내는 편지』, Hatier, 1984.
- 루크레스, 『자연에 관하여』, Garnier-Flammarion, 1964.
- 포르, 『불교』, Flammarion.
- 마르쿠스 아울렐리우스, 『자신을 위한 사색』, Garnier-Flammarion.
- 쇼펜하우어, 『의지와 표상으로서의 세계』, PUF, 1966.
- 쇼펜하우어, 『실존 속의 예지에 관한 아포리즘』, PUF, 1943.
- 『스토아 학파』, Gallimard, 플레이아드 판, 1962.

현대의 지혜들

- 콩트-스퐁빌, 『절망과 긍휼에 관한 시론』, PUF, 1984, 1988.
- 미라이, 『행복론』, Le Seuil, 1983.

- 로쎄, 『주된 힘』, Minuit, 1983.
- 로쎄, 『비극적 철학』, PUF, 1991.

플라톤과 소피스트

- 플라톤, 「프로타고라스, 고르기아스, 그리고 다른 대화편』,
  Garnier-Flammarion, 1967.
- 플라톤, 『파이돈』, Garnier-Flammarion, 1965.
- 플라톤, 『향연, 페도라』, Garnier-Flammarion, 1964.
- 플라톤, 『국가』, Garnier-Flammarion, 1966.
- 플라톤, 『소피스트, 다른 대화편』, Garnier-Flammarion, 1969.
- 마농, 『플라톤』, Bordas, 1986.
- 로뱅, 『플라톤』, 1994.

아리스토텔레스

- 아리스토텔레스, 『형이상학』, J. Vrin, 1981.
- 아리스토텔레스, 『니코마코스 윤리학』 J. Vrin, 1983.
- 고티에, 『아리스토텔레스의 모럴』, PUF.
- 로스 『아리스토텔레스』, Gordon & Breach, 1971.

데카르트

- 데카르트, 『방법서설』, Garnier-Flammarion, 1966.
- 데카르트, 『형이상학적 명상』, Garnier-Flammarion, 1979.
- 데카르트, 『정념론』, Garnier-Flammarion, 1996.
- 알랭, 『행복론』, Gallimard, 1928.
- 알키에, 『데카르트 사상에 나타난 인간의 형이상학적 발견』, PUF, 1950.
- 그리말디, 『데카르트 철학에 나타난 사상의 경험』, J. Vrin, 1978.

욕망의 미메시스

- 르네 지라르, 『폭력과 신성』, Grasset, 1972.
- 르네 지라르, 『태초부터 숨겨져 온 것들』, Grasset, 1978.
- 르네 지라르, 『낭만적 거짓과 소설적 진실』, Hachette, 1985.
- 헤겔, 『정신현상학』, Aubier, 1941.
- 사르트르, 『존재와 무』, Gallimard, 1965.
- 스피노자, 『에티카』, Garnier-Flammarion, 1965.

신과 종교

- 베른하임, 스타브리드, 『파라다이스, 파라다이스』, Plon, 1991.
- 엘리아데, 쿨리아노, 『종교사전』, Plon, 1990.
- 질송, 『토미즘』, Vrin, 1989.
- 칸트, 『순수이성비판』, Gallimard, 1980.
- 칸트, 『판단력비판』, Gallimard, 1985.
- 칸트, 『단순 이성의 한계 속에서의 종교』, Pléiade, 1986.
- 키에르케고르, 『절망론』, Gallimard, 1949.
- 키에르케고르, 『불안의 개념』, Gallimard, 1935.
- 키에르케고르, 『철학의 편린에 대한 후기』, Gallimard, 1989.
- 파스칼, 『팡세』, Editions Brunschvicq, Garnier-Flammarion, 1976.
- 토마스 아퀴나스, 『신학대전』, Cerf, 1986.
- 트레몽탕, 『기독교 형이상학과 기독교 철학의 탄생』, Le Seuil, 1961.
- 트레몽탕, 『오늘날 신의 존재의 문제가 어떻게 제기되는가』, Le Seuil, 1966.

철학의 상황과 전개

- 부르주아, 『헤겔연구』, PUF, 1992.
- 부르주아, 『정신의 영원성과 역사성 ― 헤겔』, J.Vrin, 1991.

- 부르주아, 『철학과 법』, PUF, 1990.
- 들뢰즈, 가타리, 『철학이란 무엇인가?』, Minuit, 1991.
- 데스파냐, 『현실을 찾아서』, Gauthiers-Villars, 1981.
- 푸코, 『말과 사물』, Gallimard, 1966.
- 글뤽스만, 『요리사…』, Seuil, 1975.
- 글뤽스만, 『대 사상가들』, Grasset, 1977.
- 헤겔, 『철학 백과사전, I − 논리의 과학』, J. Vrin, 1970, 1988.
- 헤겔, 『철학사 강의』, 전 7권, J. Vrin.
- 하이데거, 『형이상학이란 무엇인가?』, Gallimard, 1968.
- 흄, 『인간 오성론』, Garnier-Flammarion, 1983.
- 후설, 『엄밀한 학문으로서의 철학』, PUF, 1989.
- 후설, 『유럽의 위기와 철학』, Aubier, 1977.
- 후설, 『유럽학문의 위기와 선험적 현상학』, Gallimard, 1976.
- 코제브, 『헤겔 읽기 서론』, Gallimard, 1979.
- 코제브, 『세속철학사 시론』, 전 3권, Gallimard, 1968.
- 코제브, 『개념, 시간과 담론, 지식체계 서론』, Gallimard, 1900.
- 토마스 쿤, 『과학혁명의 구조』, Flammarion, 1983.
- 라뤼엘, 『차이의 철학』, PUF, 1986.
- 베르나르 앙리 레비, 『인간의 얼굴을 한 야만』, Grasset, 1977.
- 알랭 르노, 『사르트르, 최후의 철학자』, Grasset, 1993.
- 루소, 『사회계약론』, Garnier-Flammarion, 1966.
- 자클린 뤼스, 『현대사상의 행진 − 현대성의 파노라마』, Armand Colin, 1994.
- 에릭 베이유, 『철학의 논리』, J. Vrin, 1985.